평생직업 블로그
10년째 잘 벌고 있습니다

평생직업 블로그
10년째 잘 벌고 있습니다

웰쓰(박영민) 지음

e 비즈북스

차례

프롤로그   8

1부   누구나 0원짜리 블로그에서 시작한다

1장   블로그가 직업이 되다
10년 넘게 블로그를 할 수 있었던 이유   17
일찍 시작해서 성공했다고?   19
첫 마음을 지금까지   21

2장   블로그가 대세인 세상
블로그가 계속 주목받는 이유   23
블로그 vs 유튜브, 어느 게 좋아? 결론은 인큐베이팅 시간   26
삼촌! 내가 쓴 글은 왜 검색이 안 될까?   27
검색은 기회다   29

2부   오래 가는 블로그의 글쓰기는 다르다

1장   강점과 관심 있는 주제 정하기
블로그를 오래 하기 위한 주제 선정   35
주제와 소주제 정하기   37
주제 선정이 중요해진 이유, 네이버 인플루언서   40
돈 되는 주제와 수익화는 같은 말   43
주제 변경은 신중하게, 결심했으면 과감하게!   44
일상 주제를 수익으로 빌드업하기   50
블로그를 잘한다는 것   53

2장   제목 키워드 상위노출 전략

블로그 글의 종류 - 일상글, 정보글, 상업글	59
블로그 수익 모델의 핵심, 상업글	62
상위노출을 위한 키워드 작성하기	65
블로그 인기주제 활용하기	70
키워드 경쟁률 파악하는 법	72
조회수 높은 제목 짓는 방법	76
핵심 키워드는 앞에, 반복은 피하기	80
자동완성 키워드와 연관 검색어 활용하기	82

3장   좋은 글을 빠르게 쓰는 방법

글이 잘 안 써지는 3가지 이유	85
글감의 화수분 마련하기	88
한 달치 키워드 글감 마련하기	91
글쓰기 루틴 잡기	93
쉽게 써야 끝까지 읽게 만들 수 있다	96

4장   글쓰기 궁금증 완전 분석

상업글에 정보글 곁들이기	99
블로그 글쓰기는 '결 + 기승전결'이다	102
보는 사람을 생각하는 문단 나누기	104
가독성을 높여주는 기능들	106
사진보다 글!	111
블로그 동영상의 특징	114
썸네일, 사진 한 장의 힘	116
상업적으로 연결하기: 링크 삽입 및 주의사항	119
포스팅의 마지막 단계, 퇴고	122
주의사항: 저작권, 초상권	127

3부 블로그 고수로 가는 길

1장 블로그 빌드업

나를 드러내는 방법	133
블로그도 비주얼이 중요하다	135
1일 1포스팅 꼭 해야 할까?	139
블로그 이웃소통 어떻게 할까?	141
포스팅 수정은 하면 안 될까?	144
포스팅을 삭제해도 될까?	146
카테고리를 옮겨도 될까?	148
스크랩, 댓글, 체류시간, 공감이 중요하다	150
어뷰징 품앗이: 부차적인 쟁점에 휘둘리지 말자	153
글을 올렸는데 검색이 안 된다면	158
플랫폼, SNS 채널 확장	162

2장 네이버 인플루언서

네이버 인플루언서는 지금	165
점점 어려워지는 인플루언서 되기	169
인플루언서 선정 전략	171
인플루언서 선정을 위한 콘텐츠	173
'인플루언서 고시(인플고시)'를 대하는 자세	175
인플루언서 도전을 포기했다면	177

3장 블로그 지수, 내 블로그의 위치

블로그 지수란?	181
블로그 지수의 종류	184
저품질 블로그에서 탈출할 수 있을까?	189
지수 높이는 방법(feat. 비법은 없다)	191
검색 알고리즘의 변화를 보면 핵심이 보인다	194

4부 블로그 평생직업 만들기

1장 블로그 수익화 라이프

블로그 수익 모델 7가지 … 203
블로그 수익 모델 1. 애드포스트 … 204
블로그 수익 모델 2. 상품/서비스 체험단 … 207
블로그 수익 모델 3. 제휴마케팅 … 213
블로그 수익 모델 4. 블로그 강의 및 컨설팅 … 218
블로그 수익 모델 5. 스마트스토어 연계 … 221
스마트스토어 시작하고 블로그와 연계하기 … 225
블로그 수익 모델 6. 원 소스 멀티 유즈 … 229
블로그 수익 모델 7. 기자단 … 230

2장 소상공인을 위한 블로그 마케팅

자영업자에게 딱, 블로그 마케팅 … 235
자영업자 마케팅 활용 팁 1. 체험단 쉽게 모으는 방법 … 238
자영업자 마케팅 활용 팁 2. 블로그 광고 피해 사례 … 242

3장 10년 전업 블로거의 단상

문제는 내용이다 … 247
2030 MZ세대의 블로그 … 249
4050 X세대의 블로그 … 251
'덕후'에게 직업적 날개를 달아준 블로그 … 252
블로그 강의 누구한테 들을까? … 255
AI 활용 콘텐츠를 대하는 자세 … 258
10년을 해도 배울 게 있다 … 260

에필로그 … 263

프롤로그

나의 일터 블로그

작은 회사의 마케팅 팀에서 일하던 2012년 12월 어느 날, 친한 후배와 둘이서 외근을 갔다. 고객 DB를 수집하는 블로그 마케팅 회사와 미팅이 있어 그쪽 사무실로 방문한 것인데, 상당히 허름한 건물에 위치해 있었다. '이런 곳에서 도대체 무슨 일을 할까?' 의아한 마음이 들었다. 미팅 자리에 나온 회사의 대표는 20대 중후반 정도로 보였다. 공급 조건을 협의하면서도 이 회사의 정체에 대해서 궁금증이 계속 들었다. 사무실에 수십 대의 PC가 나란히 놓여 있는데 사람은 거의 없었다. 이들은 경쟁력 높은 키워드를 네이버 검색 상위로 올리는 업무를 진행 중이라고 했다. 놀라운 것은 야간에 일하는 고등학생이 월 300만원의 급여에 성과급까지 받는다는 점이었다.

당시 월급이 200만원을 조금 넘었던 나로서는 도무지 이해가 되지 않는 상황의 연속이었다. 미팅은 순조롭지 않았고 결국 결렬되었지만, 밖에 나와서 후배와 구름과자를 피우며 나눈 이야기가 기억이 난다. "고등학생이 블로그로 월 300씩 번다는데, 우리는 뭐냐?"

양복에 넥타이 차림으로 근사한 가방을 들고 외근 다니는 것이 무슨 의미가 있는가? 이때부터 블로그로 돈을 버는 방법에 대해서 관심이 생겼다.

해고, 1인 기업가로의 터닝 포인트

그날 이후 일주일쯤 지났을 때, 대표가 커피 한잔 마시자며 밖으로 부르더니 말을 꺼냈다. 그리고 가장 추운 날에 해고 통보를 받았다. 두 아이와 아내가 있는 가장이 감당하기에는 정말 어려운 순간이었다.

불행 중 다행으로, 대표가 다른 일자리를 제안했다. 지인이 회사 홈페이지 개편을 계획 중인데 거기에서 PM을 해보라는 것이었다. 4대 보험이 적용되지 않는 곳이었고 월급은 100만원 언저리였지만 집에서 돈을 버는 사람은 나뿐이었다. 대출이 2000만원이 넘는데 실업자로 있을 수는 없었다.

인생 마지막 직장, 그리고 반전

새 직장을 다니면서 매일 4시간 정도를 할애해 열심히 블로그를 공부했다. 홈페이지 개편은 나 혼자 하는 업무였기 때문에 개인 시간이 많았다. 그리고 월급이 100만원인데 그 돈을 받고 회사를 위해 충성하는 것은 좀 애매하지 않은가? 고교생이 월 300만원을 번다는 말이 계속 머릿속에 맴돌았다. 나이 40에 언제까지 이 월급을 받고 일할 수는 없었다.

처음 3개월은 블로그를 키워나갔는데, 차츰 성장하는 것이 보였기에 가능성을 느낄 수 있었다. 두 번째 3개월 동안엔 블로그 마케팅에 대한 지식을 더 쌓을 수 있었고, 약간의 부수입이 생겼다. 4개월째에 10만원을 기록한 블로그 수익은 5개월째에 50만원을 훌쩍 넘어섰다. 크지 않은 금액이었지만 마케팅을 조금 더 활성화하면 50만원을 넘어 100만원 이상 달성할 거라는 확신이 생겼다. 그렇게 총 6개월을 일한 후 회사를 나와 블로그 1인 기업(프리랜서)으로 독립했다. 2013년 6월 13일, 나의 1인 기업 블로그 출근 시작일이다. 이때 아내에게 한 말이 기억난다. "한 달 밤새워서 일해보고, 안 되면 새로운 직장 구할 거야!"

그렇게 시작해서 10년 이상 블로그로 생계를 꾸려가고 있으며, 지금은 월 평균 600~700만원 정도의 수익을 올리고 있다. 블로그가 기회인 것은 맞지만 실제로 돈을 버는 일이 만만하진 않을 텐데, 어떻게 10년 넘게 직업 블로거로 지내고 있느냐는 질문을 종종 받는다. 이 책은 그 질문에 답하기 위한 것이다.

이 책이 누군가의 터닝 포인트가 되기를

블로그를 운영하면 적은 노력으로 폭발적인 마케팅 효과를 얻을 수 있다는 장담이나, 블로그로 연봉 1억원 이상 버는 법 같은 이야기는 이 책에 없다. 열심히 블로그를 운영한다고 누구나 출퇴근 부담 없이 괜찮은 수익을 내면서 풍요로운 삶을 누리는 것은 아니다. 블로그 커뮤니티나 블로그 마케팅 카페에 올라오는 글들을 보면, 몇 달째 블로그를 운영하는데 맛집 체험 쿠폰이나 비누 몇 개를 받았을 뿐 돈이 안 된다며 아우성인 블로거가 많다. 몇 년 동안 블로그로 직장인 이상 벌었는데, 하루 아침에 블로그가 저품질이 되어 망연자실한 사람도 많다.

그래서 블로그 수익화를 꿈꾸는 사람들에게 필요한 것은 고수익 인증과 화려한 전망이 아니다. 그보다는 기본의 중요함, 순식간에 무너질 수도 있는 블로그 세계에서 오래 살아남기 위해 필요한 실력, 긴장, 이중삼중의 대비책에 관한 이야기이다.

이 책은 디지털 노마드, 1인 기업, 재택 부업, 소상공인 마케팅, 블로그 브랜딩 등 능력 있는 블로거가 되기 위한 구체적인 방법론과 함께 10년 넘게 블로그로 경제생활을 하면서 직간접적으로 경험한 많은 사례와 후기를 담았다.

제목을 정하고 글을 쓰는 방법, 검색 상위노출 방법, 수익을 내는 방법, 내 사업에 적용하는 방법 등 독자들이 궁금해할 만한 내용을 중심으로 언급하고 있지만, 직업정신에 대한 이야기도 곳곳에서 하고 있다. 종종 '다람쥐 쳇바퀴 같은 직장 그만두고 블로그나 할까?', '카페에서 커피 마시며 돈 벌어야지!', '괜히 광고비 들이지 말고 블로그로 해결해야지.' 이런 마음으로 블로그 세계에 뛰어드는 사람들을 본다. 그런 자세로 활동하고 있는 사람들도 있다. 모두 잘 되었을 경우의 결과만 상상하는 것 같다. 그러나 블로그는 직업적 도피처가 아니고 당연히 도깨비 방망이도 아니다. 직업의식 위험 요소에 대한 대비, 끊임없는 공부, 자기관리가 있어야 바라는 결과를 기대할 수 있다. 이 책이 독자들을 그러한 과정으로 이끄는 터닝 포인트가 되기를, 그래서 바라는 결과를 얻을 수 있는 시발점이 되기를 바란다.

자주 쓰는 블로그 용어들

블로그 로직

글쓰기 검색 상위노출에 대한 알고리즘. 언어의 문법처럼 일정한 규칙이 있다. 로직에 맞게 글을 쓰면 상위노출에 유리하다.

블로그 지수

블로그의 품질을 나타내는 지표. 블로그의 신뢰도, 인기도, 활동성 등을 종합적으로 평가하여 점수로 나타낸다. 보통 최적화, 준최적화, 일반, 저품질로 구분하며, 최적화 블로그에 포스팅을 하면 상위노출이 쉽다. 다만 이는 네이버에서 공식적으로 언급한 것은 아니고, 업계에서 블로그의 품질을 구별하기 위해 만든 측정값이다.

상위노출

네이버에서 검색 후 첫 화면에 나오면 상위노출에 성공했다고 한다. 블로그 탭에서는 보통 5위 이내를 상위노출로 평가한다. 줄여서 '상노'라고도 부른다.

서로이웃추가

상대 블로그를 이웃으로 등록하는 것을 이웃추가, 이웃추가와 동시에 상대방에게도 나를 이웃으로 추가해달라 신청하는 것을 서로이웃추가라고 부른다. '서이추'라고 줄여서 말하는 경우가 많다. 이웃신청 메시지에 기계적인 문구 대신 진솔한 메시지를 적으면 서이추가 잘 되는 경향이 있다.

스마트블록(인기주제)

검색자가 원하는 검색결과를 쉽게 찾을 수 있도록 블록(주제) 단위로 분류한 검색결과. 검색자의 성별, 연령, 지역 등에 따라 개인화된 결과를 노출시키는 특징이 있다. 서비스 명칭은 스마트블록인데, 검색결과에는 인기주제로 표기된다. 책 본문에서는 두 용어를 함께 사용하되 주로 인기주제로 표기했다.

애드포스트

블로그에 광고를 게재하고 광고에서 발생한 수익을 배분받는 서비스. 애드포스트를 신청하면 블로그 포스팅 하단에 텍스트 광고, 포스팅 중간에 이미지 광고가 삽입된다.

인플루언서

특정 주제(여행, 뷰티, 생활건강, 경제/비즈니스, IT테크 등 총 20가지)에서 영향력·전문성을 갖춘 블로그를 선발하여 네이버 인플루언서라고 칭한다. 독립된 인플루언서 홈페이지를 개설해주고, 인플루언서들의 포스팅만 별도로 노출되는 검색 결과를 제공하며, 다양한 광고 수익 혜택이 주어진다.

체류시간(트래픽)

방문자가 내 블로그(포스팅)에 머무는 시간. 체류시간이 길수록 블로그 지수 상승, 포스팅의 상위노출에 유리하다. 카페나 단톡방에서 이야기할 때에는 체류시간보다 트래픽이라는 단어를 더 자주 쓰기도 한다.

포스팅(포스트)

블로그에 글을 쓰고 사진이나 동영상을 등록하는 행위는 포스팅, 이때의 콘텐츠를 포스트라고 하지만, 실제로는 둘을 구분하지 않고 포스팅이라고 말한다.

품앗이(공댓체, 스댓공, 스댓체)

보통 카페나 단톡방에서 '공감(공), 댓글(댓), 스크랩(스), 체류하기(체)'를 주고받을 때 간단히 품앗이라고 줄여서 표현한다. 특정 포스팅에 스크랩, 댓글, 체류시간이 많아지면 신뢰도 상승으로 검색 순위가 높아지는 장점이 있다. 과도한 품앗이의 경우 지수하락이나 저품질에 빠질 수 있다.

1부

누구나 0원짜리
블로그에서 시작한다

#1장_블로그가_직업이_되다

#2장_블로그가_대세인_세상

1장
블로그가 직업이 되다

10년 넘게 블로그를 할 수 있었던 이유

블로그로 수익을 내야겠다고 마음먹기 전에도 블로그 계정은 있었다. 첫 포스팅은 15자의 글과 사진 하나였으며, 가끔 일상을 기록하고 생각을 적어두는 용도로만 사용하고 있었다.

그러다 2012년 12월부터는 수익화라는 목적을 갖고 포스팅을 하기 시작했다. 맨땅에 헤딩하는 식으로 차곡차곡 글을 썼는데 어느 순간부터 돈이 들어오기 시작했다. 그로부터 6개월 후 블로거가 직업이 되었고, 지금까지 10년 넘게 직업 블로거로 살아가는 중이다. 블로거가 평생 직업이 될 수 있다고 생각하는데, 전업 블로거로 살아가면 좋은 점을 몇 가지 이야기해보겠다. 수익과 더불어 이러한 장점이 있기 때문에 10년 넘게 블로그를 해올 수 있었다고 생각한다.

우선 주체적으로 일을 할 수 있다는 것이 좋다. 회사에는 조직과 조직의 목표가 있고 그 목표를 결정하는 것은 윗사람들이다. 회사에 속한 직원은 그 결정에 따라야 하는 경우가 대부분인데, 블로거는 내가 하고 싶은 일을 할 수 있다. 또 회사에는 서열이 있어 윗사람의 눈치를 봐야 하는 일이 많은데 블로거는 그런 점에서 자유롭다.

그리고 장소에 구애받지 않고 글과 사진만 준비되면 어디에서든 일할 수 있어 좋다. 집이나 카페는 물론 버스나 기차 안이라도 인터넷만 연결되면 일할 수 있다. 블로그로 수익화를 하는 많은 사람들은 공통적으로 번거롭게 출퇴근하지 않아도 된다는 것을 장점으로 꼽는다. 네이버 블로그에 로그인을 하는 게 출근이요, 로그아웃은 퇴근이다. 물론 나는 공유사무실로 출퇴근을 하지만, 그 역시 '나의 선택'이라는 점이 좋다.

또한 자유롭게 휴가를 낼 수 있다. 1999년부터 2013년까지 15년 간의 직장 생활 중에 가장 길게 낸 휴가가 5일이었다. 앞뒤로 주말을 합치면 총 9일을 쉴 수 있었는데, 직장에 다니는 동안에 이렇게 긴 휴가를 쓴 것은 딱 한 번, 신혼여행 때뿐이었다. 그런데 블로거가 되니 직장인의 휴가라는 개념이 없어졌다. 내가 일하고 싶을 때 일하고 쉬고 싶을 때 쉬었다. 신혼여행 이후 해외여행을 가지 못했는데 블로그로 출퇴근을 시작한 첫해에 해외로 가족여행을 다녀왔다.

◀ 첫 포스팅은 일상 기록용이었다

2013년 당시만 해도 적어도 내 주변에는 이런 모습이 드물었다. 디지털 노마드라는 말이 있긴 했지만 실제로 그렇게 사는 사람을 주변에서 본 적은 없었고, 책에서 보거나 소문으로 들을 뿐이었다. 그런데 바로 내가 그런 삶을 시작한 것이다.

마지막으로, 블로그를 시작으로 다양한 수익 포트폴리오를 쌓아갈 수 있다. 예를 들어 나는 블로그를 시작하고 3년 뒤에 네이버 스마트스토어에 입점해 쇼핑몰을 개설했는데, 이를 블로그와 연계해 매출에 많은 도움을 받고 있다. 이는 한 예일 뿐이고, 4부 1장 〈블로그 수익화 라이프〉에서 블로그 수익화에 대해서 자세히 설명했으니 참고하기 바란다.

일찍 시작해서 성공했다고?

2013년은 블로그 마케팅이 한창 불씨를 피울 때였다. 운이 좋았는지 전업 블로거로 독립한 첫 달에 전 직장 급여의 3배를 넘게 벌었다. "블로거가 직업이 될까?", "블로그 1인기업이 가능할까?" 하던 아내의 의심이 안심으로 바뀐 순간이다. 이후로 우여곡절은 있었지만, 블로그는 나에게 직장 시절 때보다 더 많은 돈을 가져다주었다.

만약 후배와 나간 외근에서 우연히 블로그 업체의 실상을 보지 못했더라면, 월 급여 100만원 정도인 6개월 간의 임시직을 하지 않았더라면, 중간에 어딘가에 취업해서 월급에만 매달렸다면, 지금 내 삶은 어떤 모습일까? 인생에 만약은 없으나, 만약 그랬다면 블로그 1인 기업가가 아닌 전혀 다른 경제생활을 하고 있을 것이다. 네이버 인플루언서, 블로그 마케터, 블로그 강사, 스마트스토어 파워셀러와 같은 모습은 생각해보지도 못했을 가능성이 크다고 본다. 아니, 가족들의 삶조차 제대로 책임질 수 있었을까? 확신이 서지 않는다.

그런데 간혹 '블로그를 일찍 시작했으니까 쉽게 뜬 거 아니야?'라면서 비아냥거리는 사람도 일부 있다. 그런데 먼저 시작한다고 해서 반드시 성공한다는 보장은 없다. 뒤늦게 출발하더라도 꾸준히 한 우물을 파고 연구하는 사람이 성공하는 법이다. 나와 비슷하게 블로그를 시작한 사람도 있었고 블로그가 돈이 된다는 것을 나보다 일찍 안 사람도 있었지만, 지금은 전혀 다른 길을 가고 있다.

10년 넘게 직업 블로거로 살고 있는 사람은 흔치 않다. 블로그 시작 초기에는 온라인 마케팅에 관심 있는 몇몇 카페의 회원들과 친목을 자주 다졌는데, 지금도 나처럼 블로거로 남아 있는 사람은 한 손에 꼽을 정도로 적다. 블로거를 직업으로 꾸준히 유지하기가 만만치 않은 것이다.

운이 좋았기 때문에 남아 있는 것일까? 어느 정도는 맞다. 그러나 운이라는 것도 자기 하기 나름이다. 실력을 쌓고, 도전하고, 개척하니까 운이 따라오는 것이지 PC 앞에서 타이핑만 한다고 오지 않는다. 그렇게 생각하는 사람들은 블로그 세상에서 금방 사라진다.

블로그로 반짝 돈을 번 사례는 많지만, 진정한 직업이 되려면 무엇보다 꾸준히 하는 것이 필요하다. 블로그 1인 기업가로서 나는 이 부분을 강조하고 싶다. 블로거를 두고 편하게 경제적 자유를 누린다는 표현이 만연하고 있지만, 그 이면에 담긴 치열함을 알아야 한다.

어쩌면 내가 1인 기업가가 되기 전 6개월 동안 나락 같은 시간을 겪은 것처럼, 6개월 또는 그 이상의 인고의 기간이 생길 수도 있다. 이를 답답한 장벽으로 여기지 말고 뛰어넘을 수 있는 기술을 마련하거나 돌파할 무기를 갖는 시간으로 삼기 바란다. 이를 해결하지 못하고 잘된 사람을 보지 못했다. "누구나 블로그 시작 한 달 만에 100만원 버는 비법" 등의 카페는 사람을 끌어모으기 위한 어그로일 뿐, 실현 가능성 1% 미만의 소설임을 기억하자.

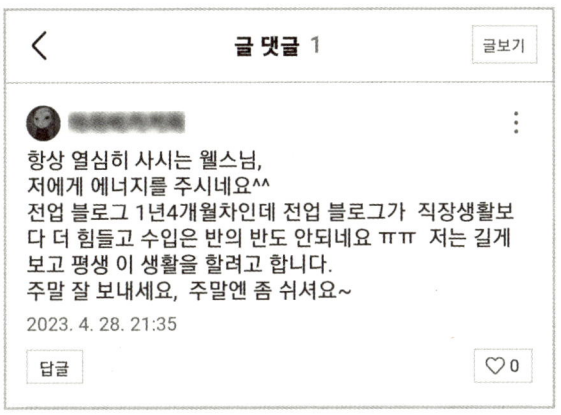

▲ 전업 블로그 생활의 어려움을 토로하는 사례

예상대로 잘 되면 좋겠지만, 세상의 어떤 직업이든 생각과 현실은 다르다. 듣고 싶지 않은 현실도 있을 것이다. 그러나 블로그를 오래 하고 싶은가? 쓴소리라도 신뢰하고 따라와 준다면 이 책의 내용이 튼튼한 근육이 되고 단단한 골격이 되어 앞으로 블로그로 평생직업의 꿈을 펼치는 데 굳건한 반석이 되리라 본다.

첫 마음을 지금까지

블로그는 수많은 보통 사람들에게 새로운 수익 활동의 기회를 제공하는 플랫폼이다. 그 플랫폼에서 나도 성장했고 더 풍요로운 경제생활을 하게 되었다. 그래도 이따금 블로그를 전업으로 삼고자 처음 마음 먹었던 때를 되돌아보며 결의를 다진다. 지인이 임차한 사무실에 빈 책상 하나 얻어 일하던 시절이었다. 그 사무실에서 중고 의자 하나에 2만원, 중고 PC와 모니터 2개에 35만원, 총 37만원의 투자금으로 블로그 창업을 했다. 모니터 하나는 고장나서 화면에 세로 줄이 나있었지만 사용하기에는 전혀 문제 없었다.

사람들은 내 의자를 보고 "아무리 그래도 2만원짜리 의자가 뭐냐!"라고 말했지만, 팔걸이와 바퀴가 있어서 이동하기에도 편하고 등받이에 탄력이 있어서 허리를 뒤로 살짝 젖힐 수 있기에 불편함이 없었다. 이 의자는 바퀴가 부러져 버릴 때까지 8년 이상을 사용했다. 블로그로 돈을 벌 수 있게 나를 받쳐준 참으로 고마운 의자다.

▲ 8년 넘게 사용한 2만원짜리 의자

▲ 화면에 줄이 생기지만 한동안 사용한 모니터

　블로그를 하는 데 모니터와 의자만 있다고 되는 것도 아니다. 아무리 지인이지만 사무실과 시설을 그냥 쓸 수도 없는 일이라, 관리비와 인터넷 회선 임대비 등으로 15만원을 냈다. 그렇게 한 달을 다녀 보니 출퇴근 교통비가 10만원, 옆 건물에 있는 회사의 구내식당에서 먹는 4000원짜리 점심값이 10만원 정도 들었다. 그러니 매월 고정적으로 드는 돈이 35만원 정도였던 것이다.

　쓸데없는 비용을 아끼고, 낭비하지 않는 것을 모토로 지냈다. 노력이나 절약 같은 키워드는 구시대적이라고 할 수 있지만, 오히려 요즘에는 짠테크가 유행이고, 낭비 제거는 사업 리스크를 줄이는 데에 도움이 된다. 만일 내게 비슷한 상황이 닥치면 그때와 똑같이 행동할 것이다.

2장
블로그가 대세인 세상

블로그가 계속 주목받는 이유

블로거가 직업이라고 하면 오래 못 갈 것 같다며, 아직도 블로그를 하느냐고 걱정스럽다는 듯 말하는 사람들이 은근히 많다. 다음 블로그도 없어졌고 도토리로 유명했던 싸이월드도 사라졌고 페이스북도 예전 같지 않은데 네이버 블로그도 그럴 수 있지 않느냐, 네이버에 기댔다가 망하면 어쩌려고 그러느냐는 것이다.

네이버에서 2003년에 서비스하기 시작한 블로그는 여전히 건재하다. 지금이 2024년이니 20년을 넘겼다. "오래 못 간다"라든가 "아직도"라는 이야기를 한다면 블로그를 제대로 이해하지 못하는 사람이다.

사람들은 궁금한 게 생기면 PC나 스마트폰에 녹색 창을 띄우고 검색을 한다. 나이와 성별, 지역을 넘어서 대부분의 한국 사람들이 네이버 블로그를 통해 정보를 생산하거나 소비하고 있다. 다른 혁신적인 서비스가 나올 수는 있겠지만, 그렇다고 네이버 블로그가 없어질까?

물론 검색 서비스의 세계 최강자 구글과 동영상 제공 서비스를 하는 구글의 자회사 유튜브는 네이버의 커다란 위협이다. 게다가 최근에는 챗GPT가 등장하면서 네이버 이용 빈도가 줄어들지 않겠느냐는 우려의 목소리가 있었고, 실제로 점유율을 일정 부분 빼앗겼다. 그러나 2020년을 기점으로 국내에서 구글의 점유율은 30% 선으로 내려선 상황이고, 네이버의 점유율은 50%에서 바닥을 다진 후 상향 추세에 있다.

네이버는 블로그, 카페, 지식iN, 클립(동영상 숏폼), 네이버 TV 및 전자상거래 서비스인 스마트스토어를 통해서 더욱 굳건해지고 있다. 내가 블로그를 시작한 당시에는 유튜브가 한창 붐을 일으키면서 유튜브로 넘어가는 사람이 많았지만 지금은 뜸한 추세이다. 네이버 또한 공식 인플루언서, 블로그 내 숏폼 동영상 등 더 높은 수익을 올릴 수 있는 제도를 도입했기 때문이다.

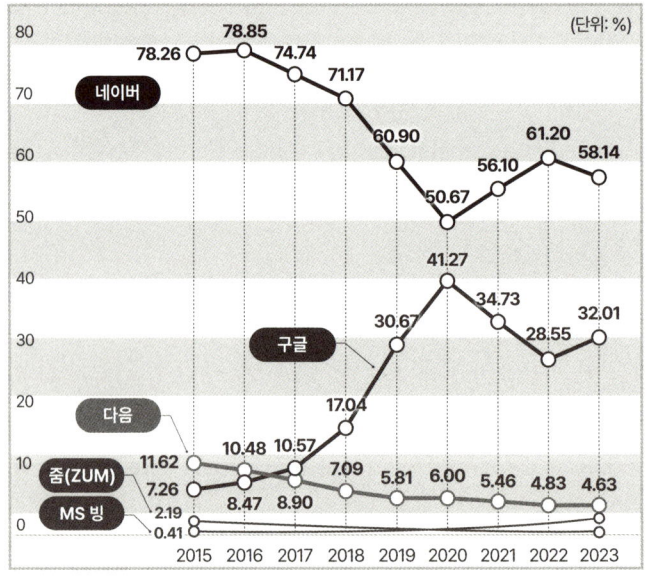

▲ 국내 검색엔진 시장 점유율 (2023년 8월 22일 기준, 출처: 인터넷트렌드)

또한 네이버는 블로거들이 충분히 경제생활을 할 수 있도록 애드포스트를 통해서 수익을 지급하고 있다. 여기에 더하여 블로거들이 업체로부터 다양한 협찬 및 체험을 제공받을 수 있도록 창작자와 브랜드 연결을 지원하는 브랜드커넥트를 도입했다. 나아가 블로거 중에서 특정 영역에 강점을 보이는 운영자를 공식 인플루언서로 선정해 더 높은 수익을 보장하고 있다. 이 모든 것은 온라인 생태계의 핵심으로 자리잡은 블로그를 위한 정책인데, 이러한 정책들을 지속적으로 강화 중인 것을 볼 때 블로그에 비전을 갖고 활동하기에 충분한 상황이라 판단한다. 괜히 의심하지 말고 무료로 주어지는 나만의 공간인 블로그를 어떤 콘텐츠로 채워나갈지 고민해보자. 10년의 경험에 비춰봤을 때 그 보상은 충분하리라 본다.

당연히 블로그가 전부는 아니다. 똑같이 창작자(크리에이터)라고 불려도 몇몇 유튜버나 인스타그래머의 수익은 상상을 초월한다. 구독자가 100만명이 넘는 스타 유튜버의 월 수익은 억대를 넘어선다. 수천만명의 팔로워를 거느린 스타 인스타그래머는 사진 몇 장으로 큰 수익을 올리고 있다.

그러나 블로그에는 블로그만의 독특한 장점이 있는데, 텍스트 기반임과 동시에 사진, 영상을 포함하는 멀티미디어의 특징을 갖고 있다는 것이다. 블로그를 잘하면 사진 촬영에 익숙해지고 어느 정도 수준의 영상 편집까지 할 수 있다. 유튜브나 인스타그램에 능한 사람이 블로그를 처음 시작하기에는 어려움이 있지만, 블로그를 잘하면 사진과 영상이 중심인 타 플랫폼으로 영역을 확장하기가 더 쉽다. 나 역시 유튜브 채널을 만들어서 수익화에 성공했다. 주로 스마트스토어에서 판매하는 상품에 관련된 영상을 올리는데, 이 영상들을 보고 댓글로 문의하거나 직접 전화하는 고객이 많다. 유튜브가 쇼핑몰 매출의 든든한 버팀목이 된 것이다. 혹시나 블로그에 위기가 찾아오더라도 다른 1인 미디어나 SNS로 돌파구를 찾아낼 것이다. 이전에 없던 새로운 플랫폼이 나타난다 해도, 그동안의 경험으로 두려움 없이 적응할 수 있을 것이다.

블로그 vs 유튜브, 어느 게 좋아? 결론은 인큐베이팅 시간

'인큐베이팅'은 빠르게 사업 목표를 달성하고 안정적인 기반을 구축하는 것을 의미한다. '숙성'이라고 생각해도 되겠다. 배추에 다양한 양념을 넣어 통에 담아둔다고 김장 김치가 되는 것이 아니다. 알맞은 온도, 습도, 그리고 기다림의 시간이 필요하다. 유튜브도 블로그도 마찬가지다. 둘 다 인큐베이팅, 즉 숙성이 필요하다. 그렇다면 인큐베이팅이 더 용이한 플랫폼은 무엇일까?

블로그는 유튜브보다 심플하다. 똑같이 누군가에게 정보를 제공하는 것이지만 영상과 텍스트의 차이는 분명하다. 심플하게 대중화될 수 있다는 것은 분명 무기라고 본다. 예를 들면 아기에게 수유하는 과정을 글과 사진을 통해서라면 얼마든지 전달할 수 있겠지만 영상으로 설명하기에는 좀 애매할 것 같다. 블로그는 거의 모든 소재와 주제를, 유튜브보다 손쉽게 다룰 수 있다. 성장에 있어서 블로그에 더 많은 기회의 문이 열려 있는 것이다.

물론 유튜브로 큰 성과를 내는 사람이 많다. 월 수입으로 수억이 찍힌 통장을 인증하는 그들의 성과에 감탄을 보낸다. 나도 유튜브를 운영 중이고 구글에서 몇 번 정산도 받았다.

◀ 유튜브 영상 자체로 얻은 수익은 미미하다

앞 그림에서 보다시피 영상 자체로 들어온 수익은 10만원 조금 넘는 소액이다. 유튜브를 상품 홍보를 목적으로 쓰기 때문에 이 정도만 나와도 기분 좋은 일이지만, 오로지 콘텐츠로 수익을 내려했다면 좋은 상황은 아니다. 촬영, 편집, 자막, 효과 등 5분짜리 영상 하나에 2시간 넘게 투자한 것 치고는 수익이 높지 않기 때문이다. 물론 더 많은 시간과 수고를 들여 제작한다면 더 나은 영상으로 더 좋은 수익을 얻을 수 있겠지만, 한정된 시간과 체력이 이를 받쳐주지 못하는 게 현실이다.

블로그보다 유튜브가 조금 더 어렵고 복잡한 것은 사실이지만, 블로그가 빠르고 쉬우니까 하라는 게 아니다. 숙성의 기간이 예상보다 길 수도 있다. 내 경험상 블로그를 잘 할 수 있는 방법이 있고, 시행착오를 덜 겪을 수 있는 방법 등 노하우를 나눌 수 있기 때문에 블로그를 권한다. 또한 어느 쪽을 선택해도 좋지만 블로그를 먼저 시작하되 확장하면서 유튜브도 해보기 바란다. 블로그에서 쌓은 지식과 간단한 영상 편집은 유튜브와 같은 긴 영상으로의 접근을 한결 용이하게 하기 때문이다. 성공에 익숙해지면 더 큰일도 할 수 있는 법이다.

삼촌! 내가 쓴 글은 왜 검색이 안 될까?

블로그를 하기로 결정하고 포스팅을 시작했다고 하자. 글을 올렸는데 아무 반응 없는 시간이 길어진다면, 동력을 상실할 수가 있다. 초반에 블로그에 재미를 붙이기 위해서라도 '내 글이 검색되려면 어떻게 써야 할까?'를 염두에 두고 포스팅을 하는 게 좋다. 처음부터 여러 가지를 전부 고려할 수는 없는 일이니 우선 최소한으로 생각해야 할 것들이 무엇인지 설명해보려고 한다. 내가 겪은 에피소드에서 시작해보자.

"삼촌! 며칠 전에 아빠 회사를 홍보하려고 열심히 블로그에 글을 썼는데 아무리 검색해도 안 보여. 어떻게 해야 될까?" 명절에나 만나던 조카가 모처럼 연락을 해왔다. 회사에서 맨날 늦게 퇴근해서 쉴 시간도 없다며 블로그를 배워보라고 해도 시큰둥하더니, 아빠의 렌터카 사업에 블로그 홍보가 좋다는 것을 어디서 들었나 보다. 조카의 포스팅을 살펴봤는데, 문제점을 파악하는 데 10초도 걸리지 않았다. 검색 노출이 잘 된다면 오히려 그게 미스터리인 상태였다.

조카의 블로그에는 총 3개의 포스팅이 있었으며, 6개월간 포스팅이 없다가 이번에 렌터카 포스팅을 올린 것이다. 블로그를 오래 방치하면 상위노출이 어려워진다. 자세히 설명을 해봐야 실망만 할 테니 글을 예쁘게 잘 썼다고 칭찬을 해주고 사진을 받아 내 블로그에 직접 포스팅을 하나 올렸다. 몇 시간 후 결과를 보니 원했던 키워드가 검색 상위에 올라왔다. 조카는 아주 좋아하며 케이크 상품권까지 보냈다. 대단한 일은 아니었는데 괜히 뻘쭘하다는 생각도 들었다. 물론 조카 입장에서는 이러한 상위노출이 놀랍게 보였을 것이다.

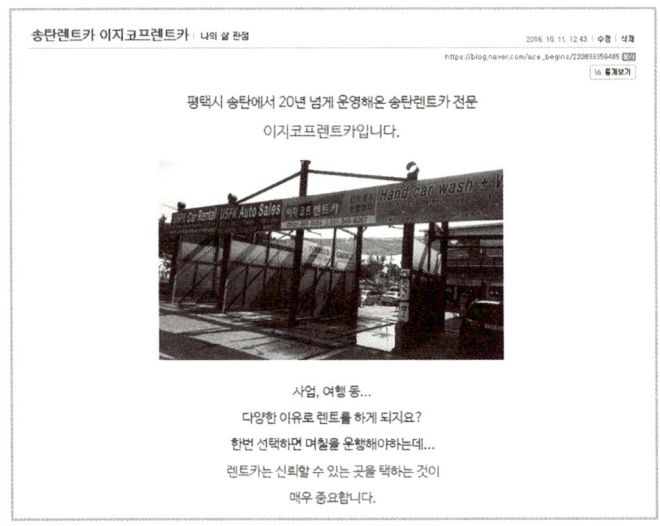

▲ 신뢰를 강조해 올린 렌터카 홍보 포스팅

앞 그림이 내가 올린 포스팅인데, 한 곳에서 20년을 운영해와 신뢰할 수 있다는 점을 강조했다. 그리고 렌터카 업체의 주소, 가격, 사진 등, '송탄에 있는 렌트카' 관련 키워드를 검색하는 사람들이 궁금해할 내용을 적었다.

검색은 기회다

내가 쓴 글이 잘 검색되게 하려면 다음 3가지를 늘 생각하자.

첫 번째, 블로그마다 나름의 레벨(보통 지수라고 표현한다. 지수에 대해서는 3부 1장 〈블로그 빌드업〉에서 자세히 설명했다)이 있다는 것을 기억하자. 수년 동안 꾸준히 포스팅을 해온 블로그와 1년간 매일 1편 이상의 글을 포스팅한 블로그, 특정 주제에서 나만의 가치 있는 정보를 올린 블로그는 검색 결과에서 가산점을 받아 상위에 노출될 가능성이 높다. 전문적인 분야에서 오랫동안 많은 글을 포스팅했다면 네이버의 VIP 고객이라는 것을 입증하는 것이 아닌가? 똑같은 글을 써도 VIP 블로그가 검색 최상단에 노출되는 것은 당연하다. 반면에 개설한 지 얼마 되지 않은 블로그, 개설한 지 오래 되었어도 어쩌다가 1편씩 포스팅하는 블로그, 지나치게 상업적으로 운영해서 광고판이 된 블로그는 상위에 노출되기 어렵다.

첫 포스팅부터 레벨 올리는 것을 염두에 두고 포스팅을 하자. 사람들이 블로그 글을 보는 이유는 사실과 경험에 입각한 정보를 얻기 위해서이다. 이 점에 충실해야 레벨을 올릴 수 있다. 만약 소상공인이라면 자기 상품에 대해 포스팅하는 것이 좋다. 블로그는 좋은 홍보 수단이고, 네이버도 자신의 상품을 잘 아는 사업자가 전문적으로 글을 써 포스팅하는 것을 권한다고도 했다. 다만 무엇에든 정도가 있는 법이니, 홍보 포스팅마다 제품 판매 링크를 넣거나 전화 번호를 삽입해 구매나 상담을 유도하는 건 좋지 않다. 그렇게 하면 네이버 검색 시스템이 블로그를 광고판으로 의심하여 레벨을 떨어뜨리게 되고, 또 광고 포스팅이 너무 많아지면 검색해서 보는 사람들도 그리 유쾌하지 않을 것이다.

두 번째, 키워드를 고를 때 조회수와 경쟁 상태를 봐야 한다. 누구나 사람들이 많이 검색하는 키워드의 검색결과에서 상위노출되고 싶어 한다. 문제는 조회수가 많은 키워드의 경우, 상위노출을 노리는 경쟁자도 많다는 것이다.

예를 들어 '프로바이오틱스' 관련 글을 올릴 때, 프로바이오틱스라는 키워드로 상위노출을 기대해봐야 첫 페이지는 고사하고, 치열한 경쟁으로 인해 3~4페이지 뒤로 밀려날 가능성이 높다. 키워드를 잘 조합하여 '장에 좋은 프로바이오틱스 유산균', '장건강을 위한 프로바이오틱스 추천' 등 조회수는 조금 적지만 고객들이 관심을 가질 만한 키워드를 공략하는 게 좋다.

조회수 파악, 키워드 조합에 어려움을 겪는 블로거가 많다. 키워드마스터나 블렉스 등 무료 프로그램이 있으니 초보자들도 몇 번 활용해보면 많은 도움을 받을 수 있겠다. 키워드 선정에 대해서는 2부 2장 〈제목 키워드 상위노출 전략〉에서 설명했으니 참고하기 바란다.

세 번째, 전달력 좋은 글을 쓰기 위해 노력해야 한다. 누군가는 내 글을 읽고 정보를 얻는다. 내가 쓴 글에 동의를 한 사람이 제품이나 서비스를 구매하게 된다. 결국 글쓰기로 고객을 이해시키고 부족한 부분은 댓글 등으로 보완하며 고객과 소통하게 된다. 인스타그램은 사진이 중심이고 유튜브는 영상이 중심이라면 블로그는 텍스트가 가장 중요하다. 물론 블로그에서도 사진과 영상을 활용해 정보를 제공하지만, 결국 사람들의 마음을 움직이는 것은 진심이 담긴 글이라는 것을 잊으면 안 된다.

이와 같은 조건 외에 검색엔진이 정한 로직(규칙)에 맞춰 쓰는 것도 필요하다. 일반 블로거가 상위노출을 위한 로직을 완전히 알 수는 없지만, 제목을 본문 내용으로 잘 풀어내는 것이 로직의 핵심이라는 데는 이견이 없는 것 같다. 더 자세히 들어가면 사진 개수, 동영상의 유무, 이웃 활동 등 검색에 영향을 주는 다양한 요인이 있으나 거의 대부분의 경우 위에서 언급한 3가지가 가장 중요하다. 내 블로그의 레벨을 끌어올리고, 잘 조회되는 키워드를 포착하며, 글쓰기 실력을 키워야 한다.

처음부터 이런 점에 신경 써서 애정을 갖고 하다 보면 슬슬 상위에 노출되는 포스팅이 생긴다. 협찬 의뢰가 오고, 소상공인이라면 고객이 문의도 하고 매출로도 이어진다. 수많은 블로거와 소상공인들이 블로그를 활용하는 이유이다. 차곡차곡 한 단계씩 밟아보자. 네이버는 그러한 사람에게 앞으로도 많은 기회를 부여할 것이다.

2부

오래 가는 블로그의 글쓰기는 다르다

#1장_강점과_관심_있는_주제_정하기

#2장_제목_키워드_상위노출_전략

#3장_좋은_글을_빠르게_쓰는_방법

#4장_글쓰기_궁금증_완전_분석

1장
강점과 관심 있는 주제 정하기

블로그를 오래 하기 위한 주제 선정

취미, 기록용으로 블로그를 운영하는 사람이 많다. 자신의 소중한 하루를 글로 남기며 시간이 지나 추억을 되새기는 것도 인생에서 큰 의미이다. 그러나 이 책을 손에 든 사람은 블로그로 수익을 내고 싶은 사람들일 것이다. 그리고 나는 그런 사람들에게 필요한 이야기를 이 책에서 할 것이다. 본격적인 이야기를 하기 전에 먼저 2가지를 말해두고 싶다.

첫째, 시작했다면 오래 해야 한다. 이것이 가장 중요하다. 오래 할수록 글솜씨, 전문성이 생겨 블로그가 가치 있는 정보로 채워질 가능성이 크다. 그런데 오래 하는 것이 쉽지가 않다. 돈이 되지 않으면 지속적으로 블로그에 시간과 노동을 투입하는 것이 어려워진다. 아까운 시간을 내서 예쁘게 포스팅할 이유가 없지 않은가? 협찬 포스팅이 많은 블로그를 보며 블로그가 광고판이 되었다고 비난하는 사람들이 있는데, 협찬 포스팅이 꼭 나쁜 것은 아니다. 적정하게 올려서 조금이라도 블로그를 통해 돈을 벌면서 블로그를 오래 할 수 있는 동력으로 삼으면 된다. 제품과 서비스의 특징을 나름의 시각과 경험으로 분석한 글은 사람들에게 유용한 정보가 되기도 하고, 내 블로그 콘텐츠로도 좋다. 협찬으로 쓴 글임을 밝히면 문제없다고 본다. 다만 협찬을 받았다고 해서 제품의 결점을 꽁꽁 숨기거나, 실망스러운 곳(또는 상품)인데도 추천한다고 포스팅하는 일은 하지 말자. 블로거는 책임을 갖고 포스팅해야 한다. 돈이 되는 포스팅을 하되, 돈이 된다고 아무 글이나 지나치게 많이 올리지는 않는 균형을 찾아야 블로그를 오래할 수 있다. 물론 그 균형 찾기가 어렵기는 하다. 균형 찾기에 대해서는 4장 〈글쓰기 궁금증 완전 분석〉에서 언급했으니 참고하기 바란다.

둘째, 블로그의 주제는 관심사와 관련이 있어야 한다. 나는 지금은 경제 인플루언서이지만, 초반에는 건강이 주제였고 건강 분야 인플루언서이기도 했다. 알레르기성 피부병, 과민성 대장증후군 등 달고 산 질병이 많다 보니 자연스레 이쪽에 관심이 생겼고 포스팅도 많이 했다. 처음에는 '내돈내산'으로 건강식품 글을 쓰곤 했는데, 열심히 글을 올리니 몇몇 쇼핑몰에서 협찬 의뢰가 들어왔다. 그리고 나중에는 건강식품 스마트스토어를 오픈해서 직접 판매까지 하게 되었다.

요즘 덕업일치(열정적으로 좋아하는 분야의 일을 직업으로 삼음)라는 말이 흔한 용어가 됐는데, 블로그는 관심이 수익과 연계되는 좋은 통로이다. 여행이나 인기 명소, 예쁜 카페나 식당을 주제로 포스팅하는 것을 좋아하는 블로거들은 관련 업체로부터 협찬 제안을 받을 때가 있다. 보통 소정의 원고료와 함께 홍보비를 받는데, 여행 전문 인플루언서 중에는 항공료와 숙박비, 식비까지 지원받아 해외여행을 가는 경우도 많다.

그렇다면 이런 생각이 들 수 있다. '수익으로 잘 연결되는 주제로 쓸까?' 어느 정도는 맞지만, 그게 다는 아니다. 억지로 취미를 만들어 글을 올리거나, 관심 없지만 인기가 많다는 이유로 상품을 구입해 리뷰를 쓰는 것은 곧 한계에 봉착한다. 돈이 된다고 그다지 관심 없는 것에 대해 쓰려니까 재미가 없다. 내가 재미없으면 포스팅의 품질도 좋지 않다. 급기야 구입한 용품을 구입 비용에 한참 못 미치는 가격으로 중고나라 혹은 당근마켓에서 내놓게 된다.

비즈니스·경제 분야에는 많은 사람들의 관심을 모으는 글이 가득하다. 블로거 중에서 경제를 중심으로 하는 사람들도 많다. 다만 부동산, 주식, 펀드, 투자, 마케팅 등 어느 특정 영역에서 전문성을 갖추지 못하면 이내 블로그는 뉴스나 타인의 글을 베낀 포스팅으로 채워진다. 심지어 인플루언서 블로그 중에도 그러한 경우를 볼 수 있는데, 돈이 된다고 해서 뛰어들었으나 깊이가 얕아 바닥이 드러났기 때문이다.

결국 순서가 중요하다. 블로그로 돈을 벌기 위해 돈이 되는 주제를 선정하기보다는, 관심 있는 주제로 블로그를 시작한 뒤 그에 집중해 돈을 벌 수 있는 구조를 만들어야 한다. 돈을 먼저 바라보고 시작하면 무리수를 두게 되어 블로그에 악영향이 생기고, 성장하지 못할 가능성도 높다. 탄탄하고 오래 갈 수 있는 나만의 공간으로 만드는 것을 목표로 하자.

주제와 소주제 정하기

블로그 주제에 대해 말하기 전에 먼저 당부하고 싶은 것이 있다. 블로그는 온라인상의 개인 공간이라는 것을 늘 염두에 두자. 개인 공간인 만큼 나의 경험과 생각을 꼭 써야 한다. 그 토대 위에서 수익활동으로 이어질 수 있는 관심 분야, 즉 주제와 소주제 분야의 글을 채워가는 것이다.

무슨 글을 써야 할지, 아직은 내 관심과 강점을 모르겠다면 네이버가 제시한 32개의 주제를 살펴보자. 그중에 하나는 해볼 만하겠다 싶은 분야가 있을 것이다. 막연히 눈으로만 살피며 생각하기보다, 메모장이나 노트에 적어가며 구체적으로 분석하여 주제를 정하자.

32개 주제 확인하는 방법

블로그 주제는 '블로그 메인페이지 〉 주제별 보기 〉 주제설정'에서 오른쪽의 톱니바퀴 모양의 아이콘을 누르면 확인할 수 있다. '엔터테인먼트·예술', '생활·노하우·쇼핑', '취미·여가·여행', '지식·동향'으로 크게 4개의 분야가 있고, 그 안에서 다시 32개 주제로 세분화된다. 경제에 관심이 많으면 '비즈니스·경제' 주제로 설정하면 되고, 음식 만들기에 관심이 많다면 '요리·레시피'로 설정하면 된다.

그런데 네이버에서 제시하는 주제들은 매우 포괄적이다. 예를 들어 '지식·동향 〉 비즈니스·경제' 주제 내에도 부동산, 세금, 주식, 금융, 보험, 마케팅, 사업 등 매우 다양한 소주제가 있다. 이 중에서 어떤 소주제를 쓸 것인지도 정해야 한다. 현재의 직업과 관련되거나 앞으로 집중적으로 공부하고 싶은 분야를 소주제로 정하면 좋다.

▲ 블로그 주제 설정 화면

앞에서 말했듯 나는 건강이 안 좋아서 사람의 몸에 관심이 많았고, 그래서 '지식·동향' 중에서도 '건강·의학' 주제를 선택했다. 그리고 '식품의 효능'을 중심으로 포스팅을 했다. 이는 건강식품 비즈니스를 하는 사람들에게는 아주 좋은 소주제로 꼽힌다. 식품 종류는 무궁무진하다고 할 정도로 많기 때문이다. 나도 이 주제로 몇 년 동안 꾸준히 글을 올렸다. 특정 분야에 대해서 깊이 있게 다룰수록 전문가의 시선으로 전할 수 있다. 관심이 없는 주제로는 그렇게 글을 쓰기가 어려울 것이다. 주제를 무엇으로 정하느냐가 대단히 중요하다.

소주제가 여럿 있어도 된다. '비즈니스·경제' 주제에서 부동산과 중개매물로 소주제를 정했다고 해서 중개매물 포스팅만 올릴 이유는 없다. 사람들은 거주를 위해서뿐만 아니라 투자 목적으로도 부동산에 관심을 갖는다. 따라서 부동산 관련 세금 및 금융 지식도 유용한 정보가 된다. 부동산이라는 주제 안에서 매물은 물론 증여세, 양도세, 대출상품까지 다룬다면 블로그도 풍성해지고, 방문자 확보에도 좋고, 사업가 연계될 가능성도 높아진다. 특정 분야의 전문성을 바탕으로 가지를 확장하자.

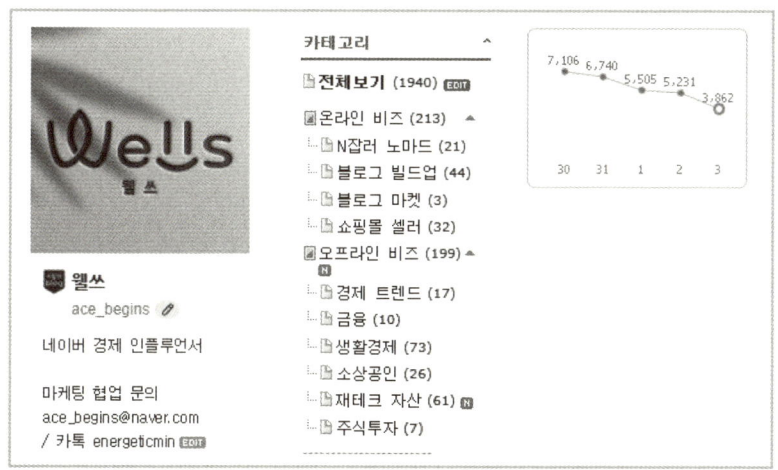

▲ 비즈니스·경제 주제를 다양한 소주제로 분리하여 카테고리를 만들었다

나중에 다시 이야기하겠지만 블로그 주제는 바꿀 수 있다. 나 역시 몇 년 전에 '건강·의학'에서 '비즈니스·경제'로 주제를 바꿨는데, 온라인 비즈니스와 오프라인 비즈니스를 구분해 포스팅하고 있다. 블로그 기반으로 스마트스토어 등의 온라인 비즈니스를 하고 있기 때문에 그와 관련해서는 '온라인 비즈니스' 카테고리를 만들어 올리고, 경제 트렌드 등은 '오프라인 비즈니스'에 올리고 있다.

주제 선정이 중요해진 이유, 네이버 인플루언서

몇 년 전까지만 해도 여러 가지 주제로 블로그를 운영하는 사람이 꽤 많았다. 나도 2019년까지는 경제, 건강, 사회 이슈, 일상, 교육까지 크게 5개를 주제로 포스팅을 했었다. 블로거들 사이에서 잡블로그(잡블)이라고 불리는, 다양한 주제의 글을 쓰는 블로그를 운영했던 것이다.

한번은 고양이와 관련된 일상 포스팅 글을 올렸는데, 상위노출된 것은 물론이고 '네이버 동물판 섹션'에 내 글이 올라가서 하루 방문자만 2만명을 기록하는 것을 보고 뿌듯했던 기억도 있다. 물론 해당 섹션에서 글이 내려가니 평균적으로 기록되었던 방문자수인 1000명대로 돌아갔지만. 이렇게 여러 주제를 포스팅하면 글감이 끊이지 않는다는 장점이 있다. 또한 여러 가지 주제를 통해 소소하게 수익을 올릴 수 있고, 나의 경우 운영하는 쇼핑몰 매출에 직접적인 도움도 받았다.

그런데 2019년 11월 네이버에 어떤 제도가 생기면서 많은 것이 변했다. 수많은 블로거들의 포스팅 패턴에 이때부터 급격한 변혁이 일어났다. 바로 네이버 인플루언서(!)가 가져온 변화였다.

인플루언서는 네이버의 심사를 통해 선정되는데, 별도의 검색 탭을 만들어서 글을 노출시켜 준다. 검색 화면 첫 페이지의 좋은 위치에 인플루언서 코너를 배치하여 눈에 잘 띄도록 혜택을 준다. 프로필 사진에 금관/은관/동관을 씌워주고 닉네임 옆에 인플루언서 뱃지를 달아주니 너도나도 관심을 보이게 되었다. 특별한 대접을 받으니까 마다할 이유가 없다. 무엇보다 대한민국 No.1 포털사이트 네이버에서 공식 인증을 해주어 수익에도 도움이 되기 때문에 지금도 수많은 사람들이 네이버 인플루언서에 도전하고 있다.

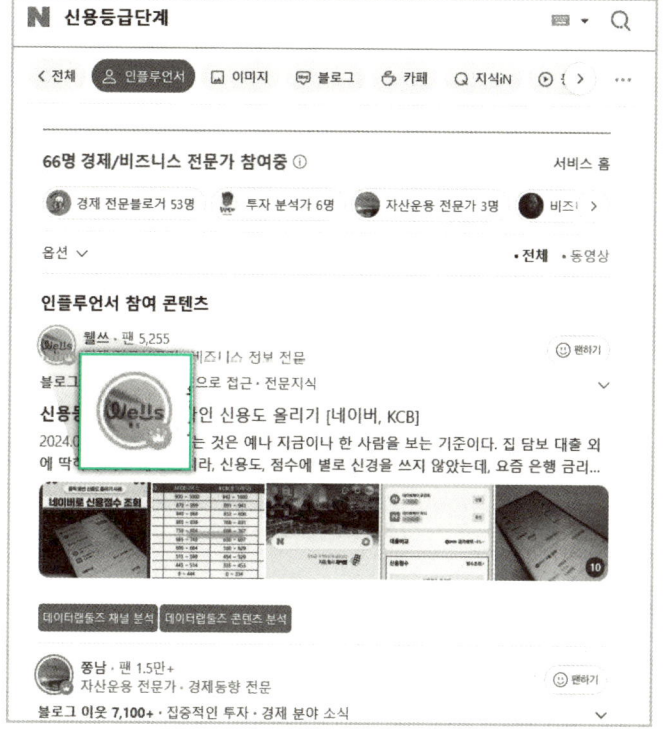

▲ 인플루언서에게는 프로필 사진 우측 하단에 마크(금관, 은관, 동관)가 붙는다

네이버 인플루언서 핵심 선정 조건은 무엇인가? 충실하게 업로드되는 콘텐츠, 개성, 예쁜 사진, 글솜씨, 이웃과의 활발한 소통 등 여러 가지가 있지만, 최우선으로 꼽는 것은 블로그의 전문성이다. 즉 특정 주제에서 전

문성을 갖추고 영향력을 키워야 인플루언서가 될 수 있다는 뜻이다. 이를 위해선 내가 특정 분야의 전문가라는 느낌을 주는 글을 꾸준히 포스팅해야 한다. 그래야 신뢰성이 높아지고 자연스럽게 브랜딩이 된다.

요즘은 하루 방문자가 꽤 많아도 이에 만족하지 않고 인플루언서 선정에 관심을 갖는 블로거가 많다. 몇몇 블로거를 보면 하루 방문자가 1~2만명인 능력자인데도 인플루언서 뱃지를 달기 위해서 노력한다는 이야기를 자주 접한다. 체험단을 뽑아 블로그 포스팅을 요청하던 제휴 업체들도 인플루언서를 중심으로 섭외하기 시작했고, 반대로 정체성(?)을 알기 어려운 블로그는 자연스레 협찬 수익이 줄어들었다.

이제 블로거들도 자신이 잘하는 주제를 찾아 집중하게 되었다. 일상 글이라든가 핵심 주제에 속하지 않은 일부 포스팅은 카테고리를 합치거나 삭제 혹은 비공개하는 일이 벌어졌다. 네이버 인플루언서의 등장으로 이전처럼 다양한 주제로 글을 올리던 시대가 막을 내리고, 주제를 선정해 전문성을 키워야 하는 시대가 열렸다. 블로그 운영 방향이 인플루언서 제도로 인해 일관성을 갖게 된 것이라고도 볼 수 있다. 나 역시 생활 건강 인플루언서에 선정되기 위해 가족, 사업 이야기나 취미 등 일부 포스팅을 비공개로 변경했고, 상단페이지 스킨도 새롭게 디자인했다.

▲ 인플루언서 선정을 위해 새로 산뜻하게 디자인한 스킨

그런데 수익화를 위해서는 꼭 하나의 주제를 정해서 전문성을 키워야 할까? 본질적인 질문이라고 생각한다. 사실 잡블로그를 운영하면서도 쏠쏠한 수익을 올리는 사람도 많다. 또 하나의 주제만 쓰는 것이 성격상 맞지 않는 사람도 있고, 전문성만 강조하다 보면 주제에 금방 싫증이 날 수도 있다. 운영 방식은 사람마다 다르고 정답은 없지만, 블로그를 오래 해보니 전문성이 주는 가치가 크다는 것을 실감한다. 특정 주제에 어느 정도 비중을 두고 블로그를 운영하면 자기계발도 되고 전문성도 키울 수 있다. 그리고 그런 블로그는 수익화로 이어지니, 블로그 운영의 목적에 딱 부합한다는 것이 내 블로그 지론이다.

돈 되는 주제와 수익화는 같은 말

블로그를 통해서 월 1천만원 수익! 여느 직장에 다녀도 만나기 어려운 월급이다. 그런데 그 정도 수익을 인증하는 블로거를 심심치 않게 만날 수 있다. 요즘 출판되는 블로그 책에도 '월 1천만원 수익', '연봉 1억 달성' 같은 카피가 자주 나온다. 블로그를 하지 않는 사람들은 이것이 정말로 가능할까 싶겠지만, 나도 몇 번 달성해봤으니 가능한 수익이 맞다. 리빙, 건강식품, IT, 경제 블로거 중에 수익모델을 협찬이나 애드포스트에 국한하지 않고 쇼핑몰(스마트스토어)까지 확장하여 개인사업자로 활동하는 경우를 자주 발견한다. 이러한 수익모델에 대한 이야기는 4부 1장 〈블로그 수익화 라이프〉에서 자세히 설명하겠다.

그런데 블로그를 잘 운영하기만 하면 누구나 돈을 벌 수 있을까? 그렇다고 단언할 수 없다. 이를테면 경제 분야는 키워드 하나가 돈이 많이 되는 편이다. 일일 방문자가 조금 적어도 대출이나 보험가입 등 (클릭 시 수익이 많이 생기는) 고단가 키워드가 들어간 포스팅이 노출되면, 원고료가 높은 블로그 포스팅 제휴도 많이 들어오고 애드포스트 수익도 비교적 높다. IT 분야도 돈이 되는 분야 중 하나이다. 컴퓨터, 스마트폰, 유튜브 구독상품 등의 체험단 리뷰 금액은 최소 10만원이고 30만원 이상인 경우도 허다하다. 그래서 수익 인증을 하는 블로거나 인플루언서 중에서도 경제나 IT 분야의 글을 쓰는 사람이 많다.

반면에 영화, 전시, 도서 분야의 블로거 중에서 고수익을 인증하는 사례는 흔치 않다. 나도 도서 리뷰를 몇 번 해봤는데 책만 받거나 5만원 이내의 소액을 받고 리뷰를 썼기에 효율이 나지 않아서 힘들었다. 책을 읽고 내용을 파악하는 데만도 시간이 많이 걸렸다. 결국 시간 투자 대비 수익이 떨어졌다.

사업이 되는 주제, 돈을 잘 버는 키워드가 분명히 존재한다. 사업이 되는 주제란 블로그를 통한 수익화, 즉 지식 습득을 통한 수익 모델 확장이 용이한 주제를 말한다. 그렇다고 돈을 벌기 위해서 관심도 없는데 억지로 경제, IT, 뷰티 등의 영역에 들어올 이유는 없다. 고수익을 낼 가능성이 높다는 것이지, 이 분야에서 활동한다고 연봉 1억원씩 버는 것은 아니기 때문이다. 나만의 주제에서 좋은 성과를 내는 사람도 분명히 있다. 그래서 소주제를 잘 찾아 전문성을 키우라고 이야기하는 것이다. 어쩌면 그곳이 남들이 모르는, 비어 있는 시장일 수도 있다. 또한 피 터지는 경쟁에서 조금은 자유롭게, 고수익은 아니어도 본인이 만족할 수 있을 만큼의 돈을 버는 것도 큰 의미가 있다.

주제 변경은 신중하게, 결심했으면 과감하게!

'몇 년 동안 한 우물을 팠는데, 이제는 다른 영역을 파고 싶다.' 이런 고민을 하는 블로거가 많다. 상황이 바뀌어서, 주제에 대한 흥미가 떨어져서,

글을 쓸 소재가 떨어져서 등등 그런 고민을 하게 되는 이유는 다양하다. 생각해보자. 한 가지 주제로 3년 정도 포스팅을 했다면, 이제 더 쓸 이야기가 없거나 흥미가 떨어지지 않을까? 같은 주제로 몇 년씩 글을 쓴다는 것이 보통 일은 아니다. 관련 업계에서 일하는 사람이 아닌 이상 계속 공부하며 새로운 내용을 알아가고 글로 쓰는 것은 무리가 아니겠는가?

육아를 주제로 글을 써오던 블로거의 경우, 아기가 자라서 더 이상 육아 글을 쓰기 어려울 수도 있다. 처음에는 귀여운 아기의 모습을 기록하기 위해서 2~3년 열심히 육아 포스팅을 한다. 예쁜 아기 옷을 입혀 자랑한 포스팅, 이유식 만드는 법이나 아기가 아플 때의 꿀팁 등을 적은 포스팅은 블로거에게는 정말 소중한 추억이고, 예비 엄마 아빠에게는 소중한 간접경험이 될 것이다. 그런데 아기는 자라고, 어느 때가 되면 육아라는 주제로 글을 포스팅하기 어려워진다. 유치원 생활이나 초등학교 입학 준비 등 아이의 성장에 따라 주제를 달리해 쓸 수는 있겠지만, 유아 때만큼 육아를 주제로 매일 포스팅을 하기는 쉽지 않다.

그렇다고 몇 년씩 해본 뒤에 주제를 바꿔야 하는 것은 아니다. 아니다 싶으면 빨리 바꾸는 것도 방법이다. 여행 블로그를 예로 들어보자. 여행이 취미이거나, 디지털 노마드 생활을 꿈꾸는 사람들 중에 여행 블로거가 꽤 많다. 여행 한 번 다녀오면 5~10개의 포스팅을 올릴 수 있으니 해볼 만하다는 생각이 들 것 같다. 실제로 2024년 5월 현재 네이버 여행 인플루언서는 3000명을 훌쩍 넘겼다. 20가지 인플루언서 주제 가운데에서도 가장 많은 인원이 활동 중이다. 인플루언서들의 블로그를 보면 국내는 물론이고 해외 곳곳의 여행지, 호텔, 맛집 등 투어상품 협찬 포스팅이 많다. 그것만 보면 꽤 수입이 나올 것 같지만, 현실은 그렇지 못한 경우도 많다. 예를 들어 동남아 여행 협찬으로 3박 4일 숙박권, 비행기표, 식사권이 포함된 관광지 패키지를 받고 원고비도 100만원을 받았다고 가정해보자. 한 달에 이러한 생활을 며칠이나 할 수 있을까? 운이 좋아서 매주 협찬을 받아 월 4회 여행을 다녀오면 월 수익은 400만원이다. 물론 여행 상품권이나 맛집 시식권을 받으니 이것도 돈으로 환산해서 포함하고, 애드포스트 수익을 조금 더하면 500만원은 될 거라고 할 수도 있겠지만, 너무 피곤한 수입 같다. 이모저모 지출도 많을 텐데, 지속적으로는 어렵지 않을까 싶기도 하다. 실제로 여행에 부담을 느끼거나 수익에 한계가 있음을 깨닫고, 재빨리 패션이나 뷰티, 리빙 등으로 전환하는 여행 블로거도 있다.

나 역시 2년 넘게 건강·의학을 주제로 인플루언서 블로그를 운영하다가 경제·비즈니스로 주제를 바꿨다. 지식의 한계를 느꼈기에 고민 끝에 결정한 것이다. 이처럼 개인의 사정 때문에, 혹은 수익화나 확장성을 위해서 당연히 주제를 바꿀 수 있다. 이전에 몇 년을 해왔든 블로그에 올라간 모든 포스팅은 과거형이다. 10년간 해온 직업이 있어도 새로운 직업에 도전하듯, 주제 바꾸는 것을 두려워할 이유는 없다. 블로그도 개편을 선언하고 자신 있게 운영하면 된다. 특정 주제에서 꾸준히 양질의 글을 포스팅한 경험이 있다면 새로운 주제로도 블로그를 잘 꾸려갈 가능성이 높기 때문이다.

주제를 바꿀 때 주의할 점

단, 주제를 변경을 한다면 더 치열한 경쟁에 참여하게 될 수도 있다는 점에 유념하자. 주제를 바꾼다는 것은 신규 시장에 진입한다는 뜻인데, 다른 경쟁자들이 "어서 옵쇼!" 하고 반갑게 맞이할 이유가 전혀 없다. 또한 새로운 영역에서 활동하려면 충분한 지식을 쌓고 전문성을 기르기 위해서 더 많이 공부해야 한다. 의욕을 갖고 주제를 변경했는데 막상 관련 주제의 글이 잘 써지지 않으면 정말 낭패다. 나 역시 건강 정보 관련한 글을 주로 쓰다가 경제·비즈니스를 주제로 글을 쓰려니 처음엔 포스팅 하나에 3~4시간씩 걸렸다. 특히 협찬 포스팅의 경우는 이틀에 걸쳐서 글을 쓴 적도 있었다. 체험단을 해야 돈을 벌 수 있으니 일단 시작은 했는데 용어가 생소해 공부하며 글을 쓰느라 진도가 잘 나가지 않은 것이다. 하루에 다 쓰기가 벅차 일단 초안을 써놓고 공부를 더한 후, 다음 날에 보완해 완성하는 식으로 온라인 위탁판매, 스마트스토어, 금융권 통장개설 등 협찬 포스팅을 자주 쓰게 되었는데, 익숙해지면서 점차 포스팅 시간이 단축되었다.

경제로 블로그 주제를 전환한 2023년 9월 1일, 처음 쓴 글은 '금리인하요구권' 관련 내용이었는데, 새마을금고에 가서 자료를 받고 내용을 작성하느라 포스팅 및 준비하는 시간까지 많이 걸렸다. 이후로도 금융·투자 관련 포스팅을 하기 위해 증권앱을 설치하고 사용법을 익히는 등 하나하나 공부하며 포스팅을 하다 보니 주제 변경 전보다 시간이 더 많이 필요했다. 그래서 토요일은 물론이고 일요일에도 사무실에 나와 일했다. 시간을 더 확보하기 위해서이기도 했고, 자칫 주제를 바꾸기 전 다소 편안하게 포스팅하던 때를 그리워할까봐 더 많이 노력한 것이다.

다행히 주제를 변경한 첫 달부터 블로그가 성장했다. 주제를 바꾼 첫 달인 2023년 9월 순 방문자수는 12만명 정도였는데, 3개월차인 11월에는 약 29만명, 5개월차인 2024년 1월에는 42만명을 돌파했다. 주제 변경 전에는 일 방문자수가 4000~5000명대였는데, 주제 변경 후 1만명을 훌쩍 넘은 것이다.

다음 쪽의 그림은 1년 동안의 순방문자수 그래프이다. 방문자수가 조금씩 감소하는 추세에서 2024년 9월에 주제를 바꿨는데, 이후 방문자수가 늘어난 것을 볼 수 있다.

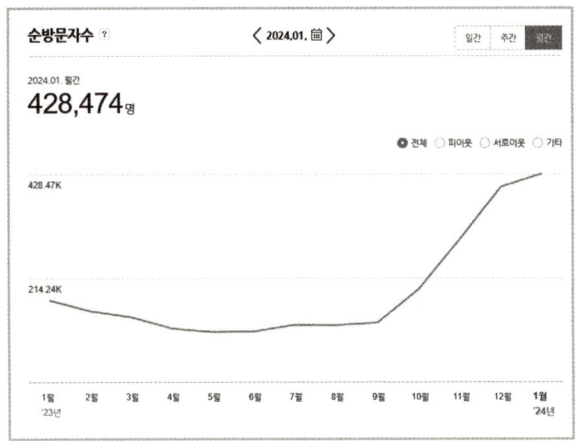

▲ 주제 변경 후 순방문자수가 증가했다 (2023년 1월~2024년 1월)

그리고 단순히 방문자수만 늘어난 게 아니었다. 방문자가 내 블로그에 머무는 시간인 평균사용시간(체류시간)도 증가했다. 다음 그림을 보자.

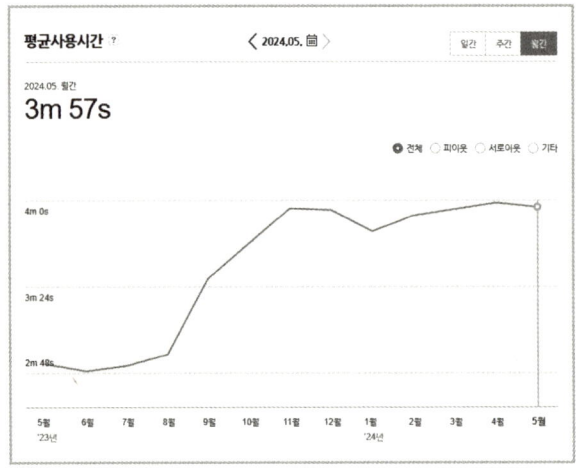

▲ 주제 변경 후 평균사용시간이 증가했다 (2023년 5월~2024년 5월)

방문 시간이 2분대에서 4분에 가깝게 늘어났으니 양과 질 모두 이전보다 발전한 셈이다. 이러한 결과는 수익으로도 직결된다. 주제를 바꾸기 전의 애드포스트 수익은 월 20~30만원대였는데, 바꾼 후의 수익은 월 100만원을 훌쩍 넘겼다. 또 체험단 협찬 제안도 이전보다 훨씬 증가했다. 주제 전환의 바람직한 사례라고 할 수 있겠다. 다음 그림은 경제 블로그로 전환하기 전과 후의 글 목록이다.

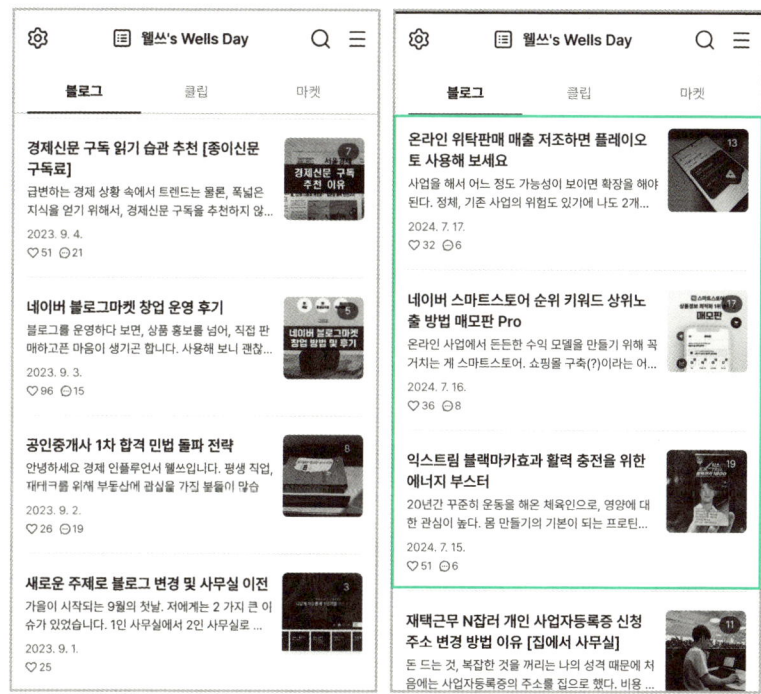

▲ 경제 블로그 전환 직후(왼쪽)와 10개월 후(오른쪽)

왼쪽은 주제를 변경한 직후의 목록이고, 오른쪽은 전환한 지 10개월 후의 목록이다. 협찬글이 늘어난 것을 알 수 있다.

 주제를 바꾼다면, 진짜 원점에서 시작해야 된다. 부동산 분양업체에서 일하는 후배는 신입 교육 때 꼭 다음의 말을 한다고 한다. "어제까지는 대기업에서 직원을 호령했거나, 여기저기서 사장님 소리를 들으셨겠지만 지금부터는 신입사원입니다. 부동산 분양이라는 세상에 오셨으니 제말을 잘 듣고 열심히 배우시기 바랍니다." 어떠한 이유에서든 블로그 주제를 바꾸기로 결정하고 실행에 옮긴 순간부터 한 회사에 신입으로 입사했다는 생각으로, 그만한 각오와 함께 열심히 해야 한다. 원점이라 생각하고 집중해야 한다. 당장은 막막하고 힘이 들겠지만 공부하고 성장하면서 탁월한 선택이었음을 느낄 수 있을 것이다.

일상 주제를 수익으로 빌드업하기

수익화를 위해 주제를 정해 블로그를 운영하려는 사람들이 종종 일상적인 글에 대해 묻곤 한다. 일상글을 쓰는 게 좋은지 안 쓰는 게 좋은지, 쓴다면 수익화가 되는지가 궁금한 것일 테다.

나는 일상글을 쓰는 게 좋다고 말한다. 인플루언서가 되겠다고 특정 주제만 올리면 블로그가 건조해질 수도 있는데, 일상글은 읽는 사람들이 좋아하고 공감한다. 무엇보다 방문자와 소통하기 쉬워 블로그가 풍성해지도록 만들어준다. 이러한 일상글은 구색용으로 짧게 몇 번 포스팅하고 말 게 아니라, 몇십 편 이상 포스팅하는 게 맞다. 정보성이 가미된 일상글이면 더 좋다.

그리고 일상 주제의 포스팅도 잘만 하면 돈이 될 수 있다. 나는 교육(자격증 취득 후기, 직장인 자기계발), 건강(몸 만들기, 난치병 고치기), IT(컴맹 탈출기, 사진 실력 키우기), 경제(사업 성공기, 목돈 굴리기), 동물(반려동물 입양부터 가족되기)까지 5가지 일상 주제로 글을 썼다. 메인 주제 안에서도 얼마든지 일상글을 쓸 수 있는데, 교육과 건강 주제에서 어떻게 일상글로 수익화를 했는지 이야기해보겠다.

첫 번째 사례는 자격증 취득 후기이다. 공인중개사 자격증이었는데, 처음 자격증 취득에 도전한 당시에는 직장인 신분으로 피곤을 이겨내고 공부한 터라 합격에 대한 기대가 컸다. 첫해에 1차 시험에 합격했지만 2차 시험에서 딱 1문제 차이로 불합격했다. 합격자 발표 직전까지만 해도 커트라인 합격일 거라 생각했기에 불합격이라는 ARS 안내를 듣는 순간 하늘이 노래졌다. 급성 위염에 걸리고 스트레스로 한동안 고생했다. 출제 오류를 주장하는 불합격자들과 함께 변호사를 선임하고 국민권익위원회에 행정심판도 청구하는 등 사연이 아주 많았다. 최종 행정심판은 기각되었지만 공인중개사 최종 합격에 대한 열망이 커졌고, 다음 시험에 최종 합격을 해서 당당히(?) 공인중개사가 되었다.

글 제목	조회수	작성일
자산가의 선택은 역시 부동산 투자! (3)	39	2013. 8. 16.
공인중개사 합격률에 대한 상세한 분석(1) (2)	59	2013. 8. 15.
중개사 시험합격을 위한 중요한 요건[체력] (5)	33	2013. 8. 6.
공인중개사 수험생과의 대화 [1차 중요성] (10)	48	2013. 8. 5.
공인중개사공부방법 [1차합격 노하우] (11)	589	2013. 7. 31.
공인중개사시험과목 과목별 공략법소개 (9)	150	2013. 7. 19.
공인중개사 공부방법 [단기합격방법] (15)	113	2013. 7. 1.
공인중개사 억울한 탈락 행정심판 진행 (6)	148	2013. 6. 19.
공인중개사인터넷강의 합격자 추천	14	2013. 6. 2.
공인중개사 독학 할 때 외로움 극복! (6)	192	2013. 5. 30.

▲ 일상글을 수익화한 사례 1: 공인중개사 포스팅 목록

직장인 수험, 재수 스토리, 나만의 공부방법, 독학의 외로움 이겨내기, 수험생 공부방법, 건강 지키기, 행정심판 등 공인중개사 시험이라는 하나의 주제가 성립되었고 수십 편의 글감이 나왔다. 그리고 이러한 일상글로 업체의 협찬글을 의뢰받아 수익화를 할 수 있었다.

공인중개자 자격증은 1년에 1~2만명의 합격자를 배출하는 흔하다면 흔한 자격증이다. 합격 수기 1편으로 끝날 수도 있었지만 소송과 재수를 한 덕분에 나에게는 하나의 주제가 된 것이다. 이게 먹혔는지 이후 공

인중개사 온라인 학원에 입사할 수 있었고, 부동산 분양, 부동산 블로그 운영 대행 등 수익과도 연계가 되었다. 처음에는 일상과 정보로 시작했지만, 전문성과 연계된 사례이다.

두 번째 사례는 몸 만들기 관련 포스팅이다. 173cm에 55kg, 슈퍼모델 선발대회 참가자들의 신체 사이즈가 아니라, 대한민국에 사는 한 남자의 신체 사이즈이다. 마른 체격이어서 형님들과 술이라도 한잔할 때면 핀잔을 듣곤 했다. "영민이는 힘이 없어 보여도, 마른 장작이 잘 타니까 어쩌면 모를 일이야!" 알 듯 말 듯한 농담 속에 뼈가 섞였지만, 소주 한잔 걸친 형님이 하는 소리이니 뭐라고 할 수도 없었다.

그러다가 헬스를 시작했다. 운동을 하면 할수록 서서히 근육이 붙는 것이 느껴졌다. 가장 많이 하는 벤치 프레스로 이야기해보자면, 30kg을 간신히 10번 들다가 어느덧 40kg을 넘어 50kg을 들게 된 것이다. 가슴이 튀어나오니 자신감이 붙었다. 그러던 중 100kg에 성공했는데, 감격해서 영상도 찍었다.

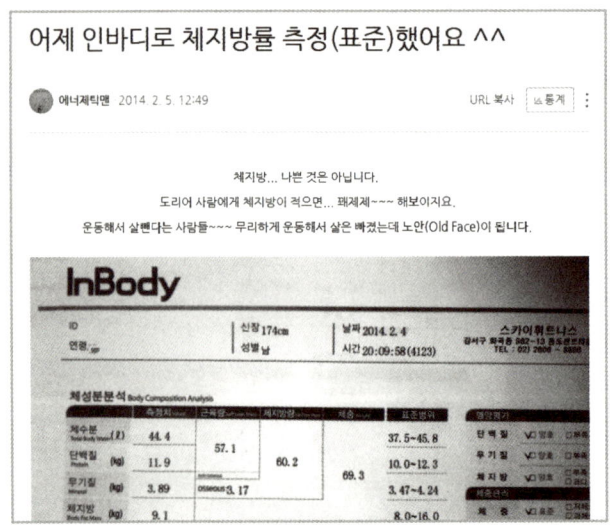

▲ 일상글을 수익화한 사례 2: 몸 만들기 포스팅

앞 그림은 몸 만들기에 성공했음을 보여주는 인바디 기록지를 포스팅한 것이다. 이후로 종종 헬스, 몸 만들기 관련 포스팅을 쓰는데 운동이라는 글감이 줄어들지 않는다. 몸이 좋아진 덕분에 이후 헬스장 홍보나 프로틴(단백질) 홍보 포스팅도 꽤 많이 했다. 일상적 삶이 수익으로 전환된 사례이다. 나아가 이러한 내 모습을 보며 격려해주는 사람들을 만날 수 있었고, 글쓰기의 풍성함도 느끼게 되었다.

이 외에도 대입 재수, 피부가 좋아진 이유, 블로그 저품질 극복하기 등 경험을 바탕으로 쓴 글이 참 많다. 평범한 나도 이런데 사람들마다 좋은 사연이 얼마나 많을지 상상되지 않는다. 시작은 일상이었으나 조금 자세하게 빌드업 하다 보면 수익이 될 수 있다. 네이버 블로그 서비스도 처음에는 일상에서 시작되었다!

블로그를 잘한다는 것

블로그를 잘한다는 것은 무슨 뜻일까? 시각에 따라 기준은 다르겠지만, 보통 다음과 같은 사람들을 두고 블로그를 잘한다고 평가하는 것 같다.

- **글을 잘 쓰는 사람:** 블로그는 대부분 글로 구성되기에 평소 글을 쓰는 습관에 익숙하지 않으면 컴퓨터 앞에 앉아서 할 말이 생기지 않을 것이다. 하루 2~3개의 포스팅을 올리는 사람들은 분명히 글빨이 남다르다. 맛깔스럽게 글을 잘 쓰는 사람을 보면 블로그를 잘한다는 느낌을 받는다.
- **사진 촬영을 잘 하는 사람:** 예쁜 사진을 중심으로 올리거나 읽기 좋게 편집을 하면 블로그를 잘한다는 평가를 받을 수도 있다. 썸네일 사진만 봐도 힐링이 된다. 글은 다 읽어봐야 평가할 수 있지만, 사진은

몇 장만 봐도 평가 가능! 사진 잘 찍는 사람이 참 부럽다. 패션이나 여행, 요리 주제에서 인기가 많은 블로거들은 예외없이 사진 퀄리티가 높다.

- **하루 방문자수가 1만명을 넘는 사람:** 어쩌다 이슈 키워드를 잘 선점해 방문자가 늘어난 것이 아니라 꾸준히 1만명씩 블로그를 방문한다면 그럴 만한 이유가 있기 때문일 테다. 블로거끼리 쓰는 표현 중에 '만블'이라는 말이 있는데, 1만명이 방문하는 블로그라는 뜻이다. 매우 부럽다. 웬만큼의 꾸준함이 아니고서는 이룰 수 없는 숫자이기 때문이다.
- **네이버 로직을 잘 아는 사람:** 블로그 고수나 실력자라는 말을 듣는 사람을 보면 네이버 로직을 잘 안다는 생각이 든다. 그런데 사실 블로그 로직이 별다른 것이 없다. 장담컨대 2시간만 교육받으면 핵심은 파악할 수 있다.
- **수익화에 성공한 사람:** 위에서 말한 모든 것을 갖췄다고 해도 블로그를 이용해 돈을 못 벌면 별 의미가 없다. 방문자수가 얼마든 사진을 잘 찍든 로직에 정통하든, 결국에는 돈을 잘 버는 게 핵심이기 때문이다.

위에서 언급한, 사람들이 말하는 블로그 잘하는 사람의 기준에서 보면 나는 어떨까?

- **글쓰기:** 글 쓰는 법을 따로 배운 적 없으며, AI 등 툴을 이용해서 써 본 적도 없다. 구시대적 사람이다. 다만 정확한 정보와 트렌드, 경험을 반영해서 성실하게 쓴다. 9급공무원 시험, 공인중개사 관련 시험 등에 관해 자주 포스팅할 때는 종종 서울 노량진 학원가로 취재를

나갔다. 학원에 가서 모의고사 문제집도 사고 1년 학원비가 얼마인지 물어봤다. 예전에 수업을 들었던 강사님을 만나 최근 시험 경향에 대해서도 물어보았다. 인터넷 검색만으로 알 수 있는 정보도 있지만, 직접 사람을 만나고 현장에 가면, 예상하지 않았던 경험을 하게 되기도 한다. 그것이 좋은 글감이 된다. 서울 노량진 공무원 시험 학원 근처에는 사육신공원이 있다. 뜻을 이루기 위해서 목숨을 바친 이들의 흔적이다. 공직 합격의 뜻을 이루기 위해서는 정말 전투적으로 공부해야 하는데, 분위기가 묘하게 일치한다고 느꼈다. 그래서 사진을 찍고 포스팅에도 활용했는데, 이런 것이 글에 생생함을 더해준다.

▲ 취재차 간 노량진 학원가 근처에서 건진 사진

- **사진:** 이 부분은 조금 부끄럽다. 사진 촬영을 더 잘한다면 훨씬 많이 벌고 있을 것 같다. 다만 사진에 대해서는 원칙을 고수하고 있다. 무료 이미지 사이트에서 자료를 가져다 쓰지 않는다는 것이다. 평소에 관심 있는 장면을 마주치면 스마트폰으로 찍어 폴더에 정리해서 넣어둔다. 수천 장의 사진이 주제별로 정리되어 있다. 이것이 중요한 이유는, 인터넷 상에 중복되는 사진이 많으면 검색에서 누락되는 경우가 있기 때문이다. 직접 찍은 사진은 중복으로 누락되는 일이 없다.
- **방문자수:** 하루 1만명이 넘을 때도 많지만, 안 넘을 때도 있다. 한때 2

만 언저리를 유지한 적도 있었는데, 그러려면 매일 3~4개의 포스팅을 해야 한다. 타 업체 벤치마킹, 영상 편집 등 마케팅 실력을 키우고 자기계발도 해야 되는데 하루종일 포스팅만 할 수는 없으니 이 정도 선에서 만족한다.

- **로직:** 기본만 파악하고 있고 세세한 사항은 잘 모른다. 기본만 알아도 충분하다고 생각한다.
- **수익화:** 어느 한 분야에서 탁월하지는 않지만 나름 블로그를 할 줄 안다는 소리를 듣는 이유다. 나만의 뾰족한 주제를 통해 꾸준히 수익을 내는 것에 성공하고 있기 때문이다.

트렌드를 알아야 한다, 로직을 알아야 한다 등등 많은 이야기들을 하지만, 성과가 나오는 블로그를 자세히 보면 트렌드와는 별로 상관이 없다. 그런 블로그들은 지식과 정보, 현장 소식을 화수분처럼 계속 포스팅을 한다. 블로그를 운영해보면 로직의 차이는 결국 좁혀진다. 차이가 나더라도 대세와는 별로 상관이 없다. 결국은 내가 자신 있는 분야에서 얼마나 더 지식을 쌓느냐, 경험을 통해서 계속적인 포스팅이 가능한가 여부에 달려 있다고 본다. 컴퓨터 앞에서만 답을 찾을 일이 아니다. 돈을 벌겠다면, 그 분야에 대해서 뾰족하게 파고들어가며 공부하는 것이 답이다.

나도 처음에는 교육 분야의 글을 쓰고 건강에 관심이 생긴 뒤에는 건강식품 분야의 글을 썼다. 경제 인플루언서인 지금은 쇼핑몰, 마케팅 분야의 글을 자주 쓰고 있다. 특정 주제에 관심을 가지니 삶이 한 분야로 집중됐다. 책이나 신문을 읽을 때도, TV 방송이나 유튜브 영상을 볼 때도 해당 주제에 집중한다. 요즘은 한국경제TV 라이브를 보면서 공부하는데, 시간이 날 때만이 아니라 시간을 내서 공부하기 때문에 글감이 계속 생긴다. 이렇게 내가 선택한 주제에서 실력을 키우려면, 결국 끊임없이 배우고 경험해야 된다는 결론에 이른다.

    블로그의 길에 들어섰다면 뚝심있게 오래 가야 한다. 블로그는 몇 달 하고 그만두는 게 아니다. 1년은 기본이고 2~3년, 아니 5년 이상 수백 개 이상의 글을 포스팅해야 한다. 나는 10년 넘게 직업 블로거로 살아왔고, 앞으로의 10년은 물론이며, 힘이 닿는 한까지 블로그가 직장이 되기를 원한다. 한 길을 꾸준히 파는 사람의 누적된 힘은, 새로 유입되는 블로거들이 넘보지 못할 정도로 강하다.

2장
제목 키워드 상위노출 전략

블로그 글의 종류 - 일상글, 정보글, 상업글

블로그 제목에 사용되는 단어 중 중요한 단어를 키워드라고 한다. 목적에 따라 적합한 키워드를 선택해 제목을 작성해야 검색결과에 노출이 잘 된다. 보통 블로그 제목의 키워드를 구분할 때 수익을 목적으로 하면 상업 키워드, 지식이나 정보 제공이 목적이면 정보 키워드, 자신의 생각이나 느낀 점에 대해서 쓰면 일상 키워드라고 한다.

  누구나 블로그로 돈을 벌고 싶어 하지만, 돈이 되는 상업적인 글만 올려서는 꿈을 이룰 수 없다. 지나치게 상업적이라고 판단되는 블로그는 스팸 처리가 되어 상위노출이 불가능하기 때문이다. 따라서 일상글, 정보글, 상업글의 개념을 알고, 적절한 비율로 포스팅을 해야 좋은 영향력을 끼치며 오래 운영할 수 있다.

일상글의 필요성

초보자가 글을 쓸 때에는 자신의 경험담을 적는 게 보통이다. 애당초 블로그라는 개념도 일상을 적은 일기장 역할을 하던 웹사이트에서 시작한 것이다. 멍멍이 입양 이야기, 택배를 반품하다 생긴 일, 사슴벌레와의 하루 등 일상을 소재로 올릴 수 있는 글은 무수히 많다. 이러한 일상글은 그 자체로는 수익이 되지 않고 검색에 큰 영향을 끼치지도 않는다.

그러나 일상글은 무엇보다 그 사람의 인간적인 면모를 예상할 수 있게 해준다. 어떻게 사는지, 평소 무슨 생각을 하는지가 파악되니까 이 사람을 좀 더 알고 싶다는 생각도 든다. 같은 지역에 있다면 얼굴도 한번 볼 수 있고, 실제로 모임을 통해서 협업도 가능하다. IT 영역에서 활동해서 경제·건강 영역에서 활동하는 나와는 공통점이 별로 없다고 생각했던 블로그 이웃이 한 명 있다. 그러다 내가 올린 일상글에서 그분과 댓글을 주고받다가 서로 가까이 산다는 것을 알게 되어 한번 만나보았고, 나중에는 협업까지 하는 사이가 되었다.

또 이런 일도 있었다. 식품 체험단을 모집해야 할 일이 생겼는데, 평소 일상글에서 댓글로 소통하던 블로거가 자신과 가까운 푸드 블로거를 모아서 도와준 적이 있다. 해당 블로거들은 체험단 포스팅을 하나 올리는데 20~30만원을 받는 분들이었는데 중간에서 연결해준 그분 덕분에 10만원만 받고 포스팅을 해주었다. 제품 하나와 원고료 10만원을 제공했을 뿐인데 포스팅의 퀄리티가 보통 높은 것이 아니었다. 실력을 보고 감탄할 수밖에 없었고 감사할 따름이었다.

나이를 먹을수록 사람과의 관계가 점점 줄어들고 인간적인 면을 드러낼 자리가 줄어드는 게 보통이다. 일상글은 당장 돈이 되지 않고 어쩌면 시간만 축내는 것이 될지도 모른다. 하지만 일상글을 통해 새로운 사람을 알게 되고 그들과 자주 소통하며 도움을 주고받을 수도 있으니 일상글이 대단한 역할을 했음에 틀림없다.

일상글은 블로그에 별로 필요가 없다고 생각하는가? 일상글을 포스팅하면 조회수가 덜 나온다고, 나중에 수익화로 연결되지 않는다고 외면했다가는 더 큰 그림을 그리지 못할 가능성이 크다. 소통을 너머 협업도

가능케 하는 것이 바로 일상글이다.

정보글의 필요성

건강, 경제, IT, 푸드, 여행, 패션, 반려동물, 육아 등 네이버 주제에 포함되는 것을 다룬 모든 글이 정보글이라고 할 수 있다. 정보글을 포스팅할 때는 객관적 사실에 주관적 경험과 꿀팁을 넣어서 제공하면 좋다.

정보글은 대부분 사람들이 관심을 갖기에 조회수가 높고 블로그를 성장시키기에 좋다. 특히 특정 주제에서 전문성 있는 글을 포스팅하는 것에 집중하면 네이버 인플루언서 선정에도 유리하다. 나도 초반에 '공인중개사 자격증', '장 건강'이라는 2가지 분야를 집중적으로 파고들었기 때문에 성공할 수 있었다. 주제가 있는 정보성 글을 포스팅하면 나름 전문가라는 소리도 듣는다.

잘 관리된 블로그는 웬만한 자격증 이상의 가치를 가진다. 가령 취업이나 이직을 할 때 이력서에 현재 운영 중인 블로그를 한번 소개해보자. 자기소개서나 이력서에서 볼 수 없는 시간의 흔적과 전문성이 녹아 있을 수 있다.

전업으로 블로그를 시작하고 4개월 정도 지났을 때 E 교육 회사의 온라인 마케팅 팀장직에 지원한 적이 있었다. 프리랜서로 독립하고 한창 잘 지내던 중이라 취업을 원했다기보다는, 몸값을 테스트해보고 싶었다. 또한 운영 중인 블로그에 대한 평가도 받고 싶었다. 간단한 이력과 함께 블로그 주소를 적어서 냈고 며칠 후 면접 날이 잡혔다. 결과적으로 그곳에서 일하게 되진 않았지만, 면접을 보면서 나를 면접 대상에 올린 이유가 블로그였음을 확인했으니 소기의 목적은 달성한 셈이다.

10년이 흐른 지금의 블로그는 그때보다 더욱 강력한 주특기가 된 느낌이다. 부업을 하고 싶거나 1인 기업가, 프리랜서로서 독립을 꿈꾼다면 블로그가 무기가 될 것이다. 원하는 직장에 취업하거나 이직한 뒤에도 마찬가지다. 강점이 있는 주제를 바탕으로 꾸준히 포스팅을 해보자.

상업글의 필요성

수익 창출을 위하여 특정 업체의 링크를 걸거나 전화번호를 표기해 둔 글을 상업글이라고 한다. 의뢰를 받아서 쓴 글이든 내가 자발적으로 올린 글이든 상업글로 분류된다. 네이버에서 검색했을 때 파워링크, 쇼핑몰 등 광고 상품이 먼저 나오는 경우가 상업적 목적을 가진 글의 전형이다. 상품 리뷰 후 포스팅 하단에 쇼핑몰로 연결되는 링크를 달아두거나 부동산, 대출, 보험상품, 병·의원, 법률회사를 소개하기 위해 해당 업체의 홈페이지의 링크를 걸어둔 경우도 많다.

"원고료를 받고 작성된 포스팅입니다." 포스팅 하단에 이와 비슷한 광고 표기 문구가 있는 것이 상업글의 대표적인 유형이다. 예전에는 포스팅의 끝에 경제적 이해관계(대가성 표기 문구)를 적으면 됐는데, 2024년 8월 20일 공정거래위원회의 행정예고로 큰 변화가 생겼다. "표시문구는 각 게시물의 제목 또는 첫 부분에 게재"하라고 지침을 내린 것이다. 사람들이 블로그 게시물을 끝까지 읽지 않아도 광고·협찬임을 알 수 있게, 대가성 포스팅에서 광고 표기가 강화되었다.

공정위에서 가이드라인을 제시할 만큼 민감하고, 블로그 수익화에서 중요한 부분이니 상업글에 대해서는 다음 절에서 자세히 설명하려 한다.

블로그 수익 모델의 핵심, 상업글

상업글을 많이 올릴수록 수익이 늘어나는 것은 당연하다. 만약 한 달에 30개의 상업 포스팅을 하고 1건 당 10만원을 받는다고 하면 300만원을 벌 수 있다는 계산이 나오니, 무조건 많이 올릴수록 좋다고 생각할 수도 있다.

그러나 블로그에 상업글이 늘어날수록 일상글과 정보글을 올리기 어렵다. 우선 상업글을 쓰다 보면 다른 포스팅을 할 시간이 부족하다. 또한 상업글에 진솔한 댓글을 남기기는 어려우니 친하게 지내던 이웃들과 소통도 줄고, 아예 이웃이 끊기는 경우가 자주 발생한다.

무엇보다 상업글을 과도하게 포스팅하면 네이버에서 곱게 보지 않는다. 몇 달 정도야 큰 지장이 없겠지만, 올리는 글마다 상업글뿐이라면 어느 날부터 갑자기 블로그 글이 노출되지 않아 '앞으로 어떻게 돈을 벌어야 하지?' 같은 상황을 마주할 수 있으므로 조절이 필요하겠다.

나 역시 업체에게 포스팅 의뢰를 자주 받는다. 그러나 들어오는 의뢰를 모두 받지는 않고 선별해서 받는다. 충분한 지식이 있어서 포스팅하기에 적합한 키워드인가? 원고료는 적정한가? 사회에 해로운 것은 아닌가? 크게 이 3가지가 기준이 된다. 사금융, 코인, 도박 사이트 등에서도 의뢰가 들어오지만 받지 않는 이유다. 일정한 수익을 확보하는 선에서 상업글을 이용하는 것이지, 눈앞의 수익이 중심이 되면 블로그가 언제 망가질지 모르기 때문에 조절하는 것이다.

그런데 상업글과 일상글, 정보글을 딱 잘라 구분할 수 있을까? 가령 식구들과 예쁜 카페에 가서 좋은 시간을 보냈는데, 카페의 서비스가 좋아 알리고 싶은 마음에 포스팅한 글에 카페 이름과 주소, 연락처를 넣으면 일상글이 아닌 상업적 포스팅이 되는 것일까?

부모님이 매물로 내놓은 전원주택(카페 겸 주택으로 쓸 수 있는)에 대해서 쓴 포스팅 하단에 내 전화번호를 넣은 적이 있다. 그런데 주변 경관, 교통편, 이웃들과의 일상, 주택에 붙어 있는 카페에서 지내며 좋은 점 등을 넣으니 상업 목적보다는 정보성 글에 훨씬 가깝다는 생각이 들었다.

상업글이다, 아니다는 수학 공식처럼 답이 나오지 않는다. 네이버에서 명확하게 규정을 해주면 좋겠지만 만일 그랬다가는 모든 블로그 마케팅 대행사, 블로거들이 정보글과 상업글의 경계선까지만 작업을 하며 블로그를 왜곡 운영할 것이다. 어쩌면 이러한 기준은 네이버 검색 관계자도 모를 수 있고 로직이 변경되면서 바뀔 수도 있을 것이다.

핵심은 블로그를 효율적인 방법으로 오래 운영하는 것이다. 상업글은 광고 홍보가 목적인 포스팅이다 보니 제품이나 서비스에 대해서 과장된 표현이나 허위 사실을 쓰게 될 위험이 늘 있으니 특히 주의해야 한다. 그리고 링크도 신중해야 하는 부분 중 하나이다. 내 쇼핑몰의 제품을 소개하는 글을 종종 포스팅하는데, 마음 같아서는 포스팅마다 구매 링크를 걸고 싶다. 하지만 안전성 문제로 매번 그럴 수는 없기에 링크가 걸린 다른 포스팅으로 이동시키는 방식을 사용한다. 다음 그림을 살펴보자.

▲ 포스팅 내 링크 연결을 활용해 외부 링크를 줄일 수 있다

왼쪽의 포스팅에는 내 블로그 글의 주소가 링크되어 있고, 이 링크를 누르면 오른쪽 포스팅으로 이동하게 된다. 그리고 이 오른쪽 포스팅의 하단에는 내가 운영하는 쇼핑몰 주소가 링크되어 있다. 이렇게 다른 포스팅으로 이동하게 유도하면 해당 포스팅 외에도 포스팅을 한 편 더 읽게 되므로 블로그에 머무는 시간이 길어진다. 또한 쇼핑몰 링크를 걸지 않고도 최종적으로 쇼핑몰에 닿게 할 수 있으므로 상업성 글도 하나 줄일 수 있다. 링크를 거는 방법은 4장 〈글쓰기 궁금증 완전 분석〉에서 자세히 설명해두었다.

상위노출을 위한 키워드 작성하기

블로그에 글을 포스팅했다면 상위노출을 꼭 해내야 한다. 그러나 누구나 같은 생각을 할 것이고, 돈이 되는 키워드를 제목에 단 글이 매일 수없이 올라올 정도로 경쟁이 치열하다. 마음 같아서는 강남맛집, 프로바이오틱스, 갤럭시S24와 같이 조회수가 높은, 즉 단가 높은 키워드를 검색했을 때 내 글이 제일 먼저 보이면 좋겠지만 이는 톱클래스 블로거들도 해내기 힘든 일이다.

블로그 검색순위에 영향을 주는 것은 크게 블로그 지수 관련성 및 최신성이다. 관련성이란 제목과 내용이 일치하는지를 본다는 것인데, 당연한 이야기이다. 어떤 키워드로 검색했는데 클릭하니 다른 이야기가 나온다면 이상하지 않은가. 또 오래된 글보다는 최근 글이 최신 정보를 반영할 가능성이 높기 때문에 최신성을 보는 것 또한 당연한 이야기이다.

블로그 지수란 블로그의 신뢰성을 점수로 나타낸 것이다. 네이버가 공식적으로 지수를 공개하는 것은 아니고, 마케팅 업계에서 블로그별 지수를 등급화해서 계산한다. 블로그 지수에 따라 분류하는 이름이 있는데, 가장 낮게는 '저품질'부터 '일반', '준최적화(준최)' 그리고 가장 높은 단계인 '최적화(최적)'로 나뉜다. 블로그를 처음 시작하면 준최적화 1단계이며, 2~3단계까지는 보통 1개월 이내에 달성되며, 전체 블로그의 40% 이상이 준최적화 1~3단계에 머무르고 있다. 블로그 지수에 대해서는 3부 3장 〈블로그 지수, 내 블로그의 위치〉에서 더 자세히 설명해놓았으니 참고하면 좋겠다.

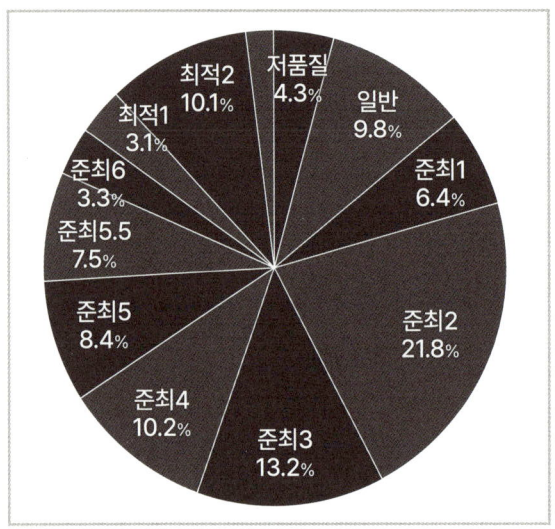

▲ 네이버 블로그 지수 분포 통계 (출처: 블연플)

블로그 지수에 따라 노릴 수 있는 키워드의 수준이 다르다. 경험이 많다면 조회수가 높고 단가가 높은 키워드도 여러 개 노리는 게 일반적이다. 검색결과 상위권에 있는 블로그를 분석해보면 최적화 지수가 높음을 알 수 있다. 나는 유료 프로그램을 사용해 글 제목에 들어간 핵심 키워드의 상위노출 가능성을 평가하지만, 일반 블로거들의 경우 이러한 프로그램을 사용하지 않으므로 상위노출 가능성을 확인하기 어렵다. 또한 키워드가 들어간 글을 포스팅하더라도 블로그 지수가 높지 않다면 스크롤을 한참 내려야 내 포스팅이 보일 것이다. 몇 시간 동안 열심히 쓴 글인데 한 달이 지나도 조회수가 30~50에 그친다면 노력이 너무 아깝지 않은가?

그래서 경험이 별로 없는 분들에게는 목표치를 조금 낮게 잡고 안전하게 상위노출을 노려보는 것을 권한다. 초보자나 중급자가 검색 상위에 내 포스팅을 노출하는 방법은, 먼저 인기주제를 적극 공략하는 것이다. 인기주제란 사람들의 검색 의도를 반영하여 이에 합당한 결과를 한 화면에 보여주겠다는 것이다. 키워드를 검색하면 검색결과 하단에 여러 개의 인기주제가 나타나는 구조이다.

'공인중개사' 키워드는 2024년 4월 25일 현재 월 검색수 56,300건을 기록하는 인기 키워드이다. 이 키워드를 검색하면, 검색창 하단에 나열된 관련 인기주제를 볼 수 있다.

▲ '공인중개사' 키워드에 대한 인기주제

만일 공인중개사에 대한 포스팅을 작성할 예정이라면, 위 그림에서 볼 수 있듯이 '공인중개사' 키워드에 대한 인기주제인 '공인중개사 직업', '공인중개사단기합격', '부동산공인중개사', '공인중개사 합격 후기', '공인중개사 월급', '공인중개사 급여' 등에 주목해야 한다.

물론 인기주제도 경쟁이 치열하며, 블로그 지수와도 어느 정도는 관계가 있다. 어제 막 개설한 블로그와 개설한 지 1년 이상 된 블로그를 동일 선상에서 평가하지는 않을 것이다. 그러나 신뢰도에 의해서 대부분의 랭킹이 결정되는 블로그 검색 탭과 달리, 인기주제 영역에서는 내용의 충실성이 훨씬 많이 반영된다. 즉 제목에 맞는 충실한 내용으로 작성할 경우 블로그 지수가 낮아도 인기 주제 검색결과에 노출될 가능성이 높아지는 것이다.

인기글 상위에 노출되는 또 다른 방법은 '연관 키워드+최신성'이다. 사람들은 단독 키워드보다 연관된 키워드에 관심이 많다. 만약 공인중개사 자격증 시험을 위해 공부하는 사람이라면 인터넷강의, 동영상강의, 무료강의, 학원강의 등 강의와 관련된 키워드를 함께 검색하는 경우가 많을 것이다. 이러한 키워드들이 공인중개사보다 조회수는 적을지라도, 학원이나 강사 입장에서 보면 오히려 구매와 직결되는 키워드이다. 이러한 연관 키워드는 키워드에 따라 뜨지 않는 경우도 있지만, 일반적으로 키워드를 검색했을 때 옆이나 하단에 목록이 표시된다.

'공인중개사 시험 공부' 키워드를 분석한 결과를 보자. 다음 그림을 보면 2위와 5위를 제외한 나머지 블로그의 지수는 차이가 그리 크지 않다. 블로그 초보도 충분히 따라잡을 수 있다는 뜻이다.

순위	제목	아이디	닉네임	지수	신뢰도	발행일
	공인중개사 시험 공부					
1	직장인 공인중개사 시험공부 방법,…	qrhackers	해커스 공인중개사	준최5.5	40.03	74일 전
2	공인중개사 시험 공부 합격 기간,	ace_begins	웰쓰	최적3	85.70	246일 전
3	공인중개사 시험 공부기간 및 과…	gogorim_	떳떳할 자격	준최4	31.54	183일 전
4	공인중개사 시험 첫 수험생의 공…	megaland1008	메가랜드	준최5.5	41.85	21일 전
5	2024 공인중개사 시험과목, 공부…	claykim999	월천실현가	최적1	60.46	56일 전
6	공인중개사 시험 공부방법, 34회 …	ebs_career	EBS 커리어	준최6	46.03	211일 전

▲ '공인중개사 시험 공부' 키워드의 검색 순위 요소 분석 (출처: 블연플)

2위에 오른 글을 보면 포스팅한 날짜가 246일 전이다. 최신성에서 밀리는데도 2위를 한 것인데, 이럴 때에는 다른 블로그가 '공인중개사 시험 공부'를 노리고 양질의 포스팅을 하면 블로그 지수가 조금 부족해도 최신성 때문에 2위에 오를 가능성이 높아진다.

그렇다면 양질의 포스팅이란 무엇인가? 1) 제목을 내용에 정확히 반영하고 2) 객관적인 정보와 주관적인 경험 및 사례를 넣어서 3) 검색한 사람의 궁금증을 해결해주는 포스팅이다. 양질의 포스팅이라면 블로그 지수가 낮은 블로그라도 상위에 노출될 가능성이 높다.

내 서브 블로그를 예시로 살펴보겠다. 블로그를 하나만 운영하면 저품질로 떨어질 경우 대안이 없다. 또 메인 블로그에서 다루는 주제가 아닌 다른 주제의 블로그도 필요하기 때문에 서브 블로그를 운영하는 블로거들이 많다. 나 역시 현재 1개의 메인 블로그와 2개의 서브 블로그를 운영하고 있다. 물론 메인 블로그보다는 신경을 덜 쓰고 있다. 다음은 그중 한 서브 블로그의 글 목록이다.

제목	조회수	날짜
관계우선의 법칙을 통한 매출 하락 돌파하기	12	2022. 7. 20.
고시생 외로움 어떻게 극복할까? (1)	147	2022. 7. 19.
슈퍼푸드 분말 방치하지 말고 잘 먹는 방법	92	2022. 7. 19.
먹는 이엠 효능 em 사용법 경험이야기 (2)	3,958	2022. 7. 19.
[공유] 가짜 식욕 유발하는 똥보균 유산균으로 물리치기	19	2022. 7. 5.

▲ 지수가 낮은 블로그에 올린 양질의 포스팅의 조회수 성과

이 서브 블로그의 지수는 준최적화 3단계에 불과하다. 조회수가 적게는 두 자리 수에 불과한 글도 있다. 그런데 이 중 EM 상품에 관한 포스팅이 무려 4000여명에게 노출이 되었다. 이만큼의 조회수를 기록한 이유는 철저하게 인기주제 검색이나 (연관) 서브키워드 노출을 전략으로 양질의

콘텐츠를 올렸기 때문이다.

인기도가 높은 키워드는 정면 승부를 해도 어렵고, 날고 기는 경쟁자들이 계속 들어온다. 블로그 퀄리티가 좋아서 일시적으로 상위에 있더라도, 이후 떨어질 가능성이 높다. 반면에 경쟁이 적은 키워드의 경우 조회수는 많지 않지만, 블로그 강자들이 소홀히 할 가능성이 높다. 이러한 키워드를 공략해 양질의 글로 블로그를 차곡차곡 채우면, 전체적인 볼륨이 커져서 방문자수가 올라간다. 지수가 높지 않은 블로그로도 충분한 효과를 낸다는 뜻이다.

블로그 인기주제 활용하기

인기주제는 네이버에서 검색의도에 맞는 문서를 보여주고자 작정하고 도입한 제도다. 기존의 통합검색이나 블로그 탭은 블로그 지수와 정확도에 따라서 상위노출이 되는데, 인기주제 항목은 그렇지 않다. 로그인 여부, 사용자 성별 및 나이, 웹브라우저 종류, 접속 지역, 접속 시간에 따라서도 인기주제 결과가 다르게 노출된다. 네이버가 AI를 도입하여 사용자에게 맞는 정보를 제공하는 최적화 기술을 적용했기 때문이다.

다만 검색 주제에 따라서 변할 수도 있다는 것이지 모든 인기주제가 로그인 여부, 성별, 나이 등에 의해 다른 결과를 내는 것은 아니며, 모든 키워드가 인기주제를 보여주는 것도 아니다. 키워드에 따라 인기주제가 보이지 않는 경우도 있다.

"내 글이 블로그 검색에서는 1위인데, 인기주제에는 없네요?" 혹은 "블로그 검색에서는 안 보이지만, 인기주제 상위에 나와서 좋아요"라고 말하는 경우가 있다. 블로그와 인기주제 검색 로직에 의해서 어느 한쪽에서만 노출되는 경우가 생기기 때문이다.

블로그 검색에서는 검색결과에 블로그 지수가 큰 영향을 끼치는데, 인기주제에서는 지수보다는 고객의 검색의도를 제대로 충족시키느냐 여부가 중요하다. 블로그 검색은 지수 및 제목에 나온 주요 키워드를 포스팅한 글에 적절히 배치했느냐에 따라서 상위노출 여부가 정해지는 것이 일반적이다. 블로그 지수를 최우선으로 본 다음, 적절한 길이에 이미지를 사용한 좋은 문서라고 판단되면 블로그 지수와 합산하여 노출 순위가 정해지는 시스템이다.

반면에 인기주제는 블로그 지수보다 검색의도를 훨씬 많이 반영하고 있기에 블로그를 개설한 지 오래되지 않았거나 방문자수나 댓글수 등이 적어 블로그 지수가 낮더라도 검색의도에 제대로 부합되면 인기주제에 노출이 잘 된다.

물론 꾸준히 쌓은 신뢰성 지수를 무시한다고는 볼 수 없다. 만일 그랬다가는 마케팅 업체가 새 ID로 새 블로그를 만들어서 양질의 글을 마구잡이로 발행해 상업적으로 과다하게 이용하는 문제가 생길 수 있기 때문이다. 어느 정도의 블로그 지수는 계속 반영될 것이라 본다.

그렇다면 검색의도를 포스팅에 어떻게 반영할 것인가? 제목에 인기주제 키워드를 삽입하는 것이 가장 기본이다. 제목에 인기주제 키워드를 넣지 않고는 상위노출이 어렵다. 개인 역량에 따라 다르겠지만 보통 2~4개 정도의 연관 키워드를 넣어 제목을 만들면 적절하다고 본다. 불필요한 단어나 문장부호 없이 사람들이 검색할 때 사용할 단어로 넣으면 된다.

그런데 블로그의 제목을 단어로만 지나치게 길게 나열하는 경우가 있다. 대부분 인기주제에 노출되기 위해서일 텐데, 제목이 거의 문장처럼 길어지면 읽기에 벅차다. 물론 인기주제 5~6개를 노리고 포스팅을 할 수는 있겠지만, 이렇게 포스팅을 하면 내용상 초점이 흐려진다. 예시로 다음 두 제목을 비교해보자.

1) 2024년 36회 공인중개사 시험 일정 공부 방법 연봉 평균 수입 취업 전망 미래직장으로 괜찮을까?
2) 개인회생신청 자격 방법 절차 비용(최저생계비)

1번은 공인중개사 시험 수험생을 위해 전반적인 내용을 설명하려는 의도로 보인다. 그런데 한 포스팅 내에 이렇게 다양한 정보를 양질로 모두 담는다는 것은 불가능하다. 그리고 무엇보다 연봉, 수입, 취업 등은 당장의 2024년 시험에 어울리지 않는 키워드이다. 상위노출을 잡으려고 제목에 단어를 몽땅 넣은 좋지 않은 사례이다. 이런 경우에는 2~3개 포스팅으로 분리해서 써야 한다.

그에 비해 2번은 개인회생을 위해 꼭 필요한 단어만 제목에 들어가 검색에 노출될 가능성이 크다. 개인회생을 하려면 신청 자격, 방법과 절차, 비용을 알아야 하고, 이것은 하나의 포스팅에 언급되는 게 적절하기 때문이다.

여러 개의 인기주제를 제목에 모두 담아 포스팅한 글이 상위노출됐다고 환호하는 경우도 더러 있지만, 상위노출은 순간이 아니라 꾸준히 유지되는 것이 중요하다. 욕심을 조금 버리고 쓰면 상위노출이 1년 이상 이어지는 경우도 생긴다. 글 하나에 여러 인기주제 키워드를 담기보다 각각의 인기 주제를 넣은 여러 개의 글을 포스팅하는 것이 더 좋다고 본다.

키워드 경쟁률 파악하는 법

내가 쓰고 싶은 키워드의 조회수가 어떤지, 경쟁률은 어떤지 어떻게 알 수 있을까? 먼저 '네이버 검색광고 플랫폼'에서 확인하는 방법이 있고, 사설 유료 프로그램에서 확인하는 방법도 있다.

네이버 검색광고 플랫폼은 키워드 광고 집행을 위해서 개발된 프로그램으로, 광고주 ID를 개설하면 누구든 이용할 수 있다. 네이버 검색창에서 '네이버 검색광고'를 치면 바로 나오는 검색결과를 통해 들어가거나, 주소창에 https://searchad.naver.com/을 입력해 나오는 화면에서 '키워드도구'를 클릭해 들어가면 된다.

다음 그림처럼 '키워드'에 궁금한 키워드를 입력한 뒤 [조회하기] 버튼을 누르면, 입력한 키워드는 물론 연관키워드의 결과까지 조회된다. 월간 검색수, 월 평균 클릭수, 경쟁 정도, 월 평균 노출 광고수 등을 보여준다. 경쟁 정도는 높음, 중간, 낮음 3단계가 있으므로, 블로그 상황에 맞는 키워드를 노리면 되겠다.

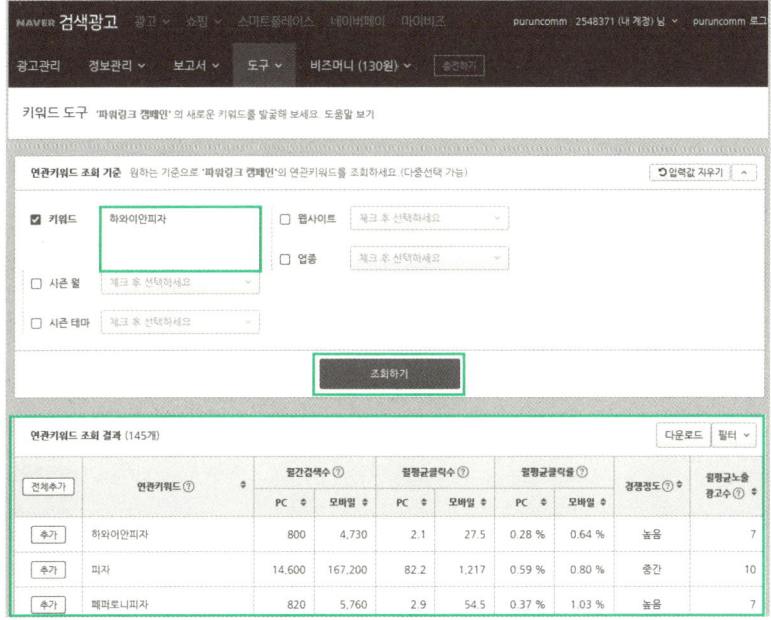

▲ 네이버 검색광고 플랫폼에서 키워드 조회수를 파악할 수 있다

현재 블로그 지수가 높지 않거나, 블로그 경쟁에 부담이 있다면 앞서 말

했듯 경쟁 정도가 낮거나 중간인 키워드를 노리면서 상위노출에 성공하는 포스팅을 쌓아가는 게 좋다. 지수가 높은 블로거들은 경쟁정도가 높은 키워드부터 공략하기 때문이다.

네이버 검색광고 플랫폼의 아쉬운 점은 지금 언급한 기능이 거의 전부라는 것이다! 키워드의 조회수, 경쟁 정도 외에 다른 정보를 파악할 수 없어 불편한 점이 많다. 그래서 유료 프로그램을 쓰는 경우도 많은데, 대표적인 2가지만 소개해보면 다음과 같다.

블덱스

유료 프로그램이지만 무료 기능을 상당수 제공한다. 내 블로그 지수는 물론, 경쟁자의 블로그 지수를 파악할 때 요긴하게 사용할 수 있다. 키워드를 노릴 때, 블덱스에서 상위에 있는 블로그의 지수를 조회해서 경쟁력을 파악할 수 있다.

블로그명	제목	작성일	지수
억수르	공인중개사 간이과세자 에서 일반과세자가 되면서 느낀점	19일 전	최적3+
친절한신소장	공인중개사 월세 중개시 주의사항	19일 전	최적2+
친절한부동산	중개실무 개업공인중개사를 위한 부동산마케팅	4일 전	최적3+
웰쓰	부동산 종합 공부 방법 신문 공인중개사 후기	18일 전	최적2+
공상쟁이 만물상	공인중개사법 시행규칙 시행령 확인 설명 의무 강화한다	20일 전	최적4+
희바라기 부동산정보	공인중개사 확인설명 의무 강화 보도자료 10일부터 시행	20일 전	최적4+
오산시 블로그	공인중개사법 시행규칙 개정안 4가지	전·월세 계약 시 알아두세요!	20일 전	최적2+
의뢰는 점점 신뢰가 됩니다.	부동산중개사고 공인중개사 손해배상 받으려면 '이것' 입증하여야	9일 전	최적2+
슬기로운 금융생활	공인중개사의 확인 및 설명 의무 강화, 개정안 및 시행령 내용 정리	20일 전	최적2+

▲ 키워드의 경쟁 정도를 파악할 수 있다 (출처: 블덱스)

키워드를 입력하면 예를 들어 블렉스에서 '공인중개사' 키워드에 대해서 조회하면, 해당 키워드로 검색했을 때 블로그 탭에 노출되는 블로그의 이름, 포스팅 제목, 작성일 및 지수를 순위별로 보여준다.

비슷한 시기에 비슷한 내용의 글을 쓰면 지수 순서대로 노출 순위가 결정되는데, 현재 경쟁 지수를 파악하면, 공략할 키워드를 선별하는 데 도움이 된다. 참고로 블렉스는 키워드의 종류도 보여준다.

키워드	종류	PC 검색량	모바일 검색량	총 검색량
공인중개사 시험	스블	16,300	67,200	83,500
해커스 공인중개사	스블	27,500	38,100	65,600
공인중개사	검색	17,800	41,500	59,300
공인중개사 협회	스블	24,200	17,400	41,600
공인중개사 시험 일정	스블	8,310	21,700	30,010

▲ 키워드의 종류를 파악할 수 있다 (출처: 블렉스)

키워드의 종류 중 '스블'은 스마트블록(인기주제)을 말하는데, '공인중개사'를 검색했을 때 인기주제로 뜨는 키워드를 보여주고 있는 것이다. 네이버에서 키워드를 하나하나 검색해보지 않아도 인기주제를 파악할 수 있어 키워드 선정에 유용하다.

데이터랩툴즈

데이터랩툴즈는 내 블로그 및 다른 창작자 채널(블로그, 포스트, 인플루언서) 지수 분석, 검색키워드 순위 분석, 인플루언서 채널 목록 등 블로그 운영에 대해 궁금해하는 데이터를 자세히 보여준다. 블로그 지수를 가장 정확하게 알려주는 프로그램으로 볼 수 있다. 블로그 마케터, 마케팅 회사, 블로그 고수들도 유료로 이용하는 프로그램이다. 블로그 지수를 수치화해서 보여주는 것은 기본이고, 소수점까지 파악해서 객관적으로 나타내주기 때문에 고수들이 선호할 수밖에 없다. 데이터랩툴즈로 조회하는 방법은 3부 3장 〈블로그 지수, 내 블로그의 위치〉에서 참고하기 바란다.

이 밖에도 키워드마스터, 블랙키위, 키워드 인사이트 등 다양한 프로그램이 있다. 이러한 프로그램들에서는 키워드의 월별 조회수, 글 발행량, 순서별 블로그 지수 등 경쟁률을 객관적으로 파악할 수 있는 기능을 제공하기 때문에 제목을 정할 때 많은 도움이 된다. 대부분 유료 프로그램이지만 일부 기능은 무료로 제공하기도 하고, 회원 가입 시 일정 기간 무료로 사용해볼 수 있으니 몇 번 테스트를 해본 뒤 유료로 사용할 만한 가치가 충분하다고 판단되면 결제 후 사용해도 되겠다.

조회수 높은 제목 짓는 방법

왜 블로그 제목이 중요한가? 필요를 채워주리라 기대되거나 호기심을 유발하는 제목이 더 많은 클릭을 유발하기 때문이다. 아무리 열심히 글을 쓰고 사진을 찍어서 양질의 글을 포스팅해도, 평범하고 밋밋한 제목은 사람들의 관심을 유발하지 못한다. 일단 방문자들이 제목을 보고 클릭해서 내 블로그에 들어오게 해야 한다. 그런 다음에야 방문자의 긴 체류시간, 댓글, 스크랩을 확보할 기회가 생기는 것이다.

서점의 책은 독자의 시선을 끌지 못하면 그 안에 아무리 좋은 내용을 담고 있더라도 읽히지 못하고 재고로 남는다. 블로그 글도 마찬가지이다. 평범한 제목으로 승부하려는 순간 애써 작성한 내용이 소용없어지는 경우가 너무도 많다. 더 많은 클릭을 유발하는 제목 짓는 방법 4가지를 적어보겠다. 하나씩 확인하고, 제목을 선정할 때 꼭 활용해보자.

제목에 '이유' 또는 '해결 방법' 넣기

사람들이 검색을 하는 것엔 대부분 2가지 목적이 있다. 하나는 무언가의 이유를 파악하기 위해서이다. 가을에 살이 잘 찌는 이유, 글쓰기 전에 제목을 먼저 정해야 되는 이유, 요즘 사람들이 신문을 안 보는 이유 등등.

한번은 '생유산균에 있는 침전물이 몸에 좋은 이유'에 대한 포스팅을 했다. 내가 판매하는 액체 생유산균에는 식이섬유가 들어있는데, 식이섬유가 침전물처럼 바닥에 가라앉으니까 보기 안 좋다는 문의가 많았다. 그런데 실제로는 몸에 좋은 섬유질이고 유산균의 먹이가 되기 때문에 유산균을 폭증시키는 역할도 한다. 고객의 궁금증을 해결해야 할뿐더러 사실을 제대로 알릴 필요가 있어서 제목에 '몸에 좋은 이유'를 삽입했다.

두 번째로, 사람들은 무언가의 해결 방법이 궁금해서 검색을 한다. 두꺼운 삼겹살 잘 굽는 방법', '피자 먹고 배에 가스 찰 때 해결 방법', '긴 영어 문장 빨리 해석하는 방법' 같은 제목은 클릭을 부른다. 특히 '돈 잘 버는 방법'처럼 많은 사람들의 관심을 끄는 주제에는 '방법'이란 키워드 하나만 달아도 클릭을 유발하기에 충분하다.

사람들은 이유와 해결책을 알고 싶어서 검색한다. 이 욕구를 충족시키는 표현을 제목에 적절히 넣은 뒤, 본문에서 명쾌히 풀어주도록 하자.

경험, 후기, 느낀 점 넣기

"내가 직접 먹어봤는데 몸에 힘이 나고, 참 좋더라!" 누구나 한번쯤은 지인의 이런 한 마디에 바로 같은 상품을 구매해본 적이 있었을 것이다. 식당뿐만 아니라 여행, 제품, 병의원 등 선택의 기로에 서면 주변 사람들을 탐문하는 것이 기본이다.

요즘은 상품 정보를 먼저 확인하고 구입하는 사람이 많은데, 블로그가 위력적인 이유가 바로 이러한 구매 경험이 담겨 있기 때문이다. 제품, 서비스를 이용하고 느낀 점이나 장단점들을 솔직한 후기로 담아보자. 선택의 기로에서 고민하는 사람들에게 도움이 될 것이다.

만약 자기 사업체가 있다면 판매하는 상품이나 서비스에 대해 포스팅하는 것도 좋다. 나 역시 내가 판매하는 상품에 대해 포스팅을 하는데, 처음에는 쇼핑몰 대표가 블로그를 하면 사람들이 상업적이라고 꺼려하지 않을까 싶었지만 기우였다. 제품 사용 방법을 넘어서 경험담, 직접 체험하고 느낀 솔직한 후기를 블로그에 올리니까 고객들이 내 글에 진실성이 있다는 것을 인정해주었다. 댓글이 달리면 솔직히 답변을 달면서, 제품을 먼저 사용해본 입장에서 더욱 정확하게 제품의 장단점을 알려주니까 고객들이 더욱 신뢰해주었고 판매도 증가했다.

숫자 넣기

'Best 3', '3가지 팁' 등으로 관심을 끄는 제목을 많이 보았을 것이다. 제목이나 소개 문구에 숫자가 들어가면 시선이 집중된다. 다음 예를 보자.

· 공인중개사 합격하는 좋은 방법
　　　　　　　　vs 공인중개사 단기 합격하는 3가지 방법
· 주식투자 고수되는 나만의 방법
　　　　　　　　vs 주식투자 30일 만에 고수되는 꿀팁 공개

숫자가 들어간 것만으로도 다른 느낌이 들지 않는가? 블로그 글들을 보면 정성 가득한 내용이 아까울 정도로 제목에 임팩트가 없는 경우가 많다. 과장하거나 없는 내용을 꾸며 넣으라는 게 아니다. 어떤 주제로 1000자 정도의 글을 썼다고 해보자. 그러면 해당 주제에 대해 2~3가지 정도의 특징, 문제점, 이유, 해법 등이 나오기 마련이다. 이러한 숫자를 제목에 반영하라는 것이다.

호기심 유발

공단기 학원이라고, '공무원 단기 합격'을 줄임말로 쓰며 노량진 수험가를 평정한 공무원/자격증 학원이 있다. 2010년대 초반만 해도 7~8곳의 학원이 난립하는 군웅할거 시대였는데, 이 치열한 경쟁 속에서 임팩트 있는 제목으로 눈길을 끈 곳이 공단기 학원이다. 당시 경쟁학원에서 일하고 있었는데 한방 맞은 느낌이 들었다.

단어 하나가 끄는 매력이 있다. '단기', '꿀팁', '비법', '진짜', '나만의', '한방에' 등 호기심을 유발하는 단어를 제목에 넣고 자신감 있고 쓸모 있는 내용으로 화답해보자. 글을 읽은 사람도 만족할 것이다.

또, 단어의 느낌을 생생하고 더 돋보이게 해주는 표현들이 있다. '가격이 저렴하다'보다는 '가성비 甲', '예쁘다'보다는 '비주얼 굿!', '반짝인다'보다는 '블링블링', '잘 어울리는'보다는 '콜라보하기 좋은' 등 괜찮은 표현을 다양하게 정해서 쓰면 좋다. 이런 표현들을 떠올리기가 어렵다면, 다른 블로그나 TV 방송을 보면 힌트를 얻을 수 있다. 특히 홈쇼핑이나 라이브 방송은 트렌드에 매우 강하기 때문에 바로바로 참고하기 좋다.

단 유의할 점도 있다. 하나는 실제 콘텐츠가 이런 제목을 제대로 받쳐줘야 한다는 것이다. 제목을 보고 클릭했는데 내용이 부실하면 사람들은 낚였다는 생각에 블로그에 머물지 않고 바로 나가버릴 것이다. 좋은 콘텐츠임을 알리기 위해서 클릭을 유발하는 것이지, 클릭 유발 자체가 목적이 아님을 기억하자.

또 호기심 유발 표현을 남발하면 가벼워 보일 수 있고, 호기심을 유발하겠다고 '100%', '최고', '비교불가' 등의 표현을 쓰면 과장광고 시비에 휘말려 블로그 지수하락 사유가 되니 조심해야 한다.

클릭을 유발하는 제목 짓는 법에 대해서 알아보았다. 계속해서 강조했듯, 제목을 보고 호기심이 일게 만들지 못한다면 내용이 아무리 좋아도 소용이 없다. 제목으로 사람들의 시선을 확 끌어보자.

핵심 키워드는 앞에, 반복은 피하기

치열한 경쟁을 뚫고 상위에 노출되기 위해서는 2가지가 특히 중요하다. 키워드 배치와 단어 반복 피하기이다.

검색 상위를 노리는 키워드를 앞쪽에 배치

검색결과에서 상위에 있는 제목들을 보면 핵심이 되는 키워드를 맨 앞에 배치하는 경우가 많다.

▲ 키워드 앞쪽 배치 및 상위노출 사례

글도 두괄식으로 써야 잘 읽히는 것처럼 제목의 핵심 키워드도 마찬가지이다. 네이버에서 공식적으로 그렇다고 말한 적은 없지만, 10년 동안 블로그를 하며 관찰하고 실감한 부분이다.

단어 중복 피하기

한때는 제목에 핵심 키워드를 많이 넣어야 검색엔진이 상위노출을 해준다고 생각했다. 지금도 본문에서는 어느 정도 반복이 중요하지만, 제목에서 핵심 키워드를 반복하면 어뷰징으로 오해받을 위험이 있다.

네이버 스마트스토어는, 단어가 중복되면 상품 순위에서 밀릴 수 있다고 공개적으로 명시한 상태이다. 같은 회사의 서비스니 네이버 블로그도 로직은 비슷할 것이다. 부득이한 경우를 제외하고는 단어 중복을 피하는 것이 좋다.

예를 들어 '어린이 유산균 추천'과 관련된 글을 쓴다고 해보자. '몸에 좋은 유산균의 효능 및 유산균 잘 먹는 방법, 어린이 유산균 추천'은 좋은 제목일까? 유산균 이야기라는 것은 알겠는데, 30자 정도밖에 안 되는 제목에서 같은 단어가 3회나 반복되었다. 불필요한 반복으로 가독성이 떨어지고 제목만 길어진다. 정작 핵심 키워드인 '어린이 유산균 추천'은 뒤에 있어 중요도가 떨어지게 읽힌다.

나라면 제목을 '어린이 유산균 추천, 효능 및 잘 먹는 방법'으로 하겠다. 키워드를 앞에 두었기 때문에 '어린이 유산균 추천'을 검색한 사람의 눈에 쉽게 띌 수 있다. 어린이 유산균의 효능과 먹는 방법까지 골고루 배치되어서 '어린이 유산균 효능', '유산균 먹는 방법' 등 여러 가지 키워드의 상위노출을 노릴 만하다. 이와 같은 패턴으로 제목을 짓기를 권한다. 키워드 앞쪽 배치와 중복 지양은 제목 짓기에서 가장 기본이다.

자동완성 키워드와 연관 검색어 활용하기

누구나 특정 키워드를 검색했을 때 자신의 글이 상위노출되기를 원한다. 문제는 수익성이 높은 키워드일수록 경쟁 또한 어마어마하게 심하다는 것이다. 조회수가 많을수록 블로그 지수가 높은 경쟁자가 많고, 포스팅 발행 건수도 많으므로 지수가 낮은 블로그는 상위노출이 어려울 수 있다. 이럴 때에는 연관검색어를 적극 사용하여 유입을 늘리는 방법을 사용하면 좋다.

네이버 검색창에서 핵심 키워드를 적으면 앞뒤로 자동완성 키워드가 나열되는데, 인기 검색어나 최신 트렌드 등을 반영하기 때문에 참고가 된다. 다음은 네이버 검색창에 '샐러드 소스'라고 입력했을 때의 화면이다.

▲ 검색어를 입력하면 하단에 자동완성 키워드가 나열된다

자동완성 키워드를 통해 내가 관심 있는 키워드를 포함하는 인기 있는

키워드들을 파악할 수 있다. 한편 연관 검색어는 키워드의 검색결과 페이지에서 볼 수 있는데, 이용자들의 검색 의도를 종합하여 해당 키워드와 관련 있는 검색어를 재탐색하도록 배려한 것이다.

다음은 위 자동완성 키워드 중 '양배추 샐러드 소스'의 검색결과인데, 연관 검색어를 확인할 수 있다. 참고로, 키워드에 따라 연관 검색어가 없는 경우도 있다.

▲ 제목을 지을 때 네이버 검색결과 화면의 연관 검색어를 참고하자

연관 검색어는 키워드의 확장성을 제안해준다. 더 높은 위치에 노출되기 위한 전략으로 꼭 사용하는 게 좋겠다.

다만 네이버 검색결과에서 나오는 연관 키워드들만으로는 검색량이나 조회수 등을 알 수 없어 정보에 한계가 있다. 그럴 때 참고할 수 있는 것이 앞에서 설명한 키워드 조회 프로그램들이다. 여기에서는 그중 키워드마스터를 예시로 살펴보자.

다음은 키워드마스터라는 프로그램의 검색어 입력 화면이다.

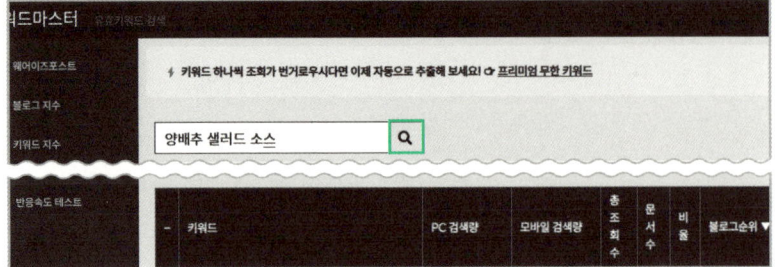

▲ 키워드마스터 검색어 입력 화면

'양배추 샐러드 소스'를 입력한 후 돋보기 아이콘을 클릭하면 다음 화면처럼 해당 키워드에 대한 정보가 뜬다.

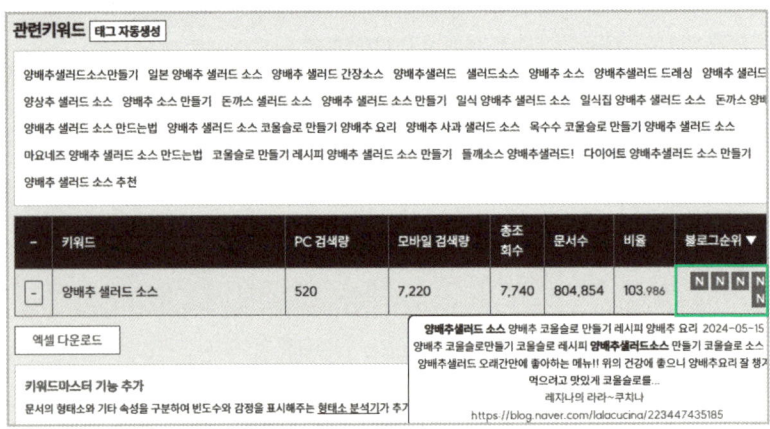

▲ 관련키워드 및 검색한 키워드에 대한 정보를 보여준다

관련키워드, '양배추 샐러드 소스'의 검색량과 총 조회수, 블로그 순위 등을 알 수 있다. 블로그 순위에 있는 네이버 아이콘을 누르면 해당 블로그로 이동한다. 이동하지 않더라도 커서를 갖다 대면 포스팅 제목과 포스팅 날짜, 포스팅 도입부, 블로그 제목이 나와 내용을 빠르게 파악할 수 있다. 제목을 짓기 전 자동완성 키워드나 연관 검색어를 파악하고, 키워드 조회 프로그램으로 경쟁률을 파악하는 습관을 들이자.

3장
좋은 글을 빠르게 쓰는 방법

글이 잘 안 써지는 3가지 이유

글을 한 편 쓰는 데 얼마나 걸리느냐에 따라서 하루 1~2포스팅 또는 이상을 하거나, 반대로 며칠에 1포스팅을 하게 된다. 글쓰기에 탄력이 붙어 하루 포스팅의 양이 많아지면 방문자가 빨리 증가하고, 마케팅 효과와 수익 또한 비례하여 좋아진다. 그러나 양에 치중해 성의 없이 글을 양산하는 것은 포스팅의 품질을 떨어뜨릴 수 있어 바람직하지 않다.

반대로 너무 잘 쓰려고 하다가 시간이 지나치게 많이 소요되는 것 또한 문제이다. 사람들이 의욕적으로 블로그를 하다가 포기하는 이유 중 하나이다. 글을 잘 쓰되 빠르게 쓰는 방법이 있을까? 우선 글쓰기에 시간이 오래 걸리는 이유 먼저 알아보자. 보통은 다음의 3가지 이유 때문에 글쓰는 데 시간이 오래 걸린다.

포스팅 주제 고갈

처음 블로그를 시작하는 사람에게서 서로이웃 신청이 종종 온다. "안녕하세요, 블린이입니다. 열심히 블로그를 해서 경제적 자유를 누리고 싶어요. 많이 활동할 테니 지켜봐주시고, 이웃추가 부탁드립니다." 괜찮아 보이는 몇몇 블로그는 이웃신청을 수락하고 들어가 보기도 하는데, 처음에는 이웃 소통도 열심히 하다가, 조금씩 업데이트에 공백이 생기더니, 일주일에 1~2개씩 띄엄띄엄 포스팅하는 경우가 많다. 경제적 자유를 찾고자 의욕적으로 시작했는데, 쓸 만한 글감이 사라졌을 가능성이 높다. 나도 부동산 관련 주제로 운영하다가 글감이 줄어들어서 방치하며 띄엄띄엄 포스팅한 적이 있다.

글감 찾기는 모든 블로거의 과제이다. 그래서 내 블로그 주제와 관련된 핵심 키워드는 무엇이고, 파생되는 키워드는 무엇이 있는지 늘 촉각을 세우고 정보를 수집하려는 자세와 습관이 필요하다. 책상에 앉기 전에 제목과 소주제의 대략적 윤곽을 그리는 게 맞다. 자리에 앉으면 바로 쭉쭉 글을 써 내려가야 한다. 그렇게 하지 않으면 제목을 정하는 데도 시간이 걸리고, 내용을 채우는 것은 더 어렵다. 여기저기 뒤적거리다가 1시간이 훌쩍 지나간다. 효율이 나지 않으니 글쓰기가 어려워지는 것이다.

지식 부족과 경험 부족

한번은 간 유산균 관련 포스팅을 의뢰받았다. 평소 유산균 관련 글을 많이 쓰긴 하지만, 유산균이 간에도 도움이 된다는 사실은 처음 알게 된 탓에 쓸 말이 도무지 생각나지 않았다. 왜 간에 유산균이 좋은지 정보를 찾고, 보도자료를 탐색해 2시간쯤 걸려서 초안을 잡고, 다음 날에야 포스팅을 완성할 수 있었으니, 시간을 꽤 쓴 것이다.

그 포스팅을 계기로 지식 부족을 깨달은 후 유산균에 대해서 더 많은 지식을 쌓았고, 연관된 분야도 공부를 했다. 나중에 '혈당 유산균' 관련 체험단을 하게 되었는데, 미리 공부해둔 게 도움이 되어 술술 글이 나왔다. 잘 아는 분야는 글쓰기가 쉽고, 자연스레 포스팅 속도가 빠르다.

경험 부족도 마찬가지이다. 예를 들어 상품 리뷰를 한다고 생각해보

자. 처음 받아서 써본 상품을 리뷰하는 것과 평소에 쓰던 상품을 리뷰하는 것이 과연 같을까? 늘 사용하던 제품에 대해서 포스팅한다면, 제품설명서에서는 언급되지 않은 부분까지 상세히 알고 있으므로, 글을 쓰면서도 즐겁고 시간도 오래 걸리지 않는다.

지식과 경험이 부족하면 시간은 지체되고 품질은 품질대로 좋지 않다. 천편일률적인 내용이 되기 쉬워 글을 읽는 사람을 설득할 수가 없다.

글의 구조 이해 부족

글을 쓸 때에는 서두에서 글의 요점, 즉 제목에서 언급한 키워드에 대한 답을 명확하게 잡아주고, 그 이유를 하나씩 풀어가는 게 좋다. "글의 요점 → 본론(1, 2, 3) → 경험담 및 사례 → 결론에서 요점 환기"를 기억하자. 제목에서 주제(문제)를 명확히 제시하고, 서두에서 요점(문제에 대한 답)을 미리 밝히고, 본론에서 그 이유를 상세히 설명하고, 사례와 경험담을 제시한 후 마지막으로 요점을 한번 더 언급하며 환기하는 것이다. 이러한 구조를 머릿속에 두고 포스팅을 하면 글쓰는 시간이 짧아진다. 또한 최종적으로 글을 검토하는 시간도 줄어든다.

주장을 빽빽하게 적었다가 중간에 산으로 갔다가, 각종 비유가 난무하는 포스팅들이 있다. 그런 글을 보면 내용이 있는 것 같긴 한데 무슨 이야기를 하는지 잘 파악이 안 된다. 이렇게 어수선하게 본질에서 자주 벗어나면 상위노출에도 지장을 준다. 이상에서 언급한 3가지를 염두에 두고 포스팅 시간을 단축할 수 있는 방법을 찾고 습관을 들이자. 그런데 1시간에 1포스팅을 한다고 다 좋은 게 아니다. 충분히 시간을 들이는 게 필요한 경우도 있다. 특히 수익과 관련된 포스팅일 때 그렇다. 블로그 운영의 목적은 수익이지, 시간 단축은 아니지 않는가?

글감의 화수분 마련하기

블로그에 포스팅을 하려면 다양한 콘텐츠(글감, 사진)가 필요하고, 글감 부족은 거의 모든 블로거의 고민일 것이다. 특히 전문적인 영역의 글을 자주 포스팅하면 글 내용은 물론이고 이미지, 사진 등 자료가 고갈되어 쓸 게 없다고 느껴지는 순간이 오기도 한다. 그럴 때 이전에 사용한 것을 중복해서 사용하거나 기존에 쓴 내용을 살짝 고쳐서 쓰게 된다. 하지만 네이버는 중복된 콘텐츠를 좋아하지 않는다. 자료가 중복되면 검색 노출에서 불이익을 받는다.

그래서 평소 TV나 신문을 보는 습관을 들이는 게 좋다. TV 뉴스나 신문은 모든 주제를 아우르기 때문에, 내 블로그 주제와 관련한 최신 소식을 알 수 있다. 시의성 있는 내용으로 포스팅을 하면 글을 읽는 사람들에게 새로운 정보를 줄 수 있다. 책이나 잡지, 영화, 드라마, 심지어 거리에서 보는 전단지나 간판에서도 얼마든지 정보를 얻을 수 있다. 블로그 운영자는 여러 경로를 통해 정보를 취득하고 콘텐츠를 확보하려는 자세를 지녀야 한다.

종종 "스마트폰이나 인터넷에 다 나오는데 그럴 필요가 있나?"라고 말하는 사람도 있는데 그렇지 않다. 그런 노력이 없다면, 어디서나 쉽게 볼 수 있는 정보를 인용하거나 남의 글을 베끼는 수준의 글을 쓰게 될 것이다. 10년간 꾸준히 포스팅을 하면서 글감을 모으기 위해서 해온 노력과 방법을 자세히 적어본다.

네이버 뉴스스탠드

네이버 뉴스스탠드는 네이버 첫 화면에 제공하는 여러 언론사의 뉴스 서비스 모음이다. 이때 무작위(랜덤)로 나오는 뉴스를 자신의 성향에 맞게 설정할 수 있다. 종합, 경제, IT, 연예, 건강의학, 지역 등 다양한 주제가 있는데, 이중에서 관심 분야를 설정하면 된다.

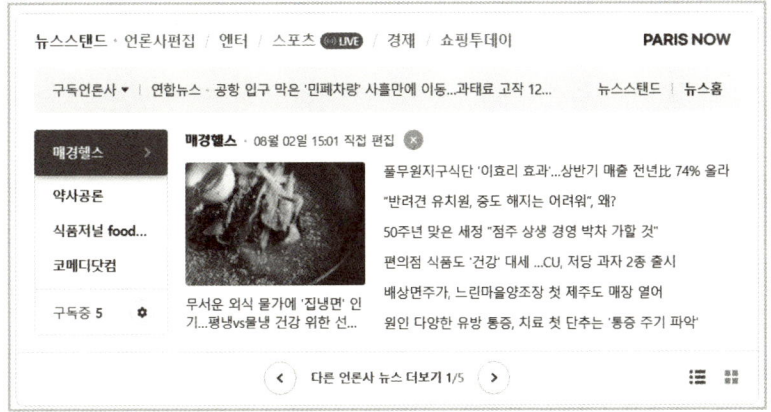

▲ 글감 모으기에 좋은 네이버 뉴스스탠드

나는 경제 인플루언서이지만, 건강 영역의 글을 포스팅할 때 만든 건강식품 관련 쇼핑몰을 지금도 운영하고 있다. 그래서 위의 그림처럼 건강 정보를 알려주는 언론사를 구독하고 있다. 경쟁자들보다 빨리 건강 관련 트렌드를 정보를 얻기 위해서이다. 그리고 판매와 연결하기에 적합한 뉴스가 나오면 바로 정리해서 포스팅을 하곤 한다. 남들보다 한발 빠르게 움직이면서 최신 지식을 전하고 싶다면, 이렇게 블로그 주제에 관련된 정보를 제공하는 언론사를 구독해두고 매일 확인하는 것이 좋다.

TV 시청

TV에는 뉴스 외에도 경제, 건강 등을 다루는 전문 프로그램이 많다. 특히 케이블 TV에서는 공중파 방송사와 달리 심층보도를 많이 접할 수 있다. 경제/소상공인 방송을 하루종일 틀어놓는 사람도 있을 정도이다.

TV의 장점은 주목도가 높다는 것이다. 건강식품 쇼핑몰을 운영하고 있어 〈나는 몸신이다〉, 〈천기누설〉, 〈생로병사의 비밀〉 같은 건강 프로그램을 자주 보는데, 이 프로그램들에서 언급된 내용은 바로 온라인에서 화두가 되곤 한다. 블로그에 올릴 수 있는 글감으로 활용하기 좋다. 이렇게 얻은 글감으로 작성한 포스팅은 종종 높은 조회수를 기록하기도 한다.

한번은 어떤 프로그램의 예고편에서 커피의 항산화 기능에 대해 소개한다는 내용을 접했다. 마침 쇼핑몰에서 항산화 커피를 판매하고 있던 차라 TV를 시청하면서 사람들의 관심사, 항산화의 중요성, 제품의 특징을 잘 정리해서 블로그에 올렸고 상위에 랭크되었다. 평소 경쟁률이 높지 않은 키워드여서 쉽게 상위노출이 가능할 거라 판단했다.

방송 후 주문이 엄청 들어왔는데, 평소 하루 1박스 정도 판매되던 제품이 이틀간 30박스가 훨씬 넘게 판매되었다. 그 뒤로도 며칠 동안 하루 4~5박스씩 판매되었는데, 재방송의 영향으로 확인되었다. 곧 경쟁사에서 같은 키워드로 광고를 하고 블로그 포스팅을 올렸지만 시기를 놓쳐 미미한 결과를 얻었으리라 예상된다. 발빠르게 움직이지 않았으면 이와 같은 성과는 거두지 못했을 것이다. 이후로도 TV 건강프로그램을 꾸준히 시청했고, 영업에 많은 도움을 받았다. 자영업자나 소상공인이라면 결코 놓쳐서는 안 된다고 본다.

TV 홈쇼핑도 도움이 많이 된다. 건강식품 붐이 일면서, 평일은 물론이고 휴일 아침만 되면 거의 모든 홈쇼핑에서 건강식품 및 건강기능식품 판매에 열을 올린다. 쇼핑 호스트는 확실히 전문적이다. 용어 하나하나가 고객의 뇌리에 박히도록 애쓰고, 함께 나오는 전문가 또한 제품의 핵심만 콕콕 집어준다. 고만고만한 어휘력 때문에 글을 쓸 때 어려움이 많았는데, 홈쇼핑에서 나오는 말을 참고하니 글을 쓸 때 큰 도움이 되었다. 과장된 표현을 제외하고, 법적 테두리 안에 있는 문구를 적극 차용해서 블로그에 넣었다. 이만 한 참고자료도 드무니 적극 활용하기를 바란다.

종이신문 구독

'아직도 신문을 읽는 사람이 있을까?' 의아해하는 사람이 있는데 생각보다 많다. 최근에는 대학생들 사이에서 경제신문 구독 열풍이 불고 있다. 올드 미디어를 왜 20대 학생들이 보려고 할까? 인터넷 기사와 다른 종이신문만의 장점을 알게 되었기 때문일 것이다. 비록 최신성은 인터넷에 넘겨주었지만 지면마다 주요 토픽을 한눈에 확인할 수 있는 것은 오직 종이신문만이 갖고 있는 매력이다. 신문은 경제/건강/사회/문화 등 섹션별로 구성되어 있고, 전문 필진의 깊이 있는 기사를 수록했기 때문에 신속성에 중점을 두는 인터넷 뉴스와는 근본적으로 다르다.

특히 칼럼이나 사설을 읽으면 같은 주제를 다르게 풀어가는 기자의 글솜씨에 감탄하는 경우도 많다. 어떻게 글을 써야 하는지 배울 수 있고, 종이신문에서는 맞춤법이 대부분 정확하게 표기되기 때문에 참고가 된다.

편리하다고 온라인에서만 정보를 찾다가는 더 좋은 것을 놓칠 수 있다. 종이신문은 외면받는 오프라인 매체가 아니다. 매일 정보 글을 포스팅하고 시장 동향을 읽어내야 하는 블로거들에게 종이신문은 기본이다. 나도 경제신문 하나와 종합일간지 하나를 구독하고 있다. 온라인과 오프라인 어디서든지 정보를 수집하는 자세를 갖는 게 필요하다.

한 달치 키워드 글감 마련하기

자리에 앉아서 무엇을 포스팅할지 생각하기 vs 자리에 앉았으니 포스팅하기. 이 둘 사이에는 엄청난 차이가 있다. 무엇을 쓸지를 책상에 앉은 뒤부터 생각하다가는 시간이 훅 지나간다. 컴퓨터 앞에 앉기 전에 먼저 포스팅의 핵심과 소제목 정도는 꼭 정하자. 앉아서 생각하기 시작하면 그 자리에서 1시간이 순식간에 사라질 수 있다는 것을 꼭 기억하기 바란다.

그런데 그렇게 하고 싶어도 글감이 마땅치 않아 못하는 경우가 더 많을 것이다. 그렇다면 시간을 내서 한 달치 키워드를 미리 정해보는 것은 어떨까? 자신이 잘 아는 키워드, 평소에 이야기하고 싶었던 키워드, 트렌드에 맞거나 앞서가는 키워드, 최근 사람들이 관심을 갖는 키워드, 홍보를 위해 꼭 필요한 키워드 등등을 미리 적어두는 것이다.

PC에서 정리해두어도 좋고 노트에 적어두어도 좋다. 계획을 세우는 것은 기대감을 주지 않는가? 미리 핵심 키워드를 마련해놓으면 시간을 벌 수 있다. 책상에 앉은 다음 그제서야 제목을 떠올리고 사진을 구하려 하다가는 머리에 쥐가 날지도 모른다.

키워드 목록을 만든 후 세부(연관) 키워드로 확장하면 금세 20~30개의 제목을 만들 수 있다. 예를 들면 카드나 통장 없이 무통장 입금하는 법에 대한 포스팅을 구상한다면 '카드 없이 ATM 입금하는 방법', '카드 없이 현금 인출하는 방법', '카드 없이 편의점에서 카카오뱅크 무카드 출금하기' 등을 만들 수 있다.

나도 매월 말에 이러한 방법으로 키워드를 정하고 세부 키워드를 조합해서 20여 개의 제목을 미리 만들어둔다. 무슨 글을 쓸지 미리 생각하고 이에 맞게 사진도 준비하고, 관련 기사나 책을 읽는 등 지식을 쌓아두는 것이다. 매월 이렇게 제목을 가안으로라도 적어두면 제목을 짓는 데 많은 시간을 들이지 않아도 된다. 포스팅을 한 뒤에는 보통 해당 키워드를 삭제하는데, 그 자리에 들어갈 만한 새로운 키워드가 생각나면 곧바로 또 적어둔다. 기회가 되는 대로 곳간을 채우는 것이랄까.

꼭 목록에 적어둔 대로 포스팅할 필요는 없다. 특정 이슈로 새로운 키워드가 떠오르면 그 키워드부터 먼저 포스팅해도 된다. 다만 글감이 떨어졌을 때를 대비해 이런 목록을 만들어두는 것이다. 다음 표는 주제별로 만들어둔 키워드 목록이다.

NO	경제 지식	건강	일상 정보
1	착오송금 반환	EM 식이섬유와 함께 살아	블로그 글쓰기 좋은 주제
2	나라사랑카드 혜택 재발급	프리바이오틱스 유산균 먹는 시간	멍멍이 루카 3번째 생일
3	알바 근로계약서 미작성	위장에 좋은 음식 식품	후쿠오카 라멘 맛집 3곳 후기
4	간병인 비용	위가 안 좋을 때	후쿠오카 야오지 호텔 가는 길 장점
5	우리동네 gs	프리바이오틱스 유산균 먹는 시간	카페인이 몸에 나쁘다? 커피의 역설
6	카드 통장 없이 무통장 입금	가짜배고픔	캐나다 한국 시차 여동생 귀국
7	경제 신문 구독 추천	환자 영양식 죽 대신	강서구 자전거 바람 넣는 곳
8	종합소득세 종소세 신고기간	위에 좋은 음식 식품 속이 쓰릴 때	가양역 급행열차 평일 주말 운행 시간
9	저축은행 이체	유산균 종류 마이크로바이옴 차이	인생은 순간이다 김성근 감독님
10	편의점 atm 이용시간 수수료없이	소화가 잘 되는 자세 방법 음식	책 출판 책 쓸 때 쟁점 이미지 고민

▲ 주제별로 만들어놓은 키워드 목록

'1인 기업가라 시간이 많으니까 글감을 마련할 수 있는 거 아냐?'라고 생각할 수도 있지만, 아니다. 시간이 없으니까 이렇게 계획을 잡아야 한다는 것이다. 누구든 작정하면 한 달에 2~3시간 정도는 낼 수 있다. 한 달에 한 번 그 시간을 내서 키워드를 잡아놓자. 매번 무슨 글을 쓸지 생각하는 시간을 더하면 2~3시간보다 훨씬 더 될 것이다.

글쓰기 루틴 잡기

블로그도 하나의 업무라고 생각하고 루틴을 지키며 해야 한다. 회사에는 정해진 출퇴근 시간이 있다. 업무 집중 시간도 있다. '9 to 6'라고 불리는 업무시간 안에 최적의 효과를 내기 위하여 모든 것을 쏟아내야 한다. 회사라는 울타리 안에서도 이런 상황인데, 기획자이자 마케터이며 관리자인 1인 기업가로 살아남기 위해서는 더욱 규칙적인 습관을 들여야 한다. 내가 권하는 글쓰기 루틴을 소개하겠다.

일정한 포스팅 시간 정하기

블로그 글을 포스팅하다 보면 집중이 특히 잘 되는 시간이 있다. 그때에 맞춰서 글을 쓰는 게 좋다. 나의 경우 처음에는 일반 회사원처럼 9시에 공유 오피스에 출근해서 포스팅을 했다. 음악도 좀 듣고 간식도 먹으면서 글을 쓰니 12시까지 올린 포스팅이 고작 1개였다. 점심을 먹고 조금 졸다가 하나 더 포스팅하면 대략 3~4시 정도가 되고 이후에는 진도가 거의 나가지 않는 것을 발견했다. 6시쯤 되면 집에 가거나 친구를 만나는 등 일상 생활을 했다. 여유 있게 시간을 보내니 성장하지 못한다는 것을 느꼈다. 포스팅 2개 하고 하루가 끝나면 1인 기업가로서 효율성이 너무 떨어지는 것 아닌가! 자유롭긴 했지만 계속 이런 식으로 해서는 안 된다는 생각이 들었다.

누가 하라고 해서 블로거 생활을 한 것도 아니고 내가 원해서 시작한 일이다. 출근을 앞당기기로 마음먹고 아침 7시쯤 출근을 했다. 맑은 정신으로 포스팅을 하니까 글이 술술 써졌다. 집중이 잘 되니 글을 읽기 좋은 모양으로 다듬으면서 이전보다 퀄리티를 높일 수 있었다. 정성을 더하니 블로그 노출도 잘 되고, 제휴 연락도 많이 들어와 그중 원고료가 많은 업체들을 고를 수 있게 되었다. 남는 시간에는 지식iN에 답변을 달면서 공부도 하고, 동영상 편집도 하면서 자기계발을 했다. 하루 종일 포스팅 2개 한 게 전부이던 때와는 달리 성과를 느낄 수가 있었다. 이후부터는 이게 업무의 루틴으로 자리를 잡았다. 7시 출근이 습관이 되었고, 지금도 공유오피스의 불은 내가 제일 먼저 켠다. 남들보다 앞서간다는 생각에 은근한 우월감도 생기는데, 이런 게 추진력이 아닐까?

출근시간을 앞당겼지만 퇴근시간까지 늦춘 것은 아니다. 사람의 체력에는 한계가 있기에 집중할 시간은 집중한 뒤 조금 더 일찍 퇴근해 가족과 함께 보내는 시간도 늘릴 수 있었다. 하루의 일을 제대로 마무리했기에 얻은 결과라고 생각한다.

요즘 블로그 챌린지를 하는 카페, 단톡방을 보면 새벽에 포스팅을 하고 인증샷을 올리는 경우가 있다. 보통 시간이 부족한 직장인, 소상공인, 대학생들이 많이 참여하는데, 평소 남는 시간에 포스팅을 하는 게 쉽지 않음을 체감했기 때문일 것이다. 이처럼 각자 자신의 상황에 맞게 시간을 정해두면 지속적으로 포스팅하는 데 유리하다.

업무 장소/환경 마련, 정리하기

블로거는 집이나 카페, 공유오피스, 사무실 등 어디에서나 일할 수 있다. 그래서 오히려 명확하게 일할 곳을 정해두는 게 좋다. 모니터 앞에 앉는 것 외에도 집중하는 것이 필요하기 때문이다. 집에서 업무를 한다면 업무 분위기에 맞게 주변을 정리하자. 이를테면 집에서 포스팅을 쓰려는데 책상이 침실에 있는 등 사무공간과 침실이 구별되지 않으면 게을러질 수 있다. 책상은 다른 곳에 분리해두고 주변도 깔끔하게 하면 좋다. 최적의 업무환경에서 집중도 잘 되고 포스팅에 소요되는 시간도 줄어든다. 그리고 이는 포스팅의 질과도 관련이 있다.

블로그 포스팅을 효율적으로 하기 위해서 모니터를 2개 이상 놓거나, 와이드 화면 모니터를 구비하는 등 자료 참조를 용이하게 하는 것도 필요하다. 요즘은 모니터를 3개 놓고 태블릿을 활용하는 경우도 많다. 글을 쓰면서 사진 편집도 해야 하기 때문이다.

◀ 생산성 향상을 위해 3개의 모니터와 태블릿을 활용한다

재택근무의 장점도 무시할 수 없지만, 여건이 된다면 시간을 정해서 공유오피스 활용을 권한다. 코로나19가 한창이던 시기에 집에서 일한 적이 있었다. 집합 금지가 아니어도 굳이 사람들과 마주치고 싶지 않았고 마침 추운 겨울이어서 집에서 근무한 것이다. 시간도 확보하고 비용도 절감할 수 있어서 일석이조라 생각했는데 생각과는 달랐다. 출퇴근을 하면 회사와 집을 오가는 길에 각오를 새롭게 하고, 자리에 앉았으니 뭔가 하나라도 하게 된다. 그러나 집에서는 그런 게 없었던 것이다.

하루 3~4시간 정도는 버틸 만했는데, 집에 사람이 왔다갔다하고 아이들이 말을 거니까 마치 나도 겨울방학을 맞이한 것처럼 느껴졌다. 특히 주말이나 휴일이 되면 일하고 싶은 마음이 딱 끊겼다. 그럴 땐 수익 감소가 눈에 보여도 경각심이 들지 않았다. 이래서는 안 되겠다는 생각에 바로 자리를 옮겼다.

사무실 임대료 30만원을 아끼고 점심값을 안 쓰는 게 절감이 아니라, 그만큼 더 벌고 성장하는 게 진짜 절감이다. 이후로 집에서는 일을 하지 않고 있다. 가끔 긴급하게 포스팅을 수정하거나, 답변을 달아야 되는 경우를 제외하고 업무는 사무실에서만 한다. 쉼터와 업무 장소를 구분해두면 게을러지지 않고 제대로 할 수 있다. 혹시 못한 일이 있더라도, 집은 쉬고 놀고 먹는 공간이라 정해두고 집에서는 포스팅을 하지 않는다.

쉽게 써야 끝까지 읽게 만들 수 있다

하루 방문자수가 1만명인 블로그를 갖고 있으면서 월 100만원도 못 버는 블로거가 많다. 무엇이 문제일까? 여러 이유가 있겠지만 그중 하나는 글을 쉽게 쓰지 않아서 중간에 이탈하는 방문자가 많거나, 방문자가 글을 보고 설득되지 않기 때문이라고 본다. 블로그를 운영하는 목적은 1명의 방문자를 설득하기 위함이다. 나는 이 설득한다는 이 표현을 강조한다. 상위노출이 되었다고 당장 수익이 폭등하는 것은 아니다. 상위노출이 된 그 포스팅이 알기 쉽게 쓰인 성의 있고 설득력 있는 글일 때, 방문자는 내가 소개하거나 직접 판매하는 제품, 서비스를 이용하게 된다. 그것이 수익으로 이어지는 것이다. 이게 뭐 대단한 이론도 아니다. 브랜딩이나 세련된 마케팅 방법은 모르더라도 상식적으로 생각하면 된다.

내 블로그에 방문하는 사람들의 연령층은 10대부터 70대까지 각양각색이다. 방문자의 지적 배경이 어떤지 알기란 불가능한 일이다. 따라서 초보자의 눈높이를 상정해 글을 쓰면 방문자 중 상당수가 설득될 가능성이 높다. 이를 놓치고 자기만 아는 단어와 논리로 글을 쓰면, 방문자가 납득하고 공감을 누르거나 스크랩을 하기 어려워진다. 또한 중간에 이탈할 가능성이 높아진다. 일반적으로 포스팅의 결론 부분에 상품이나 서비스 링크를 달아 연결하도록 유도하는데, 방문자가 글을 읽다가 중간에 나가 버리면 소기의 목적 달성이 어렵다. 따라서 블로거는 방문자들이 글을 끝까지 읽을 수 있도록 글을 쉽게 쓰는 습관을 들여야 한다.

그런데 글을 쉽게 쓴다는 것이 말처럼 쉬운 일은 아니다. 잘 알아야 쉽게 쓸 수 있기 때문이다. 그래도 일단 3가지만은 기억하자.

우선 꼭 쓰지 않아도 되는 영어나 외국어는 사용하지 말자. 해결이라는 우리말이 있는데 굳이 솔루션이라고 쓰는 사람이 있다. 꼭 필요한 경우라면 간략하게 풀이를 써주자.

다음으로 줄임말을 쓸 때는 한번 더 생각해보자. 카톡 정도는 누구나 아는 말이라 괜찮지만, '블로그 운영에는 스댓체가 중요합니다'라고 말하면 과연 '스댓체'가 무엇인지 누가 알까. '블로그 운영에는 스댓체, 즉 스크랩, 댓글, 체류시간이 중요합니다'라고 풀어쓰는 습관을 들이자.

마지막으로 쉬운 단어를 쓰자. 어려운 말이면 풀어서 설명하자. 내 블로그 포스팅을 보는 사람들의 지적 배경은 어떨까? 알 수 없다. 10명이면 10명 모두 다를 것이다. 분명한 것은 무언가 궁금증을 해결하기 위해서 검색을 통해 블로그에 방문했다는 점뿐이다.

4장
글쓰기 궁금증 완전 분석

상업글에 정보글 곁들이기

체험단과 기자단으로 활동하면서 한동안 돈을 벌었는데, 어느 날 갑자기 방문자수가 폭락해서 멘붕에 빠졌다는 하소연이 심심치 않게 들린다. 맞다. 상업글 위주로만 포스팅을 하다 보면 어느 순간 블로그가 제대로 노출되지 않는 때가 온다. 과도한 상업글은 도배성 포스팅으로 간주돼 상위노출이 잘 되지 않기 때문이다. 만약 방문자가 있다고 해도 블로그가 광고글로 가득하다면 신뢰감이 떨어져 바로 나가버리지 않을까?

물론 블로그 수익화를 위해서는 상업글이 필요하다. 그러나 상업글로 도배된 블로그는 광고판과 전혀 다를 것이 없다. 꾸준하고 오래 가는 블로그 운영을 목표로 한다면, 정보글을 올리는 것은 물론 상업글에도 정보성을 담아 방문자가 오래 머물 수 있게 해야 한다. 사례를 들어서 이야기를 해보겠다.

누구보다도 상업글이 절실한 블로그는 아마도 나처럼 제품을 판매하는 경우일 것이다. 그런데 어떤 제품을 가장 잘 아는 사람은 (관계자 외에는) 그 제품을 충분히 이용해본 사람이다. 네이버에서 특정 제품이나 서비스를 검색하는 이유도 그것에 대해 잘 모르기 때문이다. 아무런 정보 없이 돈을 들여 제품을 구입했다가 낭패를 본 경험은 누구에게나 있을 것이다. 누군가에게 직접 추천을 받으면 좋겠지만 그게 안 되니까 검색을 한다.

제품을 판매하는 블로거라면 그런 사람들을 겨냥해서 제품에 대한 정확한 분석, 제품의 효용, 제품 체험 후기를 담아서 어필해보자. 해당 포스팅을 읽고 궁금증을 해결하는 고객이 늘어날 것이다.

나는 2016년부터 쇼핑몰에서 먹는 EM 원액을 판매하고 있는데, 직접 체험하고 느낀 점을 블로그에 글과 사진, 영상으로 등으로 올리고 포스팅에 쇼핑몰과 연계되는 링크를 넣었다. 2024년 현재까지 그 영향 덕분인지 누적 1만 박스 이상을 판매할 수 있었다. 만약 개인적인 경험이나 사례 없이 단순히 특징, 장점만 소개했다면 그러한 매출은 불가능했을 것이다.

다만 앞에서도 말했지만, 포스팅마다 쇼핑몰 링크를 넣으면 도배성 포스팅으로 간주될 수 있으니 쇼핑몰 링크를 넣은 다른 포스팅을 링크하자. 도배성 포스팅으로 간주될 위험성도 줄이고, 이전의 포스팅도 한번 더 읽도록 유도하면서 검색자의 체류시간도 늘릴 수 있다.

정보글은 블로그에 묻어 있는 상업성을 희석시키는 역할도 하고, 특정 주제를 포스팅하는 것이므로 블로그의 전문성을 높이는 데 도움이 된다. 예를 들어 나는 평소 소화 관련 글을 많이 포스팅했는데, 판매하는 제품을 직접 언급하지는 않고, 소화가 근육, 뼈, 혈관 등 신체의 다른 부분 및 정신건강에도 끼치는 영향이 많다는 식으로 썼다. 글을 위해 자료를 조사하면서 지식도 늘어나고, 포스팅을 할 때 글이 더 빨리 나와서 잘 써지는 것을 경험한다. 이러한 글이 쌓이면 결국 상품 판매로 이어지는 연결 고리가 된다. 따라서 시간낭비라고 생각하지 말고, 멀리 내다보고 꾸준히 자료를 모으며 포스팅하는 게 좋다.

정보글은 조회수가 높은 경우가 많으므로 방문자를 끌어오기 좋다. 또 체험단과 리뷰글 선정에도 도움이 된다. 기업이나 마케팅 회사는 상품이나 서비스 리뷰 문의를 할 때 평소 블로그에 쌓인 포스팅을 보고 블로거에게 의뢰하기 때문이다. 결국 정보성 포스팅은 체험단, 리뷰글 수익과 연결된다는 것이다.

상업글의 적정 비율

상업글의 비율은 어느 정도가 좋은지 묻는 분들이 있다. 정해진 것은 없다. 다만 나는 쇼핑몰의 링크를 삽입한 상업글의 포스팅을 매주 1~2개 정도로 제한했다. 나머지 포스팅에는 앞서 여러 번 말했듯 링크 없이 정보만 제공한 뒤, 판매 링크를 단 다른 포스팅으로 연결시켜 두었다. 체험단 포스팅도 일주일에 1~2개 정도 올린다. 체험단 글은 대부분 협찬받은 상품과 서비스를 이용한 후 포스팅해야 하기 때문에 작성에 시간이 많이 걸린다. 이런 식으로 일주일에 평균 2~4개 정도의 상업글을 올리고, 정보글을 7개 정도 포스팅해서 방문자들이 내 블로그에 가급적 오래 머무르도록 한다. 즉 상업글이 전체 글의 대략 30% 정도로 유지되도록 했다.

상업글 적정 비율에 대해서는 아무도 모른다. 다만 1~2년 만에 블로그가 저품질되는 경우와 10년 가까이 잘 운영하는 블로그의 경우를 비교해보면, 잘 되는 블로그는 3~4개 포스팅 중에서 1개 정도로 전체 글 대비 상업글의 비율을 유지하는 사례가 많았다. 나 역시 전체 글의 50%가 상업글인 것은 과도하고 20%는 너무 적다고 생각해 30% 선으로 지키면서 10년째 운영하고 있다.

블로그 글쓰기는 '결+기승전결'이다

정보성 글을 올리면서 글의 첫머리에 인사말이나 날씨 이야기를 넣는 경우들이 종종 있다. "안녕하세요. 요즘 쌀쌀한 날씨인데, 건강 관련 정보를 올려드리니 읽고 꼭 도움이 되셨으면 좋겠어요." 그런데 당시에는 괜찮지만 시간이 지나 여름에 이런 인사글을 보면 사람들은 무슨 생각을 할지

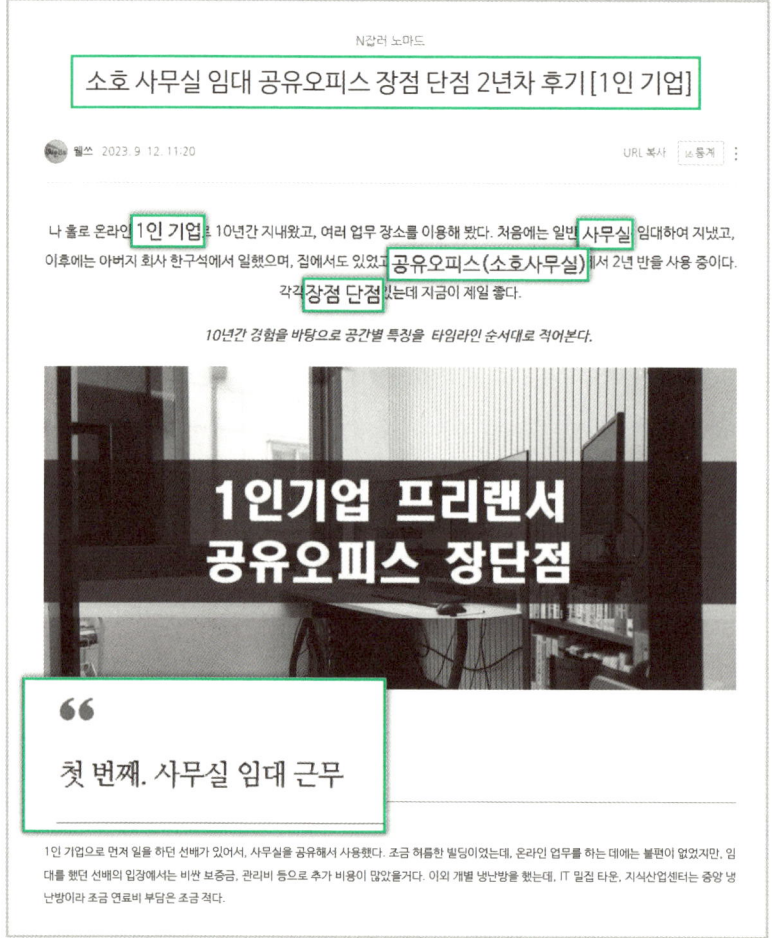

▲ 검색이 잘 되는 글 작성 예시

궁금하다. 글을 부드럽게 할 수는 있으나 이는 일상적인 포스팅에나 어울리지 정보를 원하는 사람에게 필요한 내용이 아니다.

　블로그 글을 학교에서 배운 '기승전결' 방식으로 글을 쓰는 사람이 많다. 글 마지막에 결론을 내리고 제시하는 것이 기본은 맞지만, 지금은 손가락으로 획획 나가버리는 시대다. 독자는 몇 초를 기다려주지 않는다. 글 서두에 만족할 만한 내용이 있으면 계속 읽고, 알쏭달쏭하다는 생각이 들면 바로 나간다.

　그렇다면 글의 서두에 어떤 내용을 담아야 하는가? 제목에서 언급한 주요 키워드를 모두 담아주는 게 좋다. 제목을 그대로 복사해서 쓰라는 게 아니라 흐름에 맞게 풀어서 적으라는 의미이다. 글의 취지, 즉 방문자의 궁금증과 결핍을 이 글에서 해결해줄 수 있음을 피력하는 내용을 서두에 써놓으면 읽는 사람은 이후에 펼쳐질 상세한 내용이 더욱 궁금해질 것이다. 서두 글쓰기 실전 사례를 알아보자.

　앞 그림은 내가 공유오피스에 대해 작성했던 포스팅이다. 제목의 주요 키워드는 소호 사무실, 공유오피스, 임대, 장점, 단점, 1인 기업이다. 상위노출을 위해서 글의 서두에서 제목에 있는 주요 키워드를 모두 풀어냈다. 그다음 본론에서 구체적인 이유와 해결 방법을 언급하면 된다. 물론 본론에서도 당연히 사무실 임대-사무실 임대 특징, 재택 근무-재택근무 장점 및 단점, 소호사무실 근무-소호사무실 장점 및 단점 등 제목의 키워드를 언급했다.

　본문에서 주요 내용을 설명할 때는 '1, 2, 3'이나 '첫 번째, 두 번째, 세 번째' 등 번호를 달면 읽기에 좋다. 앞 그림의 포스팅에서는 '첫 번째'로 소제목을 짓고 단락을 구분했다. 또한 이때 소제목 기능이 아닌 인용구 기능 중 '따옴표'를 사용했는데, 단락을 구분해 가독성을 높여주는 기능들에 대해서는 바로 다음 절에서 설명하고 있으니 참고하자.

본론에서 주요 내용을 다 적은 뒤에는, 경험이나 사례를 넣어 이해를 돕고, 끝에서는 제목의 핵심 키워드(주제) 내용을 한번 더 언급하고 글을 맺는다. 마무리 부분에는 고객의 행동을 유발하는 내용을 넣어야 한다. 일상글이라면 '행복하시고, 건강하세요!' 이런 식으로 끝맺으면 되겠지만 정보글, 상업글이라면 구체적인 결론을 내야 한다. 글에서 어떤 이벤트를 소개했다면 행사 기간을 알려준다든지 블로그를 보고 오는 경우 혜택을 주겠다는 등의 안내가 필요하다.

상업글 마지막 부분에는 구매나 예약으로 연결할 수 있도록 전화번호를 남기거나, 구매 상세페이지 링크를 달면 좋다. 다만 '클릭하세요', '전화주세요' 등의 노골적인 문구보다는 '특별한 혜택에 대해서 궁금하시면 아래를 확인하세요'나 '더 많은 사례를 알고 싶으면 읽어보세요' 같은 표현을 권한다. 목적과 의도는 동일해도 조금 순화된 표현으로 했을 때 거부감이 적다. 좋은 표현을 만들어내기 위해서 고민하다 보면 더 좋은 문구도 찾을 수 있을 것이다.

보는 사람을 생각하는 문단 나누기

스마트폰으로 다른 사람의 블로그 포스팅을 보곤 하는데, 가끔 확 부담스럽게 느껴지는 글이 있다. 한 문단이 너무 길 때다.

아마도 PC로 작성했을 텐데, PC 화면에서 죽 이어 쓴 3~4줄 정도는 읽기에 큰 불편이 없어 보였을 것이다. 그런데 같은 분량의 글을 스마트폰으로 보면 10줄이 넘는다. 빈 행 없이 10줄 넘게 이어지는 글은 스마트폰에서의 정보 검색율이 70%를 훨씬 넘는 요즘 현실을 제대로 반영하지 못한 글이다. 한 문단이 10줄이나 되면 사람들은 읽지 않으려 한다. 다음 그림을 보자.

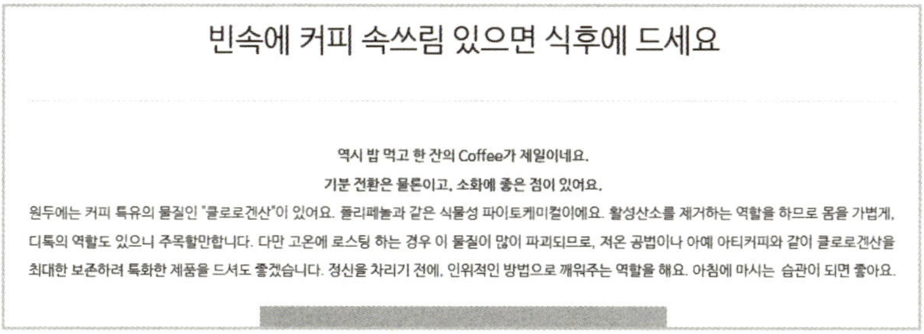
빈속에 커피 속쓰림 있으면 식후에 드세요

역시 밥 먹고 한 잔의 Coffee가 제일이네요.

기분 전환은 물론이고, 소화에 좋은 점이 있어요.

원두에는 커피 특유의 물질인 "클로로겐산"이 있어요. 폴리페놀과 같은 식물성 파이토케미컬이에요. 활성산소를 제거하는 역할을 하므로 몸을 가볍게, 디톡의 역할도 있으니 주목할만합니다. 다만 고온에 로스팅 하는 경우 이 물질이 많이 파괴되므로, 저온 공법이나 아예 아티커피와 같이 클로로겐산을 최대한 보존하려 특화한 제품을 드셔도 좋겠습니다. 정신을 차리기 전에, 인위적인 방법으로 깨워주는 역할을 해요. 아침에 마시는 습관이 되면 좋아요.

▲ PC 화면

그림에서 보듯 이 정도 분량의 글은 PC에서는 쉽게 읽을 수 있다. 그런데 이 포스트를 모바일 화면에서 읽으면 아래 그림의 왼쪽처럼 보인다. 10줄이 계속 이어지니 답답하게 느껴진다. 이때 오른쪽 화면처럼 중간에 1행 공백을 주면 그것만으로도 읽기에 더 편안해 보인다.

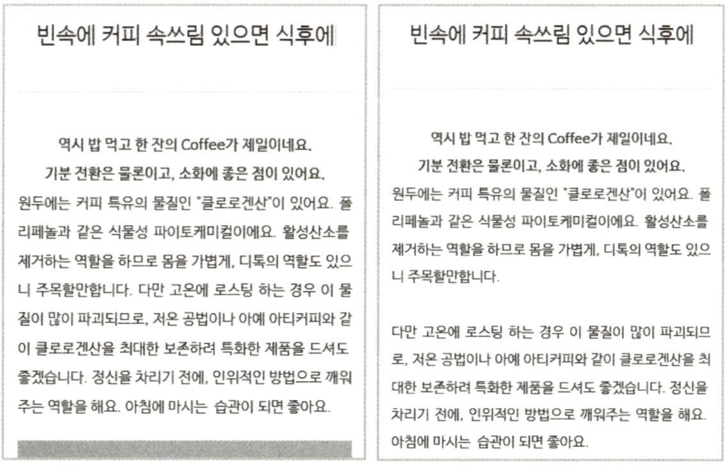
빈속에 커피 속쓰림 있으면 식후에

역시 밥 먹고 한 잔의 Coffee가 제일이네요.

기분 전환은 물론이고, 소화에 좋은 점이 있어요.

원두에는 커피 특유의 물질인 "클로로겐산"이 있어요. 폴리페놀과 같은 식물성 파이토케미컬이에요. 활성산소를 제거하는 역할을 하므로 몸을 가볍게, 디톡의 역할도 있으니 주목할만합니다. 다만 고온에 로스팅 하는 경우 이 물질이 많이 파괴되므로, 저온 공법이나 아예 아티커피와 같이 클로로겐산을 최대한 보존하려 특화한 제품을 드셔도 좋겠습니다. 정신을 차리기 전에, 인위적인 방법으로 깨워주는 역할을 해요. 아침에 마시는 습관이 되면 좋아요.

빈속에 커피 속쓰림 있으면 식후에

역시 밥 먹고 한 잔의 Coffee가 제일이네요.

기분 전환은 물론이고, 소화에 좋은 점이 있어요.

원두에는 커피 특유의 물질인 "클로로겐산"이 있어요. 폴리페놀과 같은 식물성 파이토케미컬이에요. 활성산소를 제거하는 역할을 하므로 몸을 가볍게, 디톡의 역할도 있으니 주목할만합니다.

다만 고온에 로스팅 하는 경우 이 물질이 많이 파괴되므로, 저온 공법이나 아예 아티커피와 같이 클로로겐산을 최대한 보존하려 특화한 제품을 드셔도 좋겠습니다. 정신을 차리기 전에, 인위적인 방법으로 깨워주는 역할을 해요. 아침에 마시는 습관이 되면 좋아요.

▲ 모바일 화면

글이 길어진다 싶으면 모바일로 보는 방문자들을 생각해서 중간중간 1행씩 띄어주는 게 좋다. 중요한 것 위주로 짧게 보고 싶어 하는 것이 사람의 심리이다. 또 사람들은 원하는 정보를 빠르게 얻고 싶어하는데, 기승전결을 철저히 지켜 결론을 마지막에 말하면 방문자는 다른 블로그를 찾을 가능성이 높다. 포스팅을 할 때는 읽는 사람을 염두에 두어야 한다.

가독성을 높여주는 기능들

네이버 블로그의 글쓰기 화면에는 가독성을 높일 수 있는 다양한 기능이 있다. 얼핏 보면 제목과 내용만으로 이뤄진 간단한 화면이지만, 다양한 꾸미기 메뉴를 비롯해 템플릿도 사용할 수 있다. 이중에서 가독성을 높이는 대표적인 방법 3가지를 소개해본다.

소제목

첫 번째, 소제목 기능을 활용한다. 글의 단락을 구분할 때 요긴하게 사용할 수 있다. 디자인적으로 별로 특별해 보이지 않아서 사람들이 잘 쓰지 않지만 가독성을 높이는 데 도움이 되는 기능이다. 읽는 사람 입장에서는 소제목을 통해 내용을 대략 짐작할 수 있어 내용에 접근하기가 더 쉽고, 단락을 구분해주니 시각적으로도 편안하다.

> **프로틴 효과**
> **몇 가지를 말씀드리면**

1. 바쁜 한 끼 식사 대용
일단 먹으면 든든합니다. 이걸로 한 끼를 해결하는 것은 어려움이 있지만 급할 때나, 과일, 채소, 고구마 등과 곁들여

▲ 인용구를 활용한 소제목 사례

▲ 소제목 기능을 활용한 소제목 사례

소제목 넣기는 어렵지 않다. 글쓰기 메뉴 중 왼쪽의 '본문' 부분을 누르면 본문, 소제목, 인용구를 선택할 수 있는 드롭박스가 나오는데 여기서 '소제목'을 선택하면 된다.

▲ 소제목 넣는 법

최근 네이버에서 소제목을 통한 단락 구분에 가산점을 주고 있어, 문단과 소제목을 명확하게 구분해야 인기주제에 잘 노출된다. 단순한 기능이지만, 가독성 및 상위노출에까지 영향을 주니 자주 활용하도록 하자.

인용구

두 번째, 인용구 기능을 활용한다. 인용구는 눈에 잘 띄어 포스팅 일부의 주목도를 높일 때 좋다. 특히 글을 인용할 때 글씨를 크게 하거나 색을 바꾸기보다 인용구 디자인을 활용하면 보기에 더 좋다. 인용구를 넣으려면, 소제목을 넣을 때와 마찬가지로 글쓰기 메뉴 중 '본문' 부분을 누른 뒤에 드롭박스에서 '인용구'를 선택하면 된다.

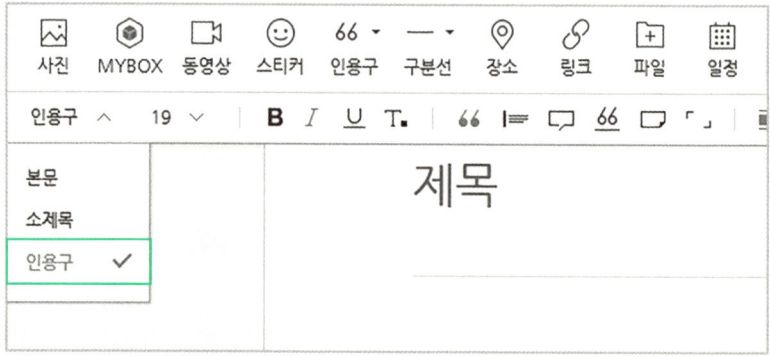

▲ 인용구 넣는 법 1

또는 글쓰기 화면 왼쪽의 [+]버튼을 누르면 ❶이 나타나고, 여기서 '인용구'에 커서를 대면 ❷가 나타난다. 여러 모양 중에서 선택해 쓰면 된다.

▲ 인용구 넣는 법 2

인용구라고 부르지만 인용문만 넣어야 하는 것은 아니고, 다양한 용도로 활용할 수 있다. 인용구 모양에는 여러 가지가 있다. 따옴표, 버티컬 라인, 말풍선, 포스트잇 등은 문단을 나눠주거나 중간에 소제목으로 만들기에 적합하다. 로직상 소제목으로 문단을 구분하는 게 유리하지만, 많은 블로거들이 인용구로 소제목을 표시하고 있다. 중간에 강조하는 문구를 넣고 싶을 때에는 포스트잇 또는 프레임을 사용하면 좋다.

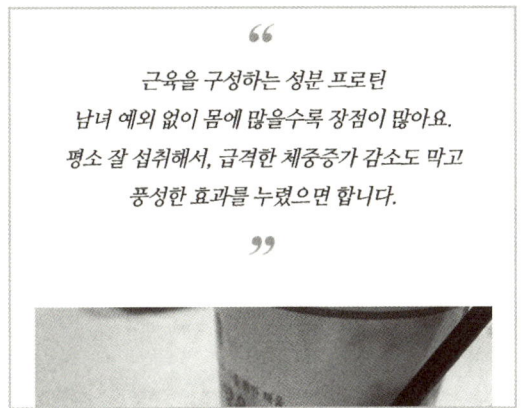

◀ 적절한 인용구 사용은 주목도를 높여준다

글 정렬

세 번째, 글 정렬 기능을 활용한다. 본문을 어떻게 정렬할지를 정하는 것인데, 글의 주제와 대상 독자에 따라 다르게 선택해야 한다. 사진이나 영상에 요점만 간단히 가운데 정렬로 적는 게 좋은 경우가 있고, 충분한 정보를 담은 긴 글을 양끝 정렬로 쓰는 게 좋은 경우가 있다.

이를테면 요리나 여행, 반려동물 관련 글의 독자는 사진에 주목한다. 이럴 때는 사진 위주로 본문을 꾸미고, 사진 하나에 20자 정도로 짧게 글을 적고 가운데 정렬을 사용하는 것이 좋다. 물론 어떤 주제에 어떤 정렬이 정렬이 좋다고 정해진 것은 아니다. 다만 읽는 사람에게 조금 더 잘 읽히도록 하기 위한 노력하는 것이다. 다음 그림은 여행 관련 포스팅이다.

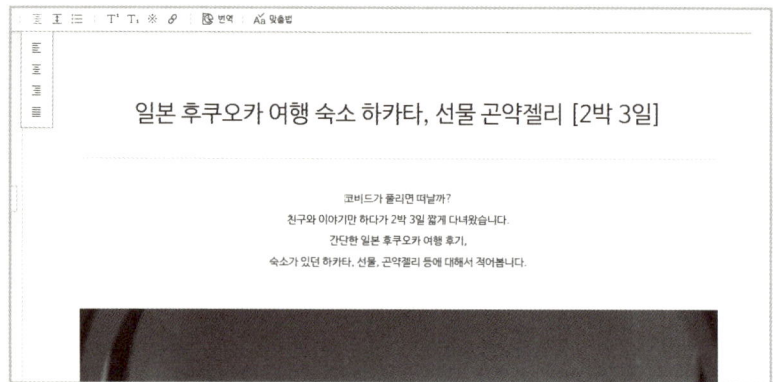

▲ 여행 후기를 가운데 정렬로 올린 예시 화면

반면 경제나 교육 주제글이라면, 독자는 주로 내용에 주목한다. 자연히 본문이 길어질 때가 많으니 양끝 정렬을 사용해 글의 가로 길이를 일정하게 해주는 것이 좋다. 다음 그림은 교육에 대한 포스팅이다.

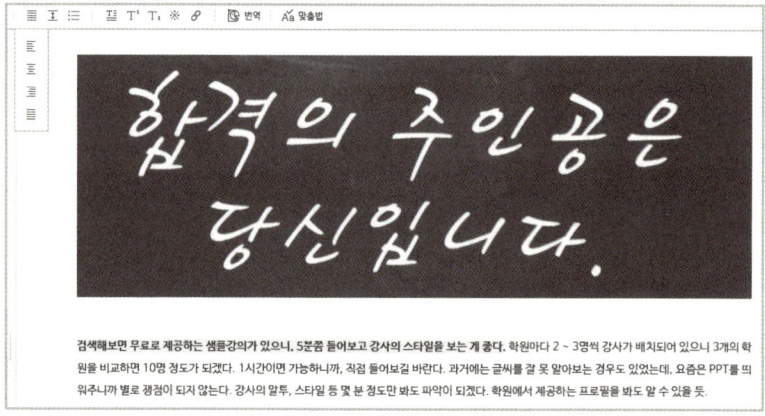

▲ 교육 관련 정보를 양끝 정렬로 올린 예시 화면

정렬 기능을 사용하는 법은 간단하다. 글쓰기 메인화면 상단에 있는 '정렬 열기' 아이콘을 누르면 밑으로 4개의 정렬 아이콘이 나타난다.

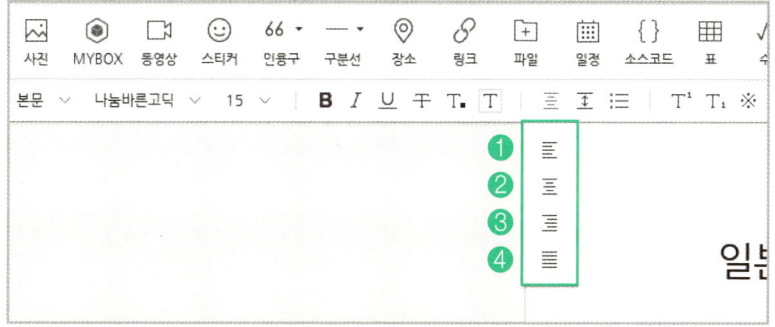

▲ 정렬 설정하는 법

포스팅에서는 ❷ 가운데 정렬이나 ❹ 양끝 정렬을 주로 쓴다. ❶ 왼쪽 정렬은 글의 가로 길이가 일정하지 않고, ❸ 오른쪽 정렬은 우리나라 사람들에게 익숙하지 않아 가독성이 떨어져 사용하지 않는다.

　글과 사진, 영상은 재료다. 이 재료들을 알맞게 잘 배치할 수 있도록 레이아웃 기능을 적극적으로 활용하는 것이 블로그 지수를 올리는 지름길이다. 잘 읽히도록 꾸며야 방문자에게도 나에게도 이롭다. 포스팅 하나로 감동을 줄 수 있는 블로거가 되자.

사진보다 글!

요즘 스마트폰은 카메라 성능이 좋고 편집하기도 편하지만, 그래도 블로그에 글을 쓸 때마다 사진 고민을 한다. 사진을 잘 찍는 사람도 어떻게 하면 더 좋은 사진을 찍을 수 있을지 늘 생각한다.

　하지만 블로그의 중심은 글이다. 잘 찍은 사진으로 주목받기를 바랄 게 아니라, 글에 어울리는 사진을 더 많이 고민하는 게 낫다. 10년 동안 블로거로 일하면서 수없이 많은 블로그를 보아왔지만, 이웃을 맺고 감탄하며 공감한 것은 글 때문이지 사진 때문이 아니다. 글에 실망한 적은 있어도, 사진이 별로라고 나쁘게 생각한 적은 없다.

AI가 만든 사진이나 퍼온 사진으로 무분별하게 도배한 블로그를 보면 식상하고 신뢰가 안 간다. 왜 이런 일이 발생할까? 아마 1500자 이상의 글과 5장 이상의 사진을 넣어야 노출이 잘 된다는 블로거들 사이의 소문 때문일 것이다. 그러나 글의 적재적소에 사진이 배치되어야지, 맥락에 맞지도 않는 사진을 억지로 끼워 맞추면 오히려 무성의해 보인다. 보는 사람 입장을 고려하는 게 더 중요하지 않을까? 1500자 글에 사진 2장만 넣어도 검색 노출이 잘되는 경우도 많다. 몇 장 넣었느냐, 얼마나 잘 찍었느냐보다 내용에 맞는 사진을 필요한 곳에, 되도록 직접 찍은 것으로 넣는 것이 더 중요하다.

내용에 맞는, 직접 찍은 사진임에도 블로그에 올리기엔 적당하지 않은 경우가 있다. 경험상 주로 어둡거나 사진 모서리에 불필요한 요소가 같이 찍혀 있어서인 경우가 많다. 그럴 때는 블로그 편집툴에서 밝기만 조절해도 괜찮은 사진이 된다. 또 사진 모서리에 불필요한 게 찍혀 있다면 잘라내기로 처리하면 깔끔해진다.

아무리 내용에 걸맞는다 하더라도 방문자들에게 반드시 필요한 사진인지 생각해볼 필요도 있다. 한번은 PC 수리를 했는데, 서비스가 만족스러워서 정보글로 포스팅을 하고 싶었다. 그런데 사진을 찍으려니 참 애매했다. 사무실이 협소하고 각종 부품과 홍보물이 어지럽게 놓여 있어서 프로 사진작가가 아닌 다음에야 사진의 퀄리티를 보장하기 어려웠다.

그러다 PC 수리가 필요한 사람 입장에서 생각해보았다. 매장이 정돈되어 있는지에 관심이 있을까? 매장이 어디에 있는지, 고장 난 부분을 빨리 찾는지, 정확하게 수리해주는지, 수리비는 저렴한지만 알면 된다. 그래서 상가 전경, 매장 외부, 수리하는 모습, 찾아가기 원하는 사람을 위한 연락처 등을 사진으로 찍어 알맞게 배치했다.

▲ 사진의 퀄리티보다 방문자가 필요로 하는 정보를 제공하는 게 중요하다

▲ 사진이 예쁜 포스팅이 아니었지만 높은 조회수를 기록했다

아무리 봐도 예쁜 사진은 없었으나, 용산 컴퓨터 수리에 대해서 사실적으로 묘사한 것 때문인지, 해당 포스팅은 2년 동안 블로그 검색 상위에 노출되었다. 누적 조회수 2462건. 이 정도면 해당 매장에도 꽤 도움이 되지 않았을까?

그리고 필요할 때 사진을 찾아 쓰려면 내 사진 자료가 있어야 한다. 제품 리뷰를 한다면 그때그때 찍어야 하겠지만, 정보성 글을 포스팅할 때는 평소에 찍어놓은 사진이 있으면 편리하다. 나는 자주 쓰는 주제와 어울리는 장면을 발견하면 일단 찍고 폴더를 만들어 주제별로 모아둔다.

▲ 블로그 포스팅용 사진 수집 폴더

블로거가 어떤 면에서는 기자와 같다고 생각한다. 현장을 취재해서 글을 쓰고, 궁금증에 목말라하는 사람들에게 시원한 생수를 제공하기 때문이다. 기자라는 마음으로 내 블로그의 주제, 소주제에 접점이 있어 보인다면 언제든 사진을 찍고 폴더로 정리해두는 습관을 들이자.

블로그 동영상의 특징

영상은 생생한 정보와 경험을 전하는 훌륭한 포스팅 요소다. 블로그 포스트는 대부분 글과 사진으로 구성되지만, 동영상도 얼마든지 추가할 수 있으며, 동영상을 넣으면 큰 시너지 효과를 낼 수가 있다. 특히 여행, 요리, 반려동물 등을 주제로 한 포스팅에 영상을 넣으면 조회수가 폭증한다. 블로그를 할 때 영상을 활용하면 좋은 점을 몇 가지 말해보려 한다.

첫째, 검색 노출이 비교적 쉽다. 유튜브 영상의 경우는 구독자가 어느 정도 되지 않는 이상 사람들에게 노출되기가 매우 어렵다. 몇 시간 이상 정성을 들여 만들어도 소비가 되지 않는다. 그런데 블로그에 올리면 통합 검색을 통해서 노출이 되고, 동영상 탭 검색에서도 검색이 되므로 노출의 기회가 많다.

둘째, 방문자의 체류시간이 늘어난다. 1분짜리 동영상을 하나 넣으면 최대 1분의 체류시간이 추가될 수 있다. 긴 체류시간은 해당 포스팅의 퀄리티가 높다는 뜻이 되어 포스팅 순위 상승, 블로그 지수 향상에도 도움을 준다.

셋째, 영상 편집의 부담에서 어느 정도 자유롭다. 유튜브처럼 자막이나 화려한 편집을 필요로 하지 않는다. 본문 내용을 보충하는, 콘텐츠의 일부 역할을 하는 것만으로도 충분하므로, 내용만 명확히 보이게 촬영해서 넣으면 된다.

영상 편집에 대한 부담이 적은데 검색과 체류시간 면에서 유리하게 작용하니 동영상을 활용하지 않을 이유가 없다. 그럼에도 이따금 글을 쓰고 사진을 첨부하는 것까지는 할 만한데, 영상은 좀 어렵다고 하는 분들이 있다. 그럴 때 이야기하는 경험담이 있다. 한번은 집에서 모링가 멀티유산균을 마시는 영상을 찍고 있었는데, 병뚜껑을 돌리는 순간 유산균이 폭발했다. 사고가 터졌지만 생생한 장면이어서 블로그에 영상을 그대로 올렸다.

그런데 의외로 이것이 생유산균의 위력처럼 보여서 좋아하는 고객이 많이 생겼다. 스테디셀러가 되었고, 2024년 지금도 잘 팔리고 있다. 멋질 것도 대단할 것도 없는 영상이었지만 그 자체로 좋은 콘텐츠라고 생각했는데, 그게 맞았던 것이다. 블로그에 들어가는 영상은 잘 만든 영상이 아니어도 된다. 본문 내용을 보강해주는 정도면 충분하니 너무 어렵게 생각하지 말자.

▲ 생유산균 폭발 동영상을 첨부한 포스팅

2020년까지만 해도 전문가용 프로그램이라 할 프리미어프로나 파이널 컷을 이용해야 제대로 된 영상을 만들 수 있었고, 자막을 넣으려면 타이핑을 해야 했다. 그런데 지금은 쉬운 영상 편집 및 자동 자막 삽입 프로그램이 많으니, 도전해보자.

　블로그를 하다 보면 결국 순위 싸움에서 밀리지 않을 방법을 찾게 된다. 조금 더 오래 체류하도록 하는 방법이 무엇일까? 내용에 맞는 예쁜 사진도 좋고, 설득력 있는 문장력을 키워야겠지만, 어쩌면 동영상은 그보다 적은 노력으로 지수 상승을 이끌 수 있는 도구라 하겠다.

썸네일, 사진 한 장의 힘

썸네일(thumbnail)은 사전적 의미인 '엄지손톱'처럼 작게 만든 이미지로, 포스팅한 글의 대표 이미지가 썸네일로 들어간다. 방문자가 정보를 검색했을 때 처음 접하는 사진이기 때문에 중요하다.

▲ 검색결과 페이지에서 보이는 썸네일

　블로그의 썸네일은 영화의 예고편이나 인스타그램의 첫 번째 사진과 비슷한 역할을 한다. 흥미진진하고 궁금증을 유발하도록 예고편을 만들어야 관객들의 관심을 불러일으켜 영화관을 찾게 만들 수 있고, 사람들의 시선을 집중시키는 화려한 사진을 첫 번째로 올려야 팔로워를 늘리고 좋아요를 부를 수 있다.

　상위노출을 위해 제목을 신중하게 짓는 것처럼 썸네일도 신중하게 골라야 한다. 클릭 한 번이 쇼핑몰 매출, 고객 예약, 매장 방문으로 연결된다고 생각하면 좋다. 어떤 썸네일이 클릭을 부르는지 알아보자.

　첫째, 설명이 들어간 썸네일이다. 핵심 문구 10자가 들어간 썸네일은 사진만 봐도 블로그 글에 어떤 내용이 있을지 유추할 수 있다.

　최근에는 아예 썸네일에 전화번호 같은 것을 크게 넣는 경우도 많다. 부동산 분양이나 대출 홍보 목적으로 포스팅한 글에서 많이 볼 수 있는데, 상업적인 목적이 큰 경우이다.

▲ 글자를 넣은 썸네일 사례

두 번째, 템플릿을 활용해 만든 썸네일이다. 육아, 반려동물, IT, 여행, 요리, 상품 리뷰 등은 직접 촬영한 사진을 썸네일로 사용하는 게 맞다. 그렇지만 경제, 건강, 교육, 사회 관련 포스팅의 경우는 썸네일 사진을 선정하기가 정말 어렵다. 경제지표, 주가 현황을 포스팅하는데 증권사나 증권거래소 사진을 썸네일에 넣는다고 사람들이 클릭을 할까?

미리캔버스, 망고보드, 캔바 등 좋은 템플릿 제공 서비스가 있다. 마음에 드는 템플릿에서 텍스트나 이미지 정도만 바꾸면 괜찮은 사진을 충분히 대체할 수 있다. 포토샵 같이 복잡하지 않고 디자인 편집이 워낙 쉬워서, 곰손(?)을 가진 나 같은 블로거에게는 단비와 같은 편집툴이다.

◀ 미리캔버스의 템플릿을 이용해 만든 썸네일

셋째, 밝고 깔끔한 사진이 들어간 썸네일이다. 물론 사람들에게 어필되는 예쁜 사진을 올리면 조회수가 증가할 확률이 높지만, 예쁘게 찍는다는 것이 말처럼 쉽지 않다. 양질의 글에 사진까지 잘 넣으려고 하는 것이 보통 고난이 아니다. 깔끔하게 찍은 사진이면 충분하다.

상업적으로 연결하기: 링크 삽입 및 주의사항

네이버 블로그에는 '링크' 기능이 있어, 전화번호 및 인터넷 사이트 링크를 걸 수 있다. 링크는 매출과 직접 연결되기 때문에 상업글에서 매우 자주 사용하는 기능이다. 특히 전화번호 링크는 스마트폰으로 블로그 글을 읽다가 누르면 바로 통화할 수 있어 사용자 입장에서도 편리한 기능이다. 블로그 글에 전화번호를 넣는 방법을 알아보자.

▲ 텍스트에 전화걸기 링크 삽입 방법

먼저 본문에 전화번호를 링크할 글을 쓴다. 예시로 ❶ '스마트폰에서 전화로 바로 연결하는 방법'이라고 적었다. 이를 드래그한 뒤 스마트에디터 메뉴에서 ❷ '링크 입력 열기' 아이콘을 누른다. ❸ 아래 나타나는 입력창에

4장 글쓰기 궁금증 완전 분석 119

'tel:'을 입력한 뒤 전화번호를 쓰면 된다. 이때 'tel'을 반드시 소문자로 적어야 한다. 또 ':(콜론)' 앞뒤에 빈 칸이 있어서는 안 되며, 전화번호 중간에 꼭 '-(대시)'가 들어가야 한다. 이렇게 입력한 뒤 ❹를 누르면, ❶-1 처럼 입력한 글 아래에 밑줄이 생기고 글자색이 바뀐다. 포스팅 완료 후, 스마트폰 화면에서 텍스트나 이미지를 누르면 전화 연결이 된다.

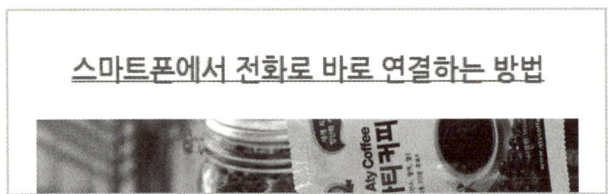

▲ 전화걸기 링크가 삽입된 텍스트를 모바일로 본 화면

텍스트뿐만 아니라 이미지에도 전화번호를 링크할 수 있다.

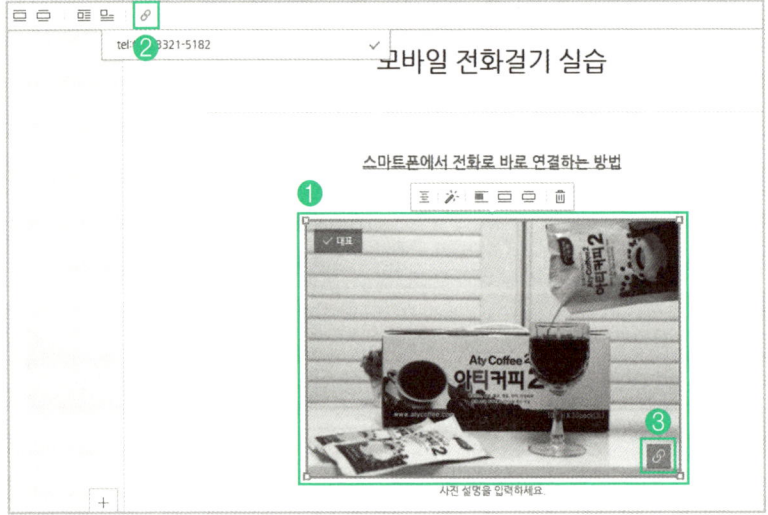

▲ 이미지에 전화걸기 링크 삽입 방법

이미지를 클릭한 뒤 ❷ '링크 입력 열기'부터 텍스트에 전화번호를 링크할 때와 동일하게 하면 된다. 제대로 번호가 들어가면 오른쪽 하단에 연결되었다는 표시의 클립 아이콘이 생긴다.

다음으로는 인터넷 사이트를 링크하는 법을 알아보자. 링크는 블로그에서 소개한 내용과 관련 있는 다른 사이트로 이동하게 해준다. 블로그에서 모든 정보를 소개하는 것이 가장 좋지만, 사실상 불가능하다. 이때에는 url 링크를 걸어 다른 포스팅이나 사이트로 연결해주면 좋다.

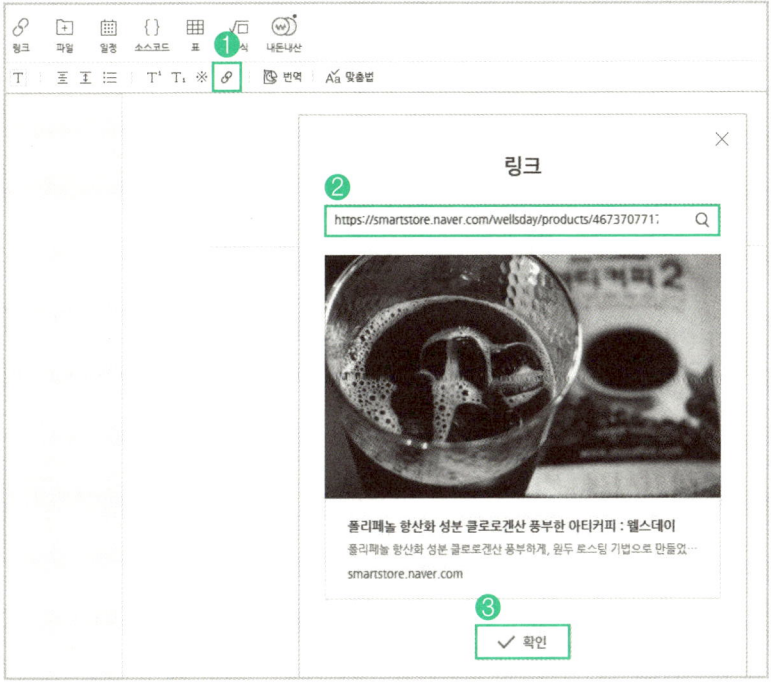

▲ url 링크 삽입 방법

먼저 링크하고 싶은 사이트 주소를 복사한 다음 ❶ 링크 아이콘을 클릭한다. 그러면 새 창이 나타나는데 ❷ 에 복사해둔 사이트 주소를 붙여넣는다. url을 입력하면 그 아래로 자동으로 해당 사이트의 썸네일과 본문이 뜬다. ❸ [확인] 버튼을 누르면 된다.

전화번호와 인터넷 주소를 링크할 때는 주의할 점이 있다. 과하면 내 블로그가 상업글이 많은 블로그로 인식될 수 있다는 점이다. 내부 링크(블로그 내에서 이동하는 링크) 이외에 대부분의 경우 링크는 상업적으로 이용이 될 가능성이 크다. 물론 세금 신고 관련 포스팅에서 홈택스로 링크를 거는 것과 같은 정보성 포스팅도 있겠지만, 체험단 등 영리적 행위인 경우에는 다른 쇼핑몰이나 사이트로 이동하는 게 대부분이기 때문이다. 그러므로 링크를 남용하지 말고 필요할 때만 적절히 쓰는 지혜가 필요하다. 앞에서 말한 것처럼 링크가 있는 네이버 포스팅으로 링크를 거는 것도 좋은 방법이다.

포스팅의 마지막 단계, 퇴고

어떤 글이든 퇴고를 해야 한다. 블로그 글도 마찬가지다. 열심히 쓰고 편집한 후 포스팅 [발행] 버튼을 누르기 전에, 2가지는 꼭 확인하자. 오자는 없는가? 금칙어와 법적으로 문제가 되는 문구는 없는가?

글을 쓰느라 1시간 이상 수고했는데, 몇 분 더 들여 글의 완성도를 높이지 않아서 후회할 일을 만들진 말자. 제목과 본문이 상위노출에 적합한지, 글과 이미지 등이 읽기 좋게 배치되어 있는지도 검토하면 좋지만, 처음에는 어려울 수 있으니 최소한 이 2가지는 확인해야 한다는 것이다.

맞춤법 검사

누구든 맞춤법에 어긋난 단어나 오타, 띄어쓰기 오류를 완전히 피하기는 어렵다. 스마트에디터에는 "맞춤법 검사" 기능이 있는데 클릭 몇 번으로 오류를 바로잡을 수 있으니 글을 포스팅하기 전에 실행하는 습관을 들이는 것이 좋다.

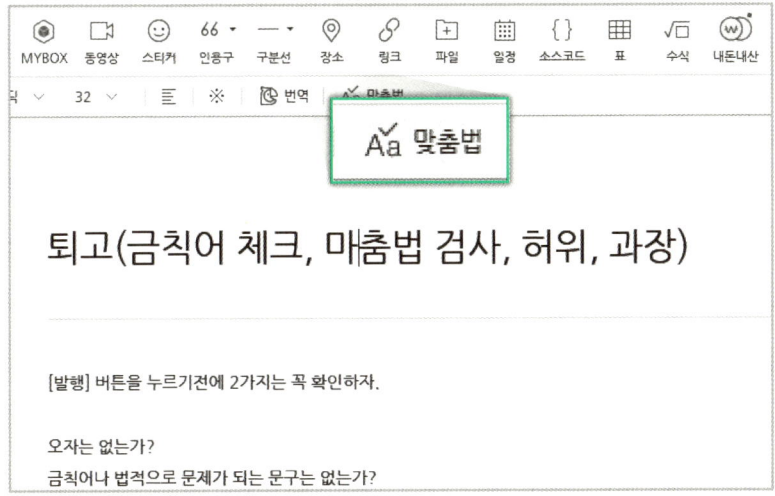

▲ 스마트에디터의 맞춤법 검사 버튼

글을 쓴 뒤 상단의 '맞춤법'을 누르면 맞춤법 검사가 실시된다.

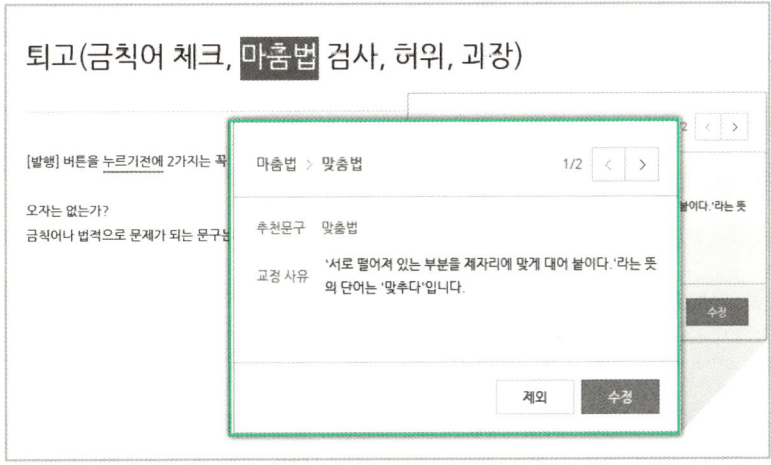

▲ 스마트에디터의 맞춤법 검사 결과 화면

위 화면에서는 맞춤법을 '마춤법'이라고 잘못 쓴 부분이 체크되었다. 이렇게 맞춤법에 어긋난 단어를 하이라이트로 표시하여 한눈에 알아볼 수 있게 해주고, 우측에는 교정 사항에 대해 자세히 설명해준다.

허위 과장 등 금칙어 체크

위법한 내용이나 허위, 과장 광고가 있는지 마지막으로 한번 확인한다. 사업적으로 운영을 하는 블로그, 마케팅을 전문으로 하는 블로그의 경우 아슬아슬한 표현을 사용할 가능성이 높기 때문에 특히 더 주의를 기울여 확인해야 한다. 블로그를 오래 운영하기 위해서는 내 블로그의 주제와 관련된 기초 법령은 알고 있어야 한다. 법을 위반한 뒤에 "몰랐어요" 해도 소용없다.

네이버는 사기업이다. 공적 기관에서 법적 요청을 하면 따라야 할 의무가 있다. 가령 광고표시 위반으로 관련 부처에서 네이버에 불법 게시물 삭제 공문이 오면, 네이버에서는 즉시 해당 블로그에 통보하고 노출을 중지한다. 네이버에 게시물 재게시 신청을 하려면, 관련 부처에서 해당 게시물이 불법이 아님을 확인받고 관련 자료를 제출해야 한다. 만일 확인을 받지 못하면, 포스팅은 영영 사라지게 된다. 문제는 포스팅 하나 삭제가 아니라, 공문 요청에 의한 게시물 조치가 반복되면 이용 제한까지 될 수 있다는 것이다. 품질 지수가 떨어져 블로그 운영을 접게 될 수도 있다.

건강, 의료 관련 블로그를 운영할 경우 특히 더 신중해야 한다. 사람의 몸과 관련이 되어 있기에 규제가 심하다. 건강기능식품의 경우 표시 문구에 제한이 있는데, 이를 넘어서면 과장광고로 취급되어 바로 제재가 들어온다. 네이버 신고센터뿐만 아니라 시군구청 위생과에서 공문이 오기도 한다.

나도 그런 경험이 있다. 어느날 구청 위생과에서 공문이 왔다. 블로그 포스팅은 아니고 네이버 스마트스토어에 대한 공문이었는데, "귀하께서 운영 중인 온라인페이지에서 판매 중인 식품에 대한 부당한 표시·광고 민원이 접수되어 조사한 바 식품에 대한 부당한 표시·광고를 하였음이 확인되었습니다."라며 행정지도를 한다는 내용이었다. 각별한 주의를 당부하면서 추후 위반하면 사이트 차단 및 고발 조치를 시행할 수도 있다고 했다. 공문에는 문제 삼은 상품 사진과 상품 설명이 적혀 있었는데, 다시 확인해봐도 문제가 없어 보였다. 그래서 근거를 요청하니 식약처의 공문을 보내주었다.

▲ 금칙어 사용 시 제재를 하겠다는 식약처 안내문

판매하는 물건들에 대해 '슈퍼푸드(super food)'라고 표현한 것이 문제였다. 노니, 홍삼, 아로니아 등을 흔히 슈퍼푸드라고 부르고 방송에서도 많이 쓰는 용어라서 문제의식이 없었는데, 아차 싶어서 바로 수정했다.

> **NAVER** 고객센터
>
> # 네이버에서
> # 알려드립니다.
>
> 안녕하세요? 네이버 입니다.
>
> 식품의약품안전처측으로부터 불법 게시물 삭제 요청(공문)이 접수되어 게시물 조치 내용 안내드립니다.
>
> **대상 게시물**
>
> https://m.blog.naver.com/ace_begins/222906110183
>
> **요청기관**
>
> 식품의약품안전처 (사이버조사팀-7621)
>
> **요청사유**
>
> 식품 등 표시광고법 제8조(부당한 표시 또는 광고행위의 금지) 제1항 위반
>
> **요청일자**
>
> 2023년 09월 06일
>
> **조치내용**
>
> 2023년 09월 06일로부터 30일 간 게시물 비공개 조치 후 삭제 예정

▲ 네이버에서 온 게시물 삭제 조치 알림

네이버에서 게시물 삭제 안내 메일을 받은 적도 있다. 신중하게 말을 골라 쓰는데도 그렇다. 경쟁자들이 식품의약처 등에 민원을 넣어서 그런 것은 아닐까 짐작해본다. 그런데 이렇게 공문을 한번 받았더니, 기존에는 괜찮았던 게시물도 문제가 된다며 갑자기 한꺼번에 메일을 여러 통 보내왔다.

만약 뷰티 용품 중에 베이스 제품에 대한 글을 쓴다면, '물광 효과에 도움이 된다'든지 '화장이 뜨지 않게 해준다' 정도로만 표시해야 한다. '물광 주사와 같은 효과를 볼 수 있다'든지 '피부과 전문의들이 추천하는 제품'이라든지 하는 과장된 표현은 게재 중지라는 페널티를 받게 된다. 포스팅하는 제품에 대해 어떤 표현까지 되고 어디서부터 안 되는지 모르겠다면, 관련 제품을 판매하는 TV 홈쇼핑에서 사용하는 말을 유심히 듣고 참고하자.

포스팅한 주제에 따라 한 가지 더 확인할 사항이 있다. 개인정보가 들어가지 않았는지 점검하자. 이름이나 전화번호는 홍보를 위해서 노출해도 관계없지만, 생년월일 및 주민번호, 통장번호가 노출되지 않도록 조심해야 한다. 악용할 수 있기 때문이다. 물론 고의로 주민등록번호를 노출할 리는 없지만, 이미지를 추가하려고 모니터 화면을 캡처할 때 주소와 생년월일 등이 들어가는 경우가 더러 있다. 주민등록등본 인터넷 출력방법 등 개인정보 입력이 필요한 내용을 포스팅한다면, 개인정보에 모자이크 처리가 제대로 되었는지 꼭 확인해서 개인정보가 유출되지 않도록 조심하자.

주의사항: 저작권, 초상권

포스팅을 하다 보면 다른 사이트에서 글이나 사진을 참조할 수 있다. 뉴스와 보도자료의 출처를 남기고 일부 인용할 수는 있겠으나, 무단으로 퍼오는 경우 문제가 심각해진다. 저작권 때문이다. 또 사진을 직접 찍어서 올리는 경우도 많은데, 타인의 얼굴이 나온 사진을 허락받지 않고 게시하면 초상권 침해로 곤란해질 수 있으므로 모두 주의해야 될 부분이다. 블로그를 하면서 흔히 볼 수 있는 잘못된 경우들을 몇 가지 살펴보자.

다른 블로그 포스팅의 이미지나 뉴스 사진을 캡처해 오는 경우가 가장 분쟁이 많은 사례이다. 타인이 제작한 창작물을 그대로 퍼오면 갑자기 글이 보이지 않게 되거나 경고 메일을 받을 수 있다. 블로거들도 많은 시간을 들이고 경쟁을 하면서 자리를 지키고 있는 것인데, 허락도 없이 자신의 자료를 퍼가서 이용하고 있다는 것을 알게 된다면 가만히 있을 리가 없다. 네이버에 게시 중단 요청을 하거나 법무사를 통해 신고할 가능성도 높다. 블로그는 돈이 되기 때문에 감시의 눈초리도 많다는 것을 기억하자.

한번은 다른 사람의 블로그에서 내가 직접 만든 교육 관련 통계표를 본 적이 있다. 시간을 들여 타이핑하고 색칠까지 하면서 편집한 자료인데, 바로 퍼가서 자기가 만든 자료인 것처럼 올려놓은 걸 보니 화가 났다. 블로그에 공개된 전화번호로 전화를 걸었더니, 업체로부터 원고와 사진을 받아서 그대로 올린 거라며 미안하단다. 악의로 한 게 아니니 더 뭐라고 하기 애매해서, 해당 내용을 삭제하는 것으로 끝내긴 했지만, 원고와 사진을 그대로 받아서 올렸다는 말에서 블로그 운영의 기본도 안 되었음을 느꼈다. 더 이야기해서 무얼 하겠는가?

이후부터는 중간에 서명(블로그 주소)을 넣어서 다른 블로거의 도용을 근본적으로 막고 있다. 블로거는 기본적으로 창작자이다. 객관적인 자료는 인용하되, 부득이하게 원본 그대로 가져와야 한다면 허락을 구하고 출처를 밝히는 것은 상식이다.

방송 화면이나 뉴스는 어떨까? 요즘은 누구나 건강에 관심이 많아 TV만 틀면 아침저녁으로 건강 프로그램이 많이 방송된다. 방송에 나오는 영상이나 사진 중에 건강 관련 포스팅에 쓰고 싶은 자료가 많다. 특히 항상 이미지 자료가 부족해 고민하는 생활건강, 의학 블로거라면 더더욱 그럴 것이다. 해외에서 수입된 과일, 열매 같은 경우 매번 직접 구해 촬영하기 어렵고, 사람의 인체 기관은 전문적인 자료여서 블로거들이 직접 사진으로 담기는 불가능하기 때문이다.

　방송 화면이나 뉴스 등을 캡처해서 올리는 것은 괜찮다고 생각하는 경우가 많은데, 전혀 그렇지 않다. 뉴스, 방송프로그램, 스포츠 중계를 보면 저작권이 있음을 수시로 알리고 있다. 무단으로 쓰면 안 된다는 말이 없더라도 경고의 메시지로 해석해야 하는 것이다. 이를 무시하고 캡처 이미지를 사용하면 저작권 침해 경고를 받기 딱 좋다. 방송사에서 직접 신고를 하는 게 아니라, 보통 저작권을 취급하는 법률회사를 통해서 신고가 들어온다. 방송사도 인력에 한계가 있는지라 모든 블로그를 상대로 신고하는 것은 불가능할 테고, 법률회사에 의뢰해 심하다 싶은 블로그를 신고하곤 한다.

　저작권 침해 공문을 받으면 머릿속이 하얘질 수밖에 없다. 대처 방법도 모르거니와 어려운 용어에 벌금 이야기까지 나오면 당황할 수밖에 없다. '다른 블로거들은 잘 쓰는데, 나만 왜?'라고 생각할 일도 아니다. 운 좋게 안 걸린 것을 일반화해서 '기사나 방송에 나온 이미지는 써도 괜찮구나' 생각하면 곤란하다. 경우에 따라서 경찰서에서 출석을 요구할 수도 있다. 처음부터 내가 찍은 것을 사용하거나, 무료 이미지 사이트를 통해서 얻은 자료만 사용하자.

　마지막으로, 타인의 얼굴이 올라가지 않도록 주의해야 한다. 초상권 때문이다. 여행지나 맛집 등에서 사진을 찍다 보면 다른 사람의 얼굴이 들어가는 경우가 생긴다. 사진을 찍을 때는 다른 사람에게 피해가 되지 않도록 찍어야 되는 것은 기본이지만, 그러지 못할 때도 있다. 어쩔 수 없이 사진에 누군가 찍혔다면, 꼭 모자이크 처리를 해서 올리도록 하자.

3부

블로그 고수로
가는 길

#1장_블로그_빌드업

#2장_네이버_인플루언서

#3장_블로그_지수,_내_블로그의_위치

1장
블로그 빌드업

나를 드러내는 방법

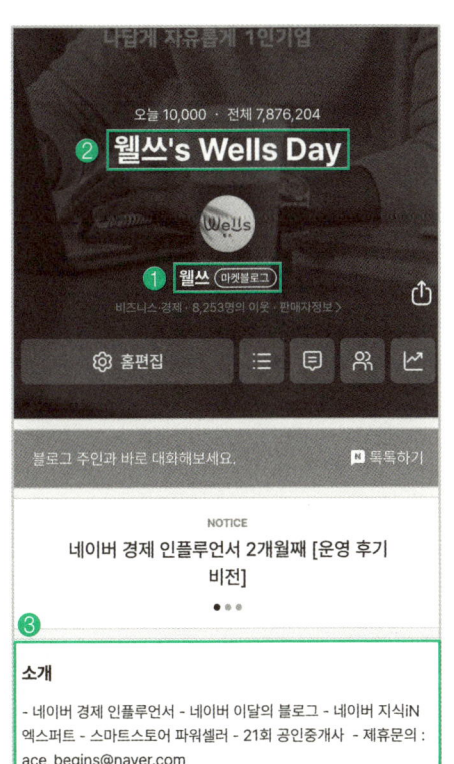

▲ 프로필 영역에서 나를 제대로 드러내자

블로그는 인터넷이라는 가상 공간에 있는 나 또는 내 회사와 같다. 방문자에게 내가 어떤 사람인지를 빠르고 정확히 알려줄 수 있는 수단은 프로필 영역의 블로그 이름과 별명(닉네임), 그리고 자기소개이다. 블로그에 나와 나의 사업을 잘 알릴 수 있는 좋은 이름을 만들고 멋지게 자기소개를 해보자. 자기 브랜딩의 시작이다.

❶ '웰쓰'는 잘(well) 살아가고 싶은 마음과 재산(wealth)을 모으고 싶은 마음을 담아 지은 별명이다. 블로거 모임을 하거나 업체 및 고객들과 상담을 할 때도 같은 이

름으로 소개한다. 기억하기도 쉽고 내 정체성을 보여주기에도 알맞다고 본다. 그래서 명함에도 활용하고 있다. 실제 이름 '박영민'을 기억하는 사람은 가족, 친구, 회사 동료 등 얼마 되지 않으나, 온라인에서 활동하는 1인 미디어, 즉 블로그와 유튜브 닉네임 웰쓰를 아는 사람은 많다.

◀ 명함에도 닉네임 '웰쓰'를 쓰고 있다

❷ 블로그명도 별명을 넣어 지었는데, 웰쓰만 넣자니 조금 허전해서 쉬운 영어를 넣었다. 1인 기업가, 자영업자, 소상공인은 브랜딩(정체성)이 참 중요하기 때문에 일관성이 있어야 한다. 그렇다고 블로그 이름에 꼭 닉네임만 넣을 필요는 없다. 간단한 설명이나 내세우고 싶은 문구를 넣는 것도 좋은 방법이다. 예를 들어 구의베스트 내과에서 운영하는 블로그의 이름은 '아이엠닥터 구의베스트내과 진료실에서 못다한 이야기'인데, 건강에 유용한 정보를 줄 것 같은 기대감과 호기심을 주는 좋은 이름이라고 생각한다. 이렇게 문구를 추가하면 상업적인 성격을 어느 정도 완화할 수 있다는 장점도 있다.

❸ 내가 어떤 사람인지, 어떠한 전문성을 갖고 있는지, 무슨 사업을 하는지 알릴 수 있는 부분이다. 나는 소개에 "네이버 경제인플루언서, 네이버 이달의 블로그, 네이버 지식iN 엑스퍼트, 스마트스토어 파워셀러, 21회 공인중개사"라고 적었다. 그리고 매일 3~4건 정도 업무 제휴 문의를 받는다. (물론 실제 제휴 체결은 한 달 평균 10~13건 정도로 조절하고 있다.) 무작위로 오는 연락도 있지만 절반 이상은 쇼핑몰 사업, 부동산 분양, 블로그 교육, 건강 및 경제 콘텐츠 리뷰 문의 등 소개에 적은 분야와

연관이 있다. 만약 내가 리빙 카테고리 중 집에 대한 주제를 전문으로 블로그를 시작한다면, "포근하고 아늑한 집을 만들어가는 리빙 블로그예요. 들어가고 싶은 집이 되도록 감성을 담아 포스팅합니다. (협업문의는 메일, 톡 주세요)" 정도로 쓸 것 같다. 소개는 협찬이나 제휴 등 업무 제안을 받는 통로가 되기도 하니, 나 또는 내 사업의 홍보 문구라고 생각하면 되겠다.

잘 기억나진 않지만, 전업으로 블로그를 시작한 초기에는 소개에 '평생 블로거가 되자' 정도로 적었던 것 같다. 아직 주력 주제를 정하기 전이라면, 주력 주제를 정한 뒤 소개글을 수정해도 되니 처음부터 너무 부담스럽게 생각하진 말도록 하자.

블로그도 비주얼이 중요하다

블로그명, 별명, 소개가 들어가는 프로필 영역 외에도 내가 어떤 사람인지 보여줄 수 있는 곳이 있다. 바로 블로그 헤드 디자인, 카테고리, 그리고 블로그 첫 화면 구성이다.

요즘엔 홈페이지형 블로그라고 해서 실제 홈페이지 UI와 다를 바 없는 디자인이 인기 있다. 직접 디자인을 해도 되겠지만, 더 고품질을 원한다면 10~20만원으로 훌륭한 콘셉트의 홈페이지 같은 블로그를 하나 만들 수 있다.

나도 디자인을 의뢰했는데, 첫 화면만 봐도 블로그의 주력 분야가 무엇인지 보여줄 수 있게 구성해달라고 요청했다. 홈페이지형 블로그를 갖고 있으면 괜히 든든한 생각도 든다. 뭔가 갖춰진 느낌이라고 할까? 사람도 첫인상이 중요하듯, 반은 먹고 들어간다는 생각이 든다. 또한 첫인상 너머 내면을 어필하기 위해서 더 열심히 블로그를 하는 원동력도 된다.

◀ 홈페이지형 블로그 메인 화면

주력 분야를 보여주기 위해 블로그 헤드 부분에 핵심 카테고리가 선명하게 부각되도록 배치했다. 카테고리는 포스팅을 주제별로 분류하는 기능이다. 포스팅을 하다 보면 주제가 늘어나서 카테고리도 증가하는데, 카테고리가 많은 것 자체는 문제가 아니지만 어느 정도를 넘어가면 눈에 잘 안 들어온다. 큰 주제를 정해 큰 카테고리를 만들고, 그 아래에 작은 주제의 카테고리를 만들면 카테고리가 일목요연하게 구성된다.

◀ 주제에 맞게 큰 카테고리, 작은 카테고리를 구분한 사례

나는 온라인 비즈와 오프라인 비즈라는 2개의 큰 카테고리를 만들었다. 그리고 온라인 비즈에는 N잡러 노마드과 블로그 빌드업 등 4개의 작은 카테고리를, 오프라인 비즈에는 경제 트렌드와 재테크 자산, 생활경제 등 6개의 작은 카테고리를 만들어 관리하고 있다. 그리고 작은 카테고리 중 핵심이 되는 4개를 블로그 헤드 부분에 배치했다.

참고로, 카테고리 옆에 글 개수 표시 기능에 체크를 하면 해당 카테고리에 있는 포스팅의 수를 알 수 있다. 해당 분야의 포스팅이 많다는 것은 관심과 전문성이 있음을 입증하는 것이므로, 포스팅의 개수가 보이도록 하는 게 좋다.

그리고 블로그의 첫 화면을 프롤로그형과 블로그형 중에서 선택할 수 있다. 블로그의 콘셉트를 시각적으로 보여주고 싶다면 프롤로그형으로, 공지 기능의 장점을 활용하고 싶다면 블로그형으로 하는 게 좋다.

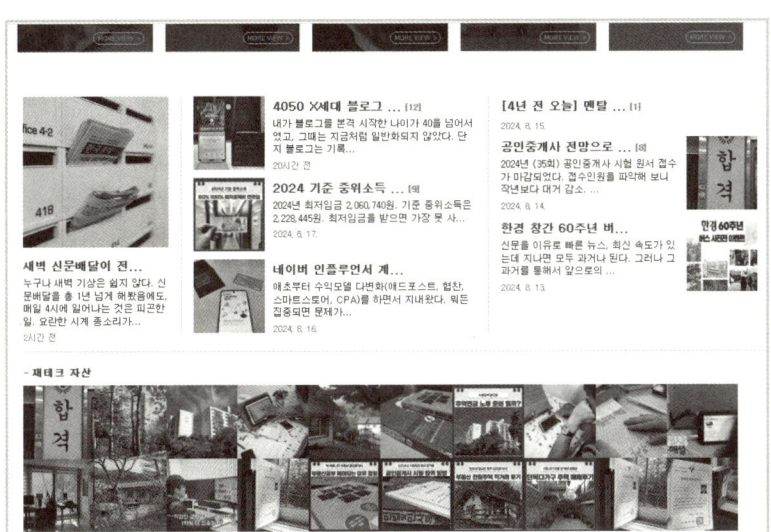

▲ 프롤로그형 블로그 메인화면

프롤로그형 첫 화면은 게시글의 썸네일들이 보이는 갤러리형으로 구성되어 있어, 이미지를 통해 어떤 콘셉트의 블로그인지 한눈에 파악하게 해주며 보기에 예쁘다는 장점이 있다. 한편 블로그형 첫 화면은 글 제목으로 이루어진 목록 그리고 최신 글로 구성된다. 블로그형에서는 공지 기능을 활용해 사람들에게 알리고 싶은 글을 첫 화면 상단에 고정해놓을 수 있다. 포스팅은 시간순으로 보이기 때문에, 먼저 보여주고 싶은 포스팅이라 해도 글이 쌓이면 다른 포스팅에 밀리게 된다. 그럴 때 유용한 것이 공지 기능이다. 공지로 지정해놓은 글은 포스팅이 늘어나더라도 항상 상단에 고정되어 있기 때문에 자기 전문 분야나 특별한 점, 알리고 싶은 상품이나 운영하는 회사와 관련된 포스팅을 공지사항으로 올려두면 좋다.

▲ 공지를 활용해서 알리고 싶은 글을 노출시킬 수 있다

블로그를 통한 브랜딩은 별명, 닉네임, 블로그 디자인, 첫 화면, 카테고리, 공지사항 등 블로그의 구성 요소들을 종합적으로 활용해서 만들어가는 게 좋겠다. 적극적으로 나와 나의 사업, 상품 등을 알려야 수익활동에 도움이 되기 때문이다.

1일 1포스팅 꼭 해야 할까?

블로그 능력 상승을 목표로 하는 사람들의 고민 중 하나가 1일 1포스팅이다. 미라클 모닝 프로그램이나 블로그 컨설팅 단톡방 등에서는 일명 1일 1포 챌린지가 유행이다. 날마다 포스팅을 하기란 블로그로 먹고 사는 사람이라면 모를까, 블로그에 익숙하지 않은 사람이나 직장인들에게는 보통 힘든 일이 아니다.

1일 1포스팅, 물론 하면 좋다. 블로그 지수 상승을 목적으로 한다면 주력으로 삼은 주제에 대해 꾸준히 글을 쓰는 것이 전문성 및 신뢰성 지수를 올리는 데 도움이 된다. 수백만 개의 블로그가 활동하는데, 매일 글을 발행하는 블로그에 어느 정도 혜택을 주는 것은 당연하다고 본다. 네이버 인플루언서나 블로그로 연봉 1억을 번다는 사람들을 보면 1일 1포스팅은 당연하고 2~3포스팅도 허다하다. 블로그가 직업인 이상 쉬지 않고 포스팅을 발행하는 것은 기본이다. 나도 길게 여행을 갈 때는 미리 날짜에 맞춰서 글을 발행해놓는다. 블로그에 공백기를 남기고 싶지 않기 때문이다. 또한 협찬글 마감이 있다면 업체와의 약속을 지켜야 하니 당연한 일이기도 하다.

그러나 주 5회 포스팅을 한다고 해서 블로그 지수가 낮아지는 것은 아니다. 주 3~4회 포스팅을 하며 성과를 내는 사람도 있다. 포스팅 자체가 목적이 아니라, 내가 쓴 포스팅을 좋은 위치에 노출시키고 세상에 알려서 수익화하는 것이 목적이다. 1일 1포스팅이 블로그에 도움이 된다는 것은 어느 정도는 맞는 말이지만, 이를 365일 내내 실천하는 것은 무리이다. 집에 일이 생길 수도 있고 몸이 따라주지 않을 수도 있다. 쓸 만한 글감이 생각나지 않는 경우도 많다. 그런데 하루도 빠지면 안 된다는 생각에 억지로 글을 쓰려 하면 어딘가에서 베끼거나, AI를 이용해서 대충 채우는 식으로 포스팅하게 된다. 네이버는 양질의 글을 강조하고 있는데, 포스팅의 질을 소홀히 하고서 원하는 경제적 자유를 이룰 수 있겠는가?

네이버 검색 공식 블로그(NAVER Search&Tech)는 상업용 블로그가 매일 일상글을 올려야 한다는 블로거들 사이의 소문에 대해 이렇게 답하고 있다. "전문성 있는 정보와는 관계없는 맛집 소개나 생활 정보 등을 포스팅하는 것은 검색결과에 어떠한 도움도 되지 않습니다." 매일 의무적으로 일상글을 포스팅하기보다 전문성을 살린 글 1개가 검색결과에 좋은 영향을 준다는 것이다. 1일 1포스팅에 너무 구애받지 말자.

블로그 세상에 입문한 지 얼마 안 되거나 글쓰기 실력이 탁월하지 않다면 주 4~5회 정도의 포스팅을 권한다. 그 선에서 꾸준히 쓰는 것도 대단한 성과이다. 주말이나 휴일에는 쉬고 평일에 글을 쓴다고 생각하면 되겠다. 만약 여행 블로거라면, 현장에 가서는 여행을 즐기며 촬영을 하고 포스팅은 다녀온 뒤에 하는 것이 어떨까. 한 박자 쉬었으므로 좀 더 양질의 포스팅이 가능하지 않을까? 블로그 생활을 오래 하려면 전략적인 게 좋다. 잘 쓴 글 하나가 오랫동안 검색 상위에 노출되는 것이 돈을 버는 길이지, 양으로 승부한다고 될 일이 아니다.

내가 올린 홍보 포스팅 하나는 4년 가까이 검색 상위에 노출되기도 했다. 서울 세운상가에 있는 가게에서 전자제품을 수리했다는 내용의 글이었는데, 사진에 영상까지 넣어서 올린 게 좋은 반응을 얻었다. 제품을 들고 매장에 가서 수리를 잘 받았다는 댓글이 여러 개 달렸다. 조회수가 5000회가 넘고 틈틈이 댓글과 답변이 달리니 오랫동안 검색 상위에 노출될 수 있었다.

포스팅에도 지수가 있는데, 상위에 지속 노출된다는 것은 블로그 지수 외에 포스팅의 지수도 높다는 뜻이다. 4년 가까이 상위에 노출되어 높은 조회수를 기록했으니, 그 업체에게도 도움이 되지 않았을까? 업체로부터 돈을 받고 올린 글은 아니었지만, 뿌듯함을 느꼈다.

▲ 1일 1포보다 중요한 양질의 포스팅 사례. 4년 가까이 검색 상위에 노출되고 있다

정리해보자. 여건이 된다면, 그리고 잘할 수 있다면 1일 1포스팅이 좋다. 다만 의무감으로 쓰느라 퀄리티가 낮아지는 것보다는 포스팅을 2~3개 덜 하더라도 질을 챙기는 게 더 낫다. 공부도 하고 경험도 하면서 지식을 확장하고 제대로 된 포스팅을 쓰려 노력하는 게 순서임을 기억하자!

블로그 이웃소통 어떻게 할까?

이웃이 많을수록 네이버 인플루언서 선정에 도움이 된다는 말도 있는데, 이에 대해서는 확실히 밝혀진 바가 없다. 네이버 인플루언서 공식 홈페이지에서는 핵심적인 선정 기준이 전문성 있는 양질의 콘텐츠임을 밝혔다. 그렇지만 블로그 이웃이 많아야 인정받는 분위기인 건 맞다. "이웃이 3000명은 있어야 선정에 유리합니다!" 여러 블로거들이 이렇게 말한다. 이 때문에 어뷰징 프로그램을 써서 이웃을 모으는 경우도 많다. 어뷰징 프로그램으로 3000명의 이웃을 모았다고 자랑하는 수많은 글을 보고 있으면, 이웃의 뜻이 무엇인지는 알고 그러는지 씁쓸하다.

블로그 이웃이 많으면 뭐가 좋을까? 일단 블로그의 규모가 커 보이는 장점이 있다. 나는 최근 이웃수 1만명을 넘겼는데, 이웃이 많으니까 그들이 공감을 많이 눌러준다. 블로그 운영 초기에는 공감조차 없어서 허전한데, 이웃들이 이 부분을 해소해준다. 가끔 달리는 칭찬 댓글이 춤을 추게 하기도 하고, 블로그 성장에도 좋다.

그러나 블로그 이웃은 계륵이기도 하다. "이웃 신청해요, 좋은 이웃이 되어 앞으로 자주 찾아뵙겠습니다!"라고 이웃신청을 해와서 이웃을 맺고 댓글을 남겨도, 막상 서로이웃이 된 이후부터는 전혀 방문을 하지 않는 허수도 많다. 서로이웃을 맺은 후에 공감 및 댓글 소통을 끊는 모습은 어느 정도 성장한 블로그에서 흔히 볼 수 있는데, 댓글 관리에 시간을 빼앗기느니 포스팅에 집중하는 게 낫다고 생각하기 때문일 테다.

인플루언서가 되기 전까지는 이웃활동을 열심히 하다가 인플루언서가 된 뒤에는 이웃활동을 포기하는 사람도 많다. 나도 어떤 블로그 이웃을 열심히 응원하며 댓글로 소통했는데, 막상 그 블로거가 네이버 인플루언서 뱃지를 달고 난 뒤로는 댓글 소통이 예전같지 않아졌다. 물론 원하는 바가 있어서 이웃활동을 활발히 한 것은 뭐라 할 게 아니지만, 원하는 것을 이룬 뒤에 소통이 끊기면 허탈감도 생긴다.

그래도 블로그 이웃이 많으면 그중에서 찐 이웃이 생길 가능성이 있다. 일부는 지속적으로 소통하는 이웃으로 발전한다. 블로그 친구(블친)가 생기면 서로 협업을 할 수 있고, 오프라인 모임도 갖고, 단톡방 모임에서도 같이 활동하게 된다. 블로그 운영의 즐거움이라고 할까?

찐 이웃은 많으면 좋지만 막상 관리가 어렵다는 말을 종종 듣는다. 그럴 때에는 이웃의 종류를 카테고리로 분류하는 것을 권한다. 소통을 자주 하는 블로거는 찐 카테고리에 넣어 더 신경쓰고, 큰 관련이 없는 이웃은 별도의 카테고리에 넣는 것이다.

블로그를 하다 보면 프로그램을 통한 이웃 신청이 자주 온다. "주말 잘 보내시고, 감기 조심하세요. 이웃 신청하니 꼬옥~ 받아주세요, 화이팅!" 이런 것은 100% 광고 대행사나 블로그 운영 대행사가 매크로 프로그램을 통해 작업한 것이다.

받은신청	보낸신청	안내메시지		
수락 거절				
☐	신청한 사람		메시지	신청일
☐			안녕하세요! 글과 사진들이 좋아 이웃추가 하고 갑니다. 자주 방문할게요 ^^ 즐거운 하루 되세요!	24.04.09.
☐			반갑습니다~ 글잘보고가요^^서로이웃추가 해도 될까요?님의 좋은 정보들보며 소통하고싶습니다 ♡	24.04.09.

▲ 매크로 프로그램을 통한 무성의한 이웃 신청

이렇게 매크로 프로그램을 돌리는 이유는 광고주에게 보여줄 이웃, 하루 방문자, 공감, 댓글과 같은 객관적 자료가 필요하기 때문이다. 이웃 수 자체를 강조하는 경우도 있다. 마케팅 성과와는 무관한 수치이지만, 광고주들도 지식이 짧기에 이런 것이 필요한가 보다 정도로 인식하는 것이다. 편법이 난무하다 보니 성실하게 블로그를 운영하는 사람들이 어려움을 겪는다. 이러한 것만 빠져도 블로그를 운영하기가 훨씬 편할 텐데, 이런 스팸 글을 걸러내는 것도 노동이다.

결론적으로, 이웃이 많아지면 좋긴 하지만 이웃이 몇 명이든 신경 쓰지 말고 포스팅에 집중하는 게 먼저다. 도움이 되는 포스팅에는 자연스럽게 공감과 댓글이 달리고 이웃 신청이 온다. 본질적인 일에 더 많은 신경을 쓰는 게 좋다. 그리고 찐 이웃이 생기면 너무 계산적으로 굴지 말고 소통을 이어나가기를 바란다.

포스팅 수정은 하면 안 될까?

블로그 포스팅을 올렸는데 제목에 오타, 띄어쓰기 실수가 있다면 당연히 수정해야 한다. 업체로부터 원고비를 받고 글을 올렸는데, 며칠 후에 링크를 수정해달라고 연락이 왔다면 역시 수정해주면 된다. 내용을 추가할 수도 있고, 정보가 변경되어 수정할 수도 있다. 더 좋은 정보를 제공하는 것인데 수정하지 않을 이유가 없다. 가령 청년주택 지원 사업에 대한 내용을 다룬 포스팅이 있는데, 정책 변경으로 지원 자격이 바뀌었다면 새로운 정보로 맞게 고치는 것이 당연하다. 수정이 위험하다는 '썰' 때문에 방치하는 것이 더 큰 문제라고 본다.

그런데 상위노출이 되지 않았다고 짧은 기간에 제목이나 내용을 2~3회 수정하는 경우가 있다. 바람직하지 않다고 생각한다. 만일 2~3회 수정해서 상위로 올라간다면 너도 나도 수정하지 않을까? 네이버 검색 서비스는 그렇게 허술하지 않다. 이벤트 관련 포스팅에서 이벤트 기간이 바뀌어 이를 수정할 때는 문제가 없었는데 상위에 노출되기 위해 이벤트 관련 키워드를 추가해 또 수정했더니 노출 순위가 오히려 하락하기도 한다. 네이버 로직이 완전히 공개된 것이 아니어서 애매한 부분이 있지만, 반복 수정한 포스팅의 순위가 떨어지는 경우가 꽤 많다.

핵심 키워드가 5번은 나와야 한다는 논리 때문에 키워드를 억지로 추가하는 경우가 있다. 특히 마케팅 대행사에서는 "본문에 핵심 키워드 5개 삽입" 이런 식으로 가이드라인을 준다. 심지어 7개를 요구하는 경우도 있고, 검토 후 부족하면 1~2개 추가해서 수정하기를 요구한다.

한번은 나도 업체로부터 키워드를 7번 반복해달라는 가이드라인을 받았다. 그러나 나는 핵심 키워드를 4번만 넣어 상위에 노출시켰다. 7번 반복하는 것이 상위노출의 주요 변수는 아니었기 때문이다. 담당자에게도 4번만 넣어도 된다고 전달했다.

참고 내용	
키워드 : 열린장터 블로그 마케팅 입찰 방법	
가이드라인	본문 내 "열린장터 입찰 방법" 키워드 7번 반복
	헤드라인에 [간편 입찰 방법] 키워드 포함해 작성해주세요.
	■■■■의 장점들을 강조해주세요
	초보자도 간단하게 발급 가능한 담당자 방문요청을 강조해주세요
	담당자 방문요청) - 고객이 원하는 주소로 방문한 전담 방문자에게 서류를 제출하고 발급 안내장을 받는 서비스 - 평일 오전 11시 이전에 신청과 결제 완료 시 다음날 전담자 방문 - 별도의 외출없이 편리하게 인증서 발급 가능한 간편발급 서비스
URL	게시글 중간과 마지막 하단에 ■■■■ 바로가기 URL 삽입 http://www.■■■■

▲ 상위노출 현실과 동떨어진 키워드 반복 요청 사례

순위 상승은 단순히 키워드를 몇 번 넣었느냐에 달린 게 아니다. 같은 키워드를 쓰는 경쟁자의 블로그 및 포스팅 지수도 봐야 된다. 하위로 떨어진 검색순위가 단어 몇 개 때문이 아닐 수 있는데, 수정하고 또 수정하는 사람이 있다. 그런 경우 오히려 더 안 좋은 영향을 줄 수도 있다.

오타나 잘못된 정보 수정은 당연히 하는 것이지만, 포스팅을 수정했더니 저품질로 떨어졌다는 말도 있어 걱정이라면, 역시 예방이 최고다. 처음 포스팅을 발행할 때 깔끔하게 올리는 습관을 들이는 게 좋겠다. 포스팅을 올리면 모든 지구인들에게 노출되는 것이다. [발행] 버튼을 누르기 전에 한 번 더 읽어보며 퇴고하기 바란다.

포스팅을 삭제해도 될까?

"포스팅을 삭제하면 저품질에 걸리거나 지수가 떨어지나요?" 질문하는데, 단순하게 생각해보자. 블로그 지수는 포스팅의 누적으로 생기는데, 포스팅 삭제가 반복되면 지수는 당연히 하락할 것이다. 꾸준한 방문자가 있는 포스팅(지수가 높은 포스팅)을 삭제해도 마찬가지일 것이다. 하지만 불필요한 글을 정리하거나, 포스팅들의 주제를 일목요연하게 통일하기 위해서 글을 삭제할 필요도 있다.

그래서 안전하게 삭제하는 법을 알아야 한다. 우선, 랜딩페이지 포스팅은 삭제하면 안 된다. 포스팅 하나 삭제한 것에 불과하지만, 다른 포스팅에서 링크를 누르면 해당 포스팅으로 연결되는 링크가 없다고 나오게 된다. 이를 데드 링크(dead link)라고 하는데, 연결되지 않는 링크는 방문자의 불편을 초래하므로 블로그 지수가 상승하지 않거나 하락한다.

▲ 링크를 눌렀는데 해당 게시물(랜딩페이지)이 없을 때 나오는 안내창

나도 이러한 곤란을 겪은 적이 있었다. 한번은 광고 표시 위반으로 포스팅이 차단당해 해당 글을 삭제했는데, 그 포스팅으로 여러 개의 링크가 걸려 있었던 것이다. 매출이 줄어 원인을 찾아보려 포스팅을 몇 개 살펴보고는 데드 링크가 발생한 것을 알았다. 아차 싶어 링크를 수정했지만 얽힌 포스팅이 여러 개여서 만만치 않은 작업이 되었다. 이런 경우에는 새로운 랜딩페이지를 만들어서 기존 포스팅과 연결된 다른 포스팅들에

서 링크를 수정한 뒤에 삭제해야 했는데, 실수한 것이다.

앞서 말했듯 모든 포스팅에 쇼핑몰 링크를 걸면 상업적이라는 이유로 저품질이 될 가능성이 높기 때문에, 특정 포스팅 하나에만 링크를 걸어둔 뒤 나머지 포스팅은 모두 해당 포스팅으로 연결시키는 경우가 많다. 그 포스팅을 지우면 방금 말한 경우처럼 곤란해질 수 있으니 신중히 확인해야 한다.

블로그 주제를 바꾸면서 수십, 많게는 수백 개의 포스팅을 일시에 삭제하는 것도 좋지 않다. 새로운 출발을 하며 이전 것을 잊겠다는 뜻으로 대규모로 포스팅을 지우는 사람들이 있는데, 짧게는 몇 달 길게는 몇 년 동안 쌓은 글을 지우면 그동안 잘 쌓인 지수도 하락할 수 있으니 이런 일은 하지 말자. 또한 검색결과 상위에 올라와 있는 포스팅을 삭제한다면 일정 부분 방문자가 감소할 수 있다는 것도 생각해야 한다. 어떤 이유로든 글을 대거 삭제하고 싶은 마음이 들 수도 있지만, 블로그 품질에 문제가 되는 행동은 절제하기를 바란다.

가급적이면 삭제하기보다는 비공개나 검색 허용을 하지 않는 쪽으로 바꾸는 것을 권한다. 포스팅을 삭제하면 지수도 지수지만, 해당 정보가 영원히 사라지기 때문이다.

▲ 글을 지우기보다 비공개로 변경하는 것을 권한다

기존 글을 비공개로 변경하려면 해당 포스팅에 들어가 '수정하기'를 누른 뒤 [발행] 버튼을 클릭한다. '공개 설정'에서 '비공개'에 체크한 뒤 발행하면 된다.

카테고리를 옮겨도 될까?

넓게 펼쳐진 카테고리만 봐도 흐뭇한 경우가 있다. 지인이 최근 블로그를 시작했는데, 포스팅은 30여 개밖에 안 되는데 카테고리가 20개 가까이 된다. 앞으로의 비전을 위해서 미리 만들어놓았다고 해서, 일단 잘했다고 칭찬(?)한 뒤에 몇 가지 조언을 해주었다.

블로그를 운영하다 보면 카테고리별 빈익빈 부익부 현상이 생긴다. 여러 분야를 아우르고 싶어도, 결국 몇 가지 핵심 영역으로 압축되어 특정 주제의 글을 주로 쓰게 되는 경우가 많기 때문이다.

▲ 카테고리별 포스팅 빈익빈 부익부 사례

앞 그림은 카테고리별 포스팅 빈익빈 부익부 사례이다. 특정 카테고리에는 글이 100개가 넘고, 몇몇 카테고리에는 포스팅이 하나도 없거나 2개뿐인 것도 볼 수 있다. 보통 이럴 경우 시간이 지나면서 포스팅을 다른 카테고리로 이동하고, 비어 있는 카테고리는 삭제한다. 블로그를 운영하면서 이러한 과정을 안 거쳐본 사람은 없을 것이다.

그런데 수십 개 혹은 그 이상의 포스팅을 한꺼번에 다른 카테고리로 이동하면서 문제가 생겼다고 호소하는 경우가 종종 있다. 같은 온라인 카페에서 활동하던 최적화 품질의 인플루언서 블로거가 있었는데, 어느 날 갑자기 저품질이 되었다. 아무리 확인해봐도 이유를 모르겠고, 자신은 주로 정보성 글 외에 약간의 체험단, 내돈내산 포스팅만 했을 뿐이라며 매우 당황스러워했다. 가끔 블로그 운영 노하우를 포스팅할 정도로 블로그를 잘 꾸려왔는데, 스팸 취급을 당해서 맨 뒤에 노출되거나(블로거들 사이에서는 안드로메다라고 한다), 검색 옵션을 최신순으로 해야 앞에 나오니 하늘이 노래진 것이다.

그러면서 하는 말이 "며칠 전에 카테고리를 옮겼는데 그것 때문인가?"였다. 저품질의 원인을 단정지을 수는 없겠으나, 그럴 가능성도 있다고 생각한다. 실제 잘 활동하고 있는 블로그가 카테고리의 포스팅들을 대단위로 옮기면 검색 서비스에 부담을 줄 수 있다. 검색 엔진이 인덱싱(색인)을 하면서 검토를 하는데, 갑자기 수십 개의 포스팅이 변경되니 이상 신호로 받아들였을 수 있다. 마치 도서관에 소장되어 있는 책의 위치가 갑자기 확 바뀌면 사람이 혼란을 느끼는 것처럼 말이다.

검색 엔진은 새로운 카테고리에 올라온 글을 새 글로 인식하는데, 이때 문제의 소지가 있었으나 기존 글에서는 걸리지 않았던 부분이 걸리는 경우가 생기기도 한다. 품질을 저해하는 요소가 새로 발견될 수 있는 것인데, 이러한 이유 때문에 잘 운영하던 블로그가 나락으로 떨어졌다는 것도 어느 정도 설득력이 있다.

네이버에서는 카테고리 이동 시 지수 하락 또는 저품질에 걸릴 수 있다고 말하지 않지만, 노련한 블로그 강사들은 카테고리 내 포스팅을 옮길 때에는 하루에 몇 개씩만 이동하라고 조언한다. 어떻게든 안전하게 운영하는 게 중요하기 때문이다. 고퀄리티의 블로그일수록 조심해서 운영하는 지혜가 필요하다.

참고로, 카테고리 내에서 포스팅을 옮기는 쉬운 방법이 있다. 포스팅에 하나씩 들어가서 옮길 필요 없이, 메인화면에서 '(이동하려는 글이 있는) 카테고리 〉 목록 열기 〉 [글관리 열기] 〉 이동하려는 포스팅 체크 〉 [이동] 〉 게시글을 이동할 카테고리 선택 〉 [확인]'을 누르면 된다. 여러 개의 포스팅을 손쉽게 다른 카테고리로 옮기고 싶을 때 이 방법을 이용하면 된다.

갑자기 저품질을 맞은 그 블로거는 블로그 지수의 핵심인 신뢰성이 깎여서 현재는 블로그를 운영하지 않는다. 인플고시로 불리는 힘든 경쟁을 뚫고 네이버 공식 인플루언서로 선정되었는데, 블로그를 사용하지 못하니 얼마나 아쉬울까? 주위에서 위로를 해도 아무런 도움이 되지 않을 것이다. 포스팅의 카테고리를 대규모로 옮긴 것이 저품질의 이유라고 짐작할 뿐이지, 정말 그것 때문인지는 알 수 없다. 그러나 조심해서 나쁠 일은 없으니 주의하는 게 좋겠다. 카테고리의 이름을 바꾸는 것은 아무 지장이 없으니 마음껏 바꿔도 된다.

스크랩, 댓글, 체류시간, 공감이 중요하다

우리가 다른 사람 블로그에 들어가면 하는 일은 정해져 있다. 먼저 글을 읽는다. 끝까지 읽을 수도 있고, 어느 정도 읽다가 나올 수도 있고, 들어가자마자 나갈 수도 있다(체류시간). 또 읽기만 하고 그냥 나올 수도 있고, 공감을 누르거나 댓글을 쓰거나 스크랩을 할 수도 있다. 이렇게 한 방문자가 어떤 블로그에 들어와 하는 활동들은 그 블로그에 영향을 준다. 블로거들 사이에서는 이런 요소들을 스댓체, 스댓공이라고 부르며 강조한다. 스크랩, 댓글, 체류시간, 공감의 첫 글자를 활용한 조합으로, 공댓체나 공댓스 등으로 부르기도 한다.

스크랩

스크랩은 포스팅을 블로그나 다른 SNS로 공유하는(퍼가는) 것인데, 나중에 또 보고 싶다거나 다른 사람에게도 알린다는 뜻이므로 그만큼 좋은 문서임을 나타낸다. 얼마나 잘 썼길래 다른 사람의 포스팅을 내 블로그로까지 가져올까? 보통 공감이 50개면, 댓글은 10개쯤 달리고 스크랩은 많아야 1개 생긴다. 그만큼 스크랩은 간헐적으로 발생하지만 하나만 생겨도 높은 평가를 받는다.

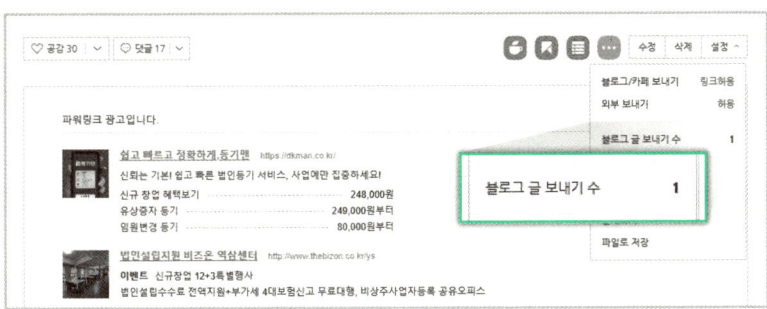

▲ 블로그 글 보내기 수를 확인할 수 있다

내 글이 몇 번이나 스크랩되었는지는 '포스팅 하단 〉 설정 〉 블로그 글 보내기 수'에서 확인할 수 있다. 그런데 이 수는 블로그 운영자 본인만 확인할 수 있고, 방문자들은 확인할 수 없다. 예전에는 공감, 댓글과 함께 스크랩 수도 표기되었는데 지금은 스크랩 표기가 사라졌다.

댓글

블로그를 볼 때 공감과 댓글이 많으면 누구나 좋게 평가한다. 특히 댓글이 많으면 소통을 활발하게 한다는 것이므로 상품, 맛집, 여행, 서비스 리뷰를 쓸 때 댓글이 많은 블로그는 마케팅 업체의 관심을 받게 된다. 블로그 운영의 본질은 포스팅이지만, 댓글이 활발하게 달리는 블로그는 인플루언서 선정에도 유리하다. 인플루언서라는 말이 영향력을 미치는 사람이라는 뜻인 만큼 많은 사람들과 소통하는 블로그에 가산점을 주는 것은 당연하다.

▲ 내가 올린 일상글과 글에 달린 댓글들

앞 그림은 내가 새끼 고양이를 구조했다가 분양한 이야기를 쓴 포스팅인데 많은 공감과 댓글이 달렸다. 4년 전 글인데 아직도 댓글이 달린다.

댓글이 많이 달리면 블로그 지수가 높게 나오고, 여러 번 말했듯 지수가 높을수록 상위에 노출될 가능성이 높거나 이후에 상위권으로 배치될 수 있다. 그래서 댓글 활동은 블로그 운영에서 중요하다.

체류시간

어떤 방문자가 내 블로그에 들어와서 머문 시간을 뜻한다. 오래 머물수록 그만큼 찐 포스팅이라고 보는데, 웬만하면 2분은 넘어야 하고 3분이 넘으면 좋은 문서로 평가한다. 4~5분이 넘어가면 매우 우수하다고 할 수 있다. 체류시간은 블로그 지수와 직결되는 중요한 요소이기 때문에, 일부 상업 통계 프로그램에서는 체류시간을 별도로 분석해준다.

포스팅이 많아도 블로그 지수가 정체되는 경우가 있는가 하면, 운영 기간이 길지 않음에도 빨리 성장하는 블로그가 있다. 바로 체류시간의 차이 때문이다. 양질의 포스팅이 아니면 체류시간이 길 수 없다. 오래 머무를수록 읽는 사람은 영향을 받을 가능성이 높고, 만약 상업적인 포스팅이라면 구매와 연계될 가능성이 높다. 블로그 지수 상승은 물론이다.

최근 신규 인플루언서 선정자들이 언급하는 내용 중에 체류시간이 많다는 이야기가 나오는데, 일리가 있는 후기이다. 네이버가 강조하듯 무엇보다 중요한 것은 양질의 포스팅인데, 방문자가 오래 체류하는 것보다 좋은 기준이 있을까?

어뷰징 품앗이: 부차적인 쟁점에 휘둘리지 말자

정보 소비는 다음 3단계로 설명할 수 있다.

검색 → 참여 → 반응

이 과정은 블로그뿐만이 아니라 카페, 뉴스, 쇼핑 등 모든 검색 서비스의 기본이다. 검색이 늘어나면 댓글이 달리고 여기저기 퍼나르기 때문에 뜨거운 반응이 생기는 것은 당연하다. 즉 상위에 노출되는 것이다.

문제는 상위노출을 위해서 정상적인 정보 소비 3단계를 거치는 것이 아니라 인위적으로 하는 품앗이, 어뷰징이 많다는 것이다. 품앗이 활동이나 어뷰징 프로그램을 사용하면 쉽게 포스팅 지수가 상승하여 높은 위치에 오를 수 있다. 아무리 봐도 퀄리티가 좋지 못하고 댓글을 달 만한 내용이 아닌데 공감과 댓글이 수십 개 달려 있다면 이상하지 않은가? 맛집을 검색했는데 짧은 기간에 호평만 가득하면 무조건 거르고 봐야 된다는 말이 있다. 이게 무슨 코미디인가?

앞 절에서 스댓체, 스댓공을 이야기했다. 양질의 포스팅은 기본이고, 스크랩, 댓글, 공감이 많고 체류시간이 길수록 검색순위가 올라갈 수 있다. 그런데 단순히 공감, 댓글, 체류시간이 증가했다고 특정 검색어에서 노출 순위가 상승하지는 않는다. 검색창에서 검색한 후 노출된 포스팅을 클릭해 들어온 다음에 그런 활동들이 있어야 상위노출 가능성이 높아지는 것이다.

예를 들어 '주방 인테리어 소품, 조명 고르는 법'으로 제목을 적은 포스팅의 경우, '주방 인테리어', '주방 조명 고르는 법', '주방 인테리어 소품' 등 다양한 검색어로 검색하여 나온 검색결과 화면에서 그 포스팅을 찾아 클릭해 들어가야 한다는 것이다. 이는 블로거나 업체들도 거의 아는 이야기이다. 그래서 품앗이나 어뷰징 업체는 이를 노리고 포스팅 자체의 링크를 공유하는 대신, 검색어를 알려주고 검색결과 중 무슨 무슨 글을 클릭해 들어와 몇 분 동안 머물러 달라고 한다.

꽤 알려진 중대형 블로그 카페에서도 "댓글 10명, 스크랩 5명 모십니다!" 같은 글이 상당수 발견되기도 한다. 특정 키워드를 검색한 뒤 검색 결과에서 자신의 블로그 글을 눌러 5분 정도 머문 후에 댓글, 스크랩을 해달라는 품앗이 요구도 있다. 자연스럽게 검색해 들어온 것처럼 보이려고 하는 것인데, 자연스러운 정보 소비 과정을 왜곡하는 편법이라고 본다. 여기저기 많은 단톡방에서도 비슷한 경우를 접한다. 품앗이 전용 단톡방이니 이를 막을 수도 없고, 결국 꼼수 없이 블로그를 운영하는 사람들이 피해를 입게 된다.

네이버도 이를 막기 위해서 다양한 조치를 취하고 있다. 어뷰징 행위가 발견되면 해당 블로그는 사용하지 못하도록 중지 처리를 하는 경우도 있다. 심지어 조직적으로 수백 개의 ID와 수십 대의 노트북, PC를 사용하여 작업하다가 영업방해 행위로 구속되었다는 뉴스도 접한다.

직접 댓글을 쓰고, 스크랩을 했으니까 스스로는 품앗이라고 주장하겠지만, 자기들끼리 하는 댓글 작업은 프로그램을 써서 댓글, 스크랩, 체류시간을 조작하는 어뷰징과 본질적으로 동일하다. 상위노출 목적으로 도움을 받았으니 나도 관심은 없지만 댓글을 남기고 스크랩하고 3~5분씩 머물러주는 것이 어뷰징과 뭐가 다를까? 블로그 고수, 블로그 책을 낸 사람, 카페 운영자, 인플루언서 블로그들도 이런 모습을 보이는데, 참 걱정스러운 현실이다.

품앗이 작업이 정당하다면 자신의 최적화, 인플루언서 블로그 계정으로 상대방의 블로그에 들어가서 댓글을 남기면 된다. 그런데 품앗이하는 블로그들을 보면 그런 계정이 아닌 부계정으로 하는 사람이 많다. 대부분 몇 년 전까지 이용하다가 저품질이 되어 포기한 계정으로, 직접 쓴 최근 포스팅은 하나도 없고 댓글과 스크랩 흔적만 있다. 자신의 가치 있는 본계정으로 병의원, 코인, 대출, 부동산 매물, 중고차 등 온갖 영역의 포스팅을 맥락 없이 스크랩하면 이웃들이 보고 의아하게 생각할 것이고, 본인이 보기에도 깔끔하지 않기 때문일 테다.

▲ 부계정으로 '스댓체공'을 모집하는 사례

스크랩이나 댓글이 필요하면 평소에 이웃 관리를 잘하면 된다. 교류가 잘 되면 이웃들이 오래 머물고 진중한 댓글을 남기게 된다. 이것이 진정한 품앗이 아닐까? 그런데 이런 순기능을 무시하고 당장의 검색순위에 집착해서 억지 품앗이와 어뷰징을 하는 것은, 떳떳하지도 못한 일이고 무엇보다 검색 퀄리티를 오염시키는 일에 동조하는 것이다. 이러한 편법 때문에 블로그 검색결과를 믿지 못하겠다는 반응이 나오는 것이다.

나는 이런 작업을 하지 않는다. 검색순위 3~4위에 노출되어 아쉬울 때도 있지만 그냥 놔둔다. 어떻게 하면 다음에는 1~2위로 노출될 수 있을지 고민하며 양질의 글을 쓰기 위해서 더 공부하고 노력할 뿐이다. 좋은 포스팅은 결국 인정을 받는다. 포스트 발행 초기에는 점수가 낮았으나, 꾸준히 반응이 생기면서 경쟁 포스팅보다 가산점을 받아 위로 올라가는 경우도 있다. 또한 양질의 포스팅은 오래 가기도 한다. 6개월~1년씩 상위에 배치되는 것이다.

▲ 편법을 쓰지 않고 2년 가까이 검색 1위를 달성한 사례

실제로 내가 흑초의 효능에 대해서 쓴 글은 거의 2년 가까이 검색순위 1위였다. 2022년 7월 22일에 올렸는데, 2024년 4월에도 여전히 1위를 지켰다. 나보다 1년 이후에 올린 경쟁자들보다도 상위에 랭크된 것이다. 단한번도 조작을 하지 않았고, 오직 퀄리티로 승부한 결과이다.

품앗이나 어뷰징에 대한 네이버의 공식적인 페널티는 없다. 품앗이, 어뷰징을 했다고 단시일 내에 문제가 생기는 것도 아니다. 그러나 블로그 운영의 목적이 무엇인지 곰곰이 생각해보자. 결국 내가 쓴 포스팅을 통해서 수익을 내는 것 아닌가? 그리고 그 과정에서 다른 블로거들과 경쟁하게 되는 것이다. 사람들에게 인정받으면 오래 가고, 부족하면 밀리는 게 당연하다. 이를 인위적인 방법으로 뒤집겠다는 것은 근본의 문제이다. 스크랩, 댓글, 체류시간, 공감은 양질의 포스팅을 보고 만족한 사람들이 남긴 반응일 때 가치가 있다고 생각한다. 품앗이나 어뷰징으로 확보한다 한들 얼마나 성장할 수 있을까? 무엇보다 실력 향상에 도움이 안 될 가능성이 크다.

시간이 걸려도 내 글을 보는 사람들을 위해서 부끄럽지 않은 글을 쓰고, 좋은 이웃과 함께 정상적인 댓글 활동을 하자. 올바른 절차를 거쳐서 제대로 운영할수록 퀄리티를 보장받고 오랫동안 지속할 수 있다.

글을 올렸는데 검색이 안 된다면

몇 시간 어깨에 힘줘서 열심히 글을 쓰고, 사진을 넣었는데 노출이 안 되는 것처럼 허무한 일도 없다. 가볍게 쓴 일상글은 척척 노출되는데, 하필이면 돈을 좀 벌려고 쓴 원고료 협찬 포스팅이 검색결과에 보이지 않는다면, 도대체 뭘 해야 될까?

노출이 안 되는 것에는 분명 이유가 있다. 우선 네이버의 필터링 시스템에 걸릴 만한 행위를 한 것은 아닌지 점검해야 한다. 네이버는 창의적이고, 과장되지 않으며, 사회에 이익이 되는 포스팅을 좋아한다. 다음 사항들을 점검해보자.

중복(유사) 이미지가 있는가?

포스팅 노출이 되지 않는 경우 가장 먼저 확인할 것이 중복(유사) 이미지가 있는지 여부이다. 한번 쓴 이미지를 재탕 삼탕 사용하면 좋지 않다. 포스팅을 했을 때 5개의 이미지 중 1개가 중복이라면, 네이버는 4개의 이미지를 반영할 것이다. 물론 중복 사진도 포스팅한 직후나 한동안은 보이기는 한다. 그런데 시간이 지나면서 필터링이 되기 때문에, '어제까지는 노출이 잘 됐는데, 오늘은 안 보여요!' 하는 경우가 생긴다.

물론 중복된 이미지가 1~2장 있다고 해서 바로 포스팅이 감점을 당하거나 나쁜 문서 취급을 받는 것은 아니다. 다만 포스팅마다 이러한 현상이 반복된다면 블로그 전체적으로 봤을 때 바람직할 리 없다. 어떤 포스팅이 검색결과에 뜨지 않는데 그 포스팅에 중복 이미지가 있다면, 누락의 이유로 볼 여지가 충분하다.

"사진의 각도를 살짝 바꾸면 괜찮아요", "다른 컬러로 조금 변경하면 괜찮답니다", "이미지에 테두리를 넣으면 괜찮지 않을까요?" 이런 말을 하는 사람들이 있다. 한때는 이 방법이 잘 먹혔고, 지금도 이렇게 하는 사람이 있긴 하다. 하지만 네이버 시스템은 늘 업그레이드되고 있다. 중간에 글씨 하나 넣고, 밝기 조절 살짝 했다고 새로운 이미지로 인식할까? 당장은 넘어갈 수 있어도, 지속되기 어렵다고 본다.

중복 내용이 있는가?

포스팅 내용이 다른 글들과 비슷하면 검색에 올려줄 이유가 없다. 요즘 생성형 AI 포스팅이 인기를 모은다. 여러 블로그 마케팅 회사에서 AI가 작성한 문서를 남발하고 있기도 하다. 사람들이 너도 나도 비슷한 검색어로 글을 써보라고 할 텐데, 그때마다 AI가 다른 답을 내놓을 수 있을까? 시간이 지날수록 어려울 거라고 생각한다. 게다가 건강 정보, IT 기기 사용법 등은 객관적이어서 AI가 비슷한 답을 내놓을 가능성이 높다. 네이버에서는 이러한 AI의 작성 여부를 판별하는 프로그램을 가동하고 있다. 그러니 어디서 가져온 내용이나 AI가 써준 내용이 아니라 내 생각과 경험을 토대로 포스팅해야 한다.

문제되는 표현이나 내용이 있는가?

문제되는 내용이 있으면 검색에서 누락될 수 있다. 포스팅 직후부터 며칠이 지나도 계속 검색결과에 나오지 않는 경우도 있고, 일정 시간이 흐른 후 슬그머니 노출이 되지 않는 경우도 있다. 여러 번 강조한 내용이지만 '최고의 효과', '국내 유일', '100% 정확' 등 과장된 표현이 반복되는 경우

노출에 불이익이 생길 수 있다. 법에 위반되거나 반사회적인 내용, 성인물도 노출되지 않는다. 이외에도 포스팅에 카드번호나 주민번호 등 개인정보가 들어 있다면 검색결과에 뜨지 않을 것이다.

아무 문제가 없는데도 검색 노출이 안 된다면?

포스팅에 아무 문제가 없는데도 발행 후 2시간이 지나도 검색되지 않는 경우도 있다. 심지어 하루 넘어서 나올 수 있고, DB 점검 등 네이버 본사의 사유로 72시간이나 업데이트가 늦은 적도 있다. 제22대 국회의원 선거와 맞물린 시기에 네이버 검색이 잘 되지 않아서, 정치권의 눈치를 본 것이 아니냐고 뉴스에 나온 적도 있었다. 이외에도 최근 수년 간 여러 이유로 포스팅 발행 후 누락되는 일이 다수 발생했다. 그런데 전체적인 문제인지 모르고 내 블로그에 이상이 생긴 것으로 오인해서 포스팅을 지우거나 저품질이 됐다고 낙심하는 사람도 많았다.

▲ 72시간 누락이 화제가 되자 기사로 나오기도 했다

내 글이 검색이 안 될 때에는 이웃 블로그 또는 블로그 카페 등에서 추

이를 보는 것도 괜찮은 방법이다. 나만의 문제인지, 전체의 문제인지 확인해야 하기 때문이다. 이는 네이버 검색의 옵션 기능을 활용해 확인할 수 있다. 네이버는 기본적으로 '관련도순'으로 검색결과를 보여주지만, 다음 그림에서처럼 '최신순'으로 선택할 수도 있고, '옵션'에서 기간을 정할 수도 있다.

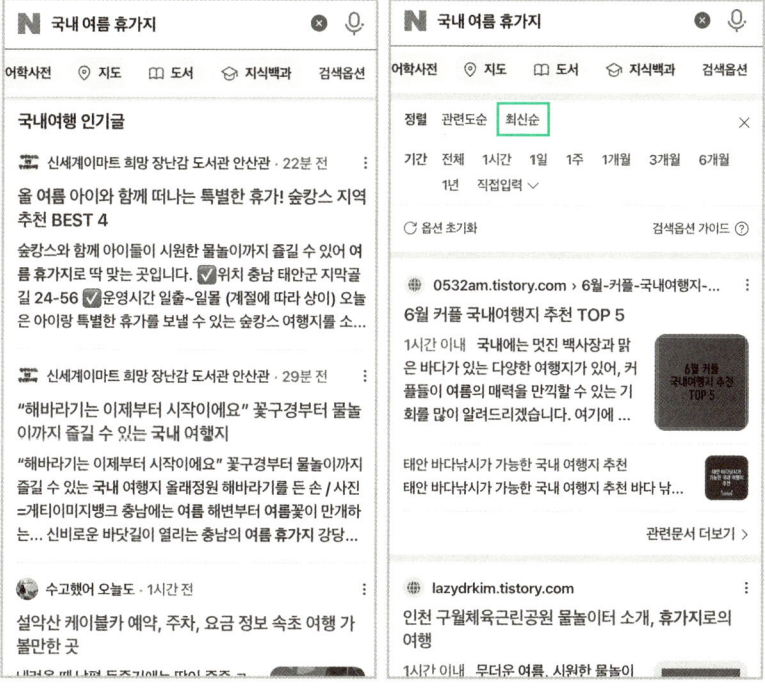

▲ 같은 검색어의 기본 검색결과(왼쪽)와 옵션을 설정했을 때의 검색결과(오른쪽)

검색 옵션에서 기간을 1일로 검색했을 때 같은 키워드가 들어간 다른 글들은 검색이 되는데 내 글만 안 보인다면 그것은 내 글에 문제가 있는 것이다. 그런데 그 키워드의 다른 글들이 다 안 보인다면 전체적인 문제이다. 앞에서 제시한 4가지에 해당하는 문제가 없는데도 검색에서 노출이 안 되는 경우는 거의 없다.

플랫폼, SNS 채널 확장

블로그 운영을 통해 수익을 내고 싶은가? 현재의 블로그로도 충분히 가능하지만, 진정한 디지털 노마드 1인 기업이 되기 위해서는 플랫폼과 SNS 채널 확장을 해야 한다.

블로그가 참 좋은 점 중 하나는 채널 확장이 용이하다는 것이다. 글만 쓰는 게 아니라 사진이나 간단한 영상도 올리기 때문이다. 콘텐츠가 뒷받침이 되니까 인스타그램, 클립(네이버 짧은 동영상), 유튜브로 운영 채널을 넓힐 수 있다. 언제 그런 것들까지 하느냐고 걱정하는 사람이 있는데, 신경 쓸 게 많은 블로그에 비하면 인스타그램이나 네이버 클립(숏폼 영상)은 시간을 비교적 덜 들이고도 성과를 낼 수 있는 채널이다. 나는 블로그에 영상을 올리려고 영상 편집 프로그램(프리미어프로)도 배웠는데, 지금은 그런 프로그램 없이도 쉽게 할 수 있으니 얼마나 좋은가. (그래도 그때 프리미어프로 사용법을 영상 강의로 제작해 어느 단체에 납품하기도 했으니 당시로서는 자연스럽게 수익 영역이 확장된 것이다.)

전업 블로거 중에는 인스타그램, 유튜브, 심지어 네이버 카페를 운영하면서 수익화를 도모하는 경우가 많다. 블로그가 좋은 것은 당연하지만, 하나에만 의존하는 것은 리스크가 존재하기 때문이다. 같은 이유로 블로그를 여러 개 운영하는 경우 역시 많다.

유명 유튜브 채널에 게스트로 출연해서 블로그로 월 천만원 이상의 수익을 올린다고 언급한 인플루언서 블로거가 있었다. 상업글의 비중이 지나치게 높아 좀 위태롭다고 생각하며 지켜보던 블로그의 운영자였다. 그런데 실제로 블로그 지수가 급 하락해서 2만명을 상회하던 방문자 수가 30% 수준으로 떨어지더니, 급기야는 1000명 정도로 내려왔다. 지난 몇 년 동안 블로그로 돈을 많이 벌었다면서 블로그를 예찬하던 사람이었는데, 몇 달 간 블로그를 방치하고 있는 것을 보니 안타까운 마음도 들고 지금은 무슨 일을 하고 있을지 궁금하기도 하다.

한창 블로그로 성장 중인 사람이라면 블로그에 올인해야 하지만, 일정 수준에 올랐다면 채널 확장은 당연히 해야 하는 수순이다. 나는 인스타그램에는 별로 관심이 없어서 유튜브를 운영하고 있는데, 성향과 잘 맞는다. 운영 중인 쇼핑몰 상품에 대한 궁금증을 영상으로 풀어주니까 문의와 구매가 늘어나 사업에 도움이 많이 된다.

인스타그램이나 유튜브는 사진이나 영상이 주인데, 그런 채널로 확장하려니 퀄리티가 떨어진다며 걱정하던 분이 있었다. 그래서 "그동안 블로그는 퀄리티가 높아서 운영하셨나요?" 물어보니 그렇지는 않다고 했다. 나는 유튜브도 마찬가지라고, 명확한 콘텐츠가 있으면 과감히 시작해보라고 권했다. 유튜브는 블로그와 달리, 알고리즘에 의해 계속 상위노출이 된다는 특징을 가진 소중한 마케팅 채널이기 때문이다. 그리고 요새는 영상 편집이 쉬워졌다. 영상을 다루지 않던 블로거들도 네이버 클립(숏츠)을 하는 경우가 많아진 것만 봐도 알 수 있다.

내 유튜브 구독자는 3000명이고, 현재 월 3000회 이상 조회수가 나온다. 퀄리티 높은 영상으로 주목을 받은 것도 아니고 작업을 한 것도 아니다. 처음에는 스마트폰으로 촬영했으며 촬영 구도나 배경을 고려하지도 않았다. 방이나 부엌에서 찍은 게 고작이다. 그런데 어떤 영상은 조회수가 9만이 나오기도 했다.

모든 콘텐츠에서 고른 수익, 고른 조회수를 기대하면 안 된다. 블로그나 유튜브나 치고 올라오는 콘텐츠가 있고, 거기에서 수익이 나온다. 핵심은 결국 사람들의 궁금증을 해결하는 것이다. 그것에 충실하면 인정을 받고 수익화로 이어진다.

멋지고 잘하면 좋다. 그러나 누구든 처음엔 당연히 배워야 하며 실

▲ 나의 유튜브 채널

력 쌓기를 지속적으로 추구해야 한다. 잘하는 사람에 비해서 뒤떨어진다는 이유로 시작도 안 하는 것은 성장을 더디게 한다. 지금의 스타 유튜버들도 초기에 찍은 것을 보면 평범하다. 오래 하다 보니 오늘의 위치에 오른 것이다. 이런 점에서는 블로그나 인스타그램, 유튜브 모두 다를 바 없다고 생각한다.

2장
네이버 인플루언서

네이버 인플루언서는 지금

인플루언서는 수만명에서 수십만명에 달하는 SNS 팔로워를 통해 대중에게 영향력을 미치는 이들을 지칭하는 말이다. 네이버는 2019년 11월에 인플루언서 제도를 도입했다. IT, 여행, 요리, 경제, 육아 등 20개 세부 주제에서 나름의 영향력을 인정받은 블로거를 검토하여 인플루언서 타이틀을 부여한 것이다.

대부분 신청을 받아서 인플루언서 선정을 하는데, 특별한 영향력이 있다고 판단되면 네이버에서 먼저 선정하고 인플루언서 계정을 만들라고 연락하는 경우도 있다. 인플루언서로 선정되려면 우선 2가지 기본 조건은 갖춰야 한다.

> 1. 해당 분야에 대한 전문 역량과 콘텐츠 품질
> 2. 채널 영향력

특정 분야에 대한 전문성을 바탕으로, 좋은 콘텐츠로 활동해 영향력을 갖게 되면 인플루언서가 될 수 있다는 것이다. 채널 영향력은 구독자(이웃) 수, 조회(방문자) 수, 특정 포스팅의 댓글 및 공감(좋아요) 수로 파악한다.

네이버 검색 화면에서 블로그, 카페, 포스트에 올라온 글들이 앞서거니 뒤서거니 경쟁을 하고 있었는데, 그 위에 멋진 모습으로 인플루언서가 자리를 잡으니 당연히 주목을 받았다. 인기주제가 나온 뒤에는 인기주제 영역이 인플루언서 영역보다 위에 나오는 경우도 많지만, 인플루언서는 여전히 막강한 영향력을 행사하고 있다.

인플루언서 현황

네이버 블로그에서는 현재 약 2만명 정도의 인플루언서가 활동 중이고, 주제별 인플루언서 수는 2024년 6월 30일 기준 다음과 같다. 네이버에서는 공식 자료를 제시하지 않으며, 유료 프로그램에서 작성한 통계이다.

순서	주제	2023. 12. 31	6개월간 증가	2024. 6. 30
1	IT	676	4	680
2	게임	490	7	497
3	경제·비즈니스	829	8	837
4	공연·전시·예술	534	1	535
5	대중음악	227	1	228
6	도서	511	7	518
7	동물·펫	712	1	713
8	리빙	1734	3	1737
9	방송·연예	291	0	291
10	뷰티	1980	5	1985
11	생활건강	484	1	485
12	어학·교육	612	0	612
13	여행	3378	26	3404
14	영화	301	1	302
15	운동·레저	827	0	827
16	육아	1329	10	1339
17	패션	1136	6	1142
18	푸드	2820	10	2830
19	프로스포츠	310	11	321
20	자동차	407	0	407
순서	총합	18912	98	19010

▲ 2024년 상반기 인플루언서 통계 (출처: 데이터랩툴즈)

인플루언서가 1000명이 넘는 주제는 '리빙' '뷰티' '여행' '육아' '패션' '푸드' 6개인데, 이 카테고리의 공통점이 하나 있다. 바로 주제 특성상 대부분 직접 촬영한 사진을 쓴다는 것이다. 포화 상태여도 계속 뽑는 것을 보면 창작에 대한 점수가 있다고 봐도 괜찮겠다. 반면에 캡처나 AI, 무료 이미지가 넘치는 생활건강 주제에서는 2024년 상반기에 총 1명이 뽑혔다.

인플루언서 혜택

인플루언서가 되면 구체적으로 어떤 점이 좋을까? 우선, 노출이 될 기회가 더 많다. 통합 검색결과 화면에서 인기글이나 인기주제와 별도로 인플루언서 영역이 배치된다. 프로필에 금·은·동 왕관을 표기해서 돋보이게 해주고, 일반 블로그 영역과는 달리 사진을 여러 장 노출해주기에 주목도가 올라간다. 또한 네이버 검색 상단에 블로그, 카페, 이미지 등의 탭과 함께 인플루언서 탭이 별도로 있어서 노출 영역이 하나 더 생긴다.

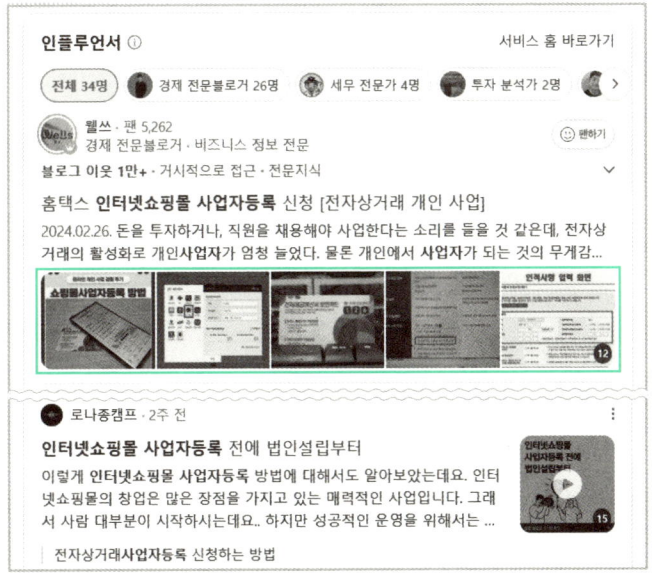

▲ 인플루언서는 이미지를 여러 개 노출해줘 주목도가 올라간다

둘째, 광고 수익 면에서 유리하다. 모든 인플루언서 블로그의 게시물 상단에는 헤드뷰 광고가 노출되며(모바일에서만 확인할 수 있다), 일반 블로그보다 큰 사이즈의 프리미엄 광고를 달 수 있다. 또한 일반 블로그와 마찬가지로 본문에 광고가 배치되는데, 클릭당 보상이 일반 블로그보다 높다.

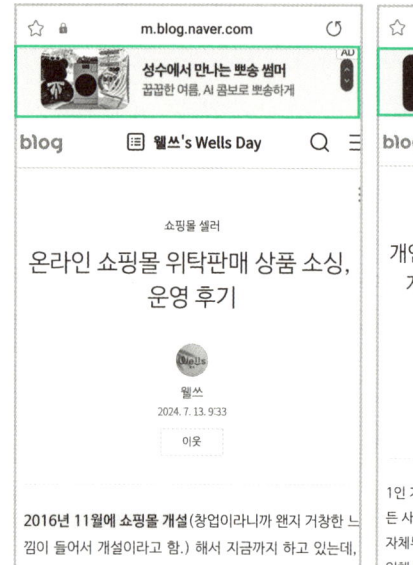

▲ 헤드뷰 예시

셋째, 인플루언서만을 위한 다양한 교육이 진행된다. 디자인, 세무, 마케팅, 수익화 등 다양한 강좌가 개설되어 있고, 업계에서 유명한 강사진의 교육을 무료로 받을 수 있다.

◀ 인플루언서 혜택: 무료 교육

넷째, 브랜드 커넥트를 심사 없이 이용할 수 있다. 브랜드 커넥트는 업체로부터 광고를 협찬받을 수 있는 공간인데, 네이버가 직접 관리하는 서비스이다. 일반 블로그는 선정 심사를 거쳐야 이용할 수 있지만, 인플루언서는 별도의 심사 없이 자동으로 가입되므로 수익활동에 좋은 기회가 될 수 있다.

다섯째, 협찬이 증가한다. 인플루언서 한정 협찬 의뢰가 오기도 하고, 체험단 원고료도 일반 블로그에 비해서 높은 편이다. 인플루언서 검색 영역에 노출이 되는 경우 추가 원고료도 받을 수 있다. 인플루언서 블로거를 별도로 관리하며 우대하는 마케팅 업체들도 많다.

여섯째, 인플루언서들만의 모임에서 활동할 수 있다. 단톡방 등 인플루언서만의 모임이 활성화되어 있는데, 같은 주제에서 활동하므로 정보도 교류하고, 협찬 활동이 필요하면 같이 취재를 나가는 경우도 많다.

점점 어려워지는 인플루언서 되기

요즘 인플루언서가 되기란 극악의 난이도이다. 도전 50번 만에 인플루언서에 선정되었다는 글이 나오는가 하면, 50번도 넘게 떨어졌다는 글도 있다. 나도 2020년 5월에 생활건강 분야 인플루언서에 처음 도전했는데, 10번 정도 떨어지고 2021년 3월에야 비로소 선정됐다. 비슷한 시기에 같은 주제로 도전한 분은 2024년 5월에도 인플루언서에 도전했는데, 최적화 블로그인데도 매번 떨어진다며 아쉬움을 토로했다.

하루 방문자도 5천~1만명 사이를 오갈 정도로 영향력이 있는 블로그여서 안타까운 마음에 몇몇 부분에 대해 조언을 드리긴 했는데, 특별히 변한 것은 없었다. 아직까지 선발되지 않은 것을 보면 앞으로도 어렵지 않을까 하는 생각도 든다. 부족한 점들이 같은 블로거인 내 눈에도 들어오는데, 더 꼼꼼하게 보는 네이버의 기준을 통과하기엔 무리 아닐까?

매월 8000명 정도가 인플루언서에 지원하는데, 선발되는 사람은 2024년 1~6월 동안 98명일 정도로 극소수이다. 참고로 생활건강 주제에서 인플루언서는 최근 1년하고도 2개월 동안(2023년 4월~2024년 6월) 겨우 1명이 선정됐다. 경제·비즈니스 주제에서도 어렵기는 마찬가지이다. 하루 방문자수 1~2만명을 기록하는 블로거들도 1년 넘게 선발되지 못해서 버킷리스트에 인플루언서 선정을 꼽는 것을 보기도 했다.

◀ 인플루언서 신청 주기는 90일.
철저히 준비해 신중히 지원하자

게다가 인플루언서에 지원했다가 떨어질 경우 다시 지원할 수 있는 기간이 점점 길어지고 있다. 초기에는 7일에 1회 지원이 가능했고, 2021년 여름부터는 30일에 1회씩 지원이 가능했다. 그러다 2024년 3월부터는 90일마다 지원이 가능하게 변경되어 더 신중하게 지원해야 한다. 떨어지면 계절이 바뀐 90일 후에야 다시 지원할 수 있기 때문이다.

또한 2024년 초까지는 한번 인플루언서에 선정되면 주제를 변경할 수 있었는데, 이제는 그럴 수 없다. 주제를 변경하려면 심사를 받아야 하는데, 아직 된 사례는 없는 것으로 알고 있다.

인플루언서 선정 전략

많은 블로거들이 되고 싶어하는 인플루언서, 어떻게 해야 될 수 있을까? 인스타그램 팔로워나 유튜브 구독자가 많으면 쉽게 합격할 거라고 예상했으나 그렇지도 않다.

전문성이 있는 내용

무엇보다 중요한 것은, 계속 반복하지만 전문성과 양질의 콘텐츠 발행이다. 네이버 인플루언서 센터의 김민수 리더는 인플루언서 심사기준 가운데 '전문성'을 가장 중요하게 꼽았다. 〈머니S〉와 한 인터뷰에서 그는 매주 2000명 정도가 인플루언서에 지원하는데, 지원하는 분야에 전문성을 가지고 양질의 콘텐츠를 발행하는지 면밀히 검토한다고 말했다.

　이것저것 잡다하게 쓰면 감점이 되겠고, 여기저기서 베끼고 짜깁기 한 글도 인플루언서 선정에 도움이 되지 못하리라고 짐작할 수 있다. 예를 들어 경제·비즈니스 주제라면, 범위가 넓으므로 주제 전반을 모두 취급하는 것보다 주식, 부동산, 세금 등 특정 분야를 전문적으로 포스팅할 때 인플루언서로 선정될 가능성이 높다. 이를 모르고 증권, 투자, 코인, 분양 등 경제 전반을 모두 다루는 사람이라면 전문성을 인정받기 어려울 것이다.

메인 페이지 디자인

블로그의 첫인상을 결정하는 메인 페이지 디자인도 중요하다. 내용의 깊이가 중요한 것은 당연하지만, 겉보기에 허접하면 마이너스 요인이 된다. 세상의 모든 상품, 서비스, 매장이 예쁨, 청결, 산뜻함, 명쾌함을 내세운다. 맥락 없이 화려하게 꾸미라는 것이 아니라, 이 블로그는 어떤 블로그인지, 나는 어떤 블로거인지 누구든 한눈에 파악할 수 있도록 보여주어야 한다는 것이다. 내 첫인상을 결정하는 요소로 생각하고, 나를 브랜딩한다는 목적으로 갖고 메인화면 디자인에 접근하자.

주제에 맞는 카테고리 분류

포스팅은 물론이고, 카테고리 분류에서도 전문성을 드러낼 수 있다. 도서관에서 주제별로 책을 분류해놓는 것처럼 블로그 카테고리도 일목요연하게 정리해두는 게 좋다. 카테고리 분류에 대해서는 136~137쪽에서 설명한 내용을 참고하기 바란다.

인플루언서 지원을 할 때 전문성이 중요하다고 하니, 주력 주제와 관련 없는 다른 글들은 어떻게 해야 하는지 고민하는 블로거들이 많다. 기존의 정보글 중 주력 주제와 관련 없는 글은 모조리 삭제한 뒤에 카테고리를 재배치하는 경우도 있다. 하지만 짧게는 몇 달, 길게는 몇 년간 쌓은 흔적인데 그럴 필요는 없다고 본다. 주제와 관련 없는 글이 없어야 인플루언서에 선정된다는 근거도 없다. 네이버는 블로그의 전문성을 보는 것이지, 이전에 활동한 과거가 마음에 들지 않아서 선발하지 않는다고 한 적이 없기 때문이다. 예전에 생활건강 인플루언서에 신청할 때 내 블로그에 건강 주제의 글은 70% 미만이었고, 나머지는 쇼핑몰 운영 및 경제 관련 내용이었다. 그런데도 생활건강 인플루언서에 선정되었다.

소중한 과거의 흔적을 정리하는 것은 블로그 운영의 묘미를 없애는 것이다. 인플루언서를 목표로 삼는 것은 좋지만, 그것이 블로그 운영의 목적은 아니기 때문이다. 그래서 인플루언서가 되기 위해 해당 주제에 관한 포스팅만 올리는 것에는 동의하지 않는다. 하나의 주제로 통일했다고 전문성, 양질의 퀄리티가 보장되는 것도 아니다.

물론 어느 정도 정리는 필요하다. 인플루언서 지원 당시에 나 역시 경제와 건강을 오가며 활동하느라 조금 애매한 부분이 있어서, 포스팅 개수가 적은 카테고리는 과감하게 삭제했다. 불필요한 내용이라면 삭제하거나 '기타' 카테고리로 넣어두는 것을 권장한다.

인플루언서 선정을 위한 콘텐츠

전문성이 있는 양질의 콘텐츠를 발행해야 인플루언서가 될 수 있다는데, 이때 '양질의 콘텐츠'란 무엇인가? 두리뭉실한 표현이므로 정의하기는 어렵지만, 나뿐만 아니라 다른 누가 보더라도 내용이 괜찮고 유용하다고 공감할 정도는 되어야겠다. 여기에서는 몇 가지 기본을 말하고자 한다.

첫째, 객관적 사실을 바탕으로 쓴다. 맛집, 여행, 건강, 경제, 육아, IT 등 모든 분야에서 사실을 조사해 써야 하는 것은 당연하다. 어디에서 주워들은 이야기를 가져와 작성한다면 아무리 그럴듯하고 보기 좋게 포스팅을 쓴다고 해도 본질부터 무너지는 것이다.

둘째, 주관적 생각과 경험이 들어가야 한다. 이것이 매우 중요하다. 검색 서비스 초기에는 인터넷을 통해 깨알 같은 지식을 얻는 자체로도 감사했다. 그러나 지금은 정보의 홍수, 정보의 바다라고 하지 않는가? AI에게 물어도 웬만한 것은 답을 들을 수 있는 세상이다. 이런 세상에서 사실만으로 승부한다면 다른 블로그는 물론이고, AI 검색보다도 못한 내용으로 블로그가 채워질 가능성이 높다. 차별화를 위해서는 개인이 느낀 감정, 나만의 꿀팁, 주관적인 분석이 필요하다.

가령 '아침 공복 커피'에 대해서 포스팅을 한다고 생각해보자. 커피는 아침 공복에 마시면 안 좋다는 게 정설이다. 나도 그렇다는 걸 알지만 커피를 마셔야 잠이 깬다. 그래서 생각한 방법이 커피를 연하게 마시고, 따뜻한 물을 커피만큼 마셔주는 것이다. 카페인의 이뇨작용으로 인한 수

분 손실을 보충할 수 있고, 위장에 부담이 한결 덜하다. 이런 식의 주관적 경험이 담긴 정보는 꿀팁이 된다. 블로그는 개인적인 공간이다. 사실에 입각한 나만의 경험과 창작은 블로그가 존재하는 이유라고 본다.

셋째, 일정한 분량이 되어야 한다. 글 하나에 1000자 이상은 되어야 한다. 분량이 너무 적으면 정확한 정보 전달이 되지 않기 때문이다. 또한 너무 길면 읽기에 싫증이 나기 때문에 나는 한 포스팅당 최대 2500자를 넘지 않게 한다.

넷째, 사진과 이미지를 활용해야 한다. 푸드, 여행, 육아, 반려동물, 패션, 뷰티의 경우 주로 체험을 바탕으로 포스팅하기에 자료를 구하는 게 딱히 어렵지는 않다. 문제는 정보를 중심으로 하는 경제, 생활건강, 방송(드라마, 예능 같은) 등의 경우다. 방송이야 주제 특성상 화면을 캡처할 수밖에 없겠지만, 경제나 생활건강 포스팅을 하는데 무료 이미지 사이트에서 가져온 사진이나 뉴스 캡처만 쓴다면 성의가 없어 보인다. 이미지 중복으로 누락되거나 저작권 문제가 생기는 경우도 많다. 책상 앞에서만 창작 활동을 하니 생기는 현상 같다. 가급적이면 직접 촬영을 하고 밖에서 취재하기를 권한다.

경제 관련 글을 많이 쓰다 보니 취업, 이직, 소상공인, 돈 관련 이미지가 자주 필요하다. 그래서 밖에 나가면 은행, 우체국, 빌딩 등 사진을 찍고, 거리에 붙어 있는 광고판이나 플래카드도 찍곤 한다. 건강 관련 글을 썼을 때에는 영양제, 식품을 구입해 직접 찍었다. 음식을 먹는 모습, 배가 아픈 듯 배를 움켜쥐는 모습도 찍고, 귀여운 똥인형을 사용해서 유산균을 홍보한 적도 있다.

이미지를 얻기 어려운 분야를 포스팅한다고 말할 수도 있다. 그렇지만 찾아보면 답은 나온다. 영향력을 끼치는 블로거, 인플루언서가 되고 싶다면, 직접 찍고 편집한 사진으로 독창적이게 구성해야 한다. 구하기 어렵다는 이유로 무료 이미지와 캡처로 일관한다면 인플루언서로 선정되기 어려울 것이다.

'인플루언서 고시(인플고시)'를 대하는 자세

인플루언서 경쟁률은 주제에 따라 다르지만 50대 1, 심하면 100대 1도 훌쩍 넘지 않을까? 하고 조심스레 예측해본다. 그러나 경쟁률보다는 네이버에서 밝힌 것처럼 전문성에 기반한 양질의 포스팅을 제대로 하고 있느냐를 먼저 봐야 한다. 4년 내내 떨어지고 있다면 선정 포인트를 파악하지 못해 아직 도전자의 입장에 있는 것이고, 3~4개월 만에 선정 후기를 남긴 사람은 맥을 정확히 잡은 것이다.

▲ 인플루언서에 지원했다가 떨어지면 이런 내용의 메일을 받는다

인플루언서는 절대평가이다. 내 포스팅이 네이버에서 정해놓은 허들을 뛰어넘고 있는가에 주목해서 꿋꿋하게 밀고 나가는 습관을 들여보자. 2024년 상반기 인플루언서 통계에도 나왔지만 몇몇 카테고리에서는 10명 이상 신규 인플루언서가 선발되는 것을 볼 때, 아직도 가능성이 많다고 본다. 그런데 인플루언서에 도전하는 블로거들을 보면 우려되는 반응들이 있다.

먼저 "수익화 포기하고 인플루언서에 도전할래요!" 하는 부류이다. 인플루언서가 되기까지는 상업글을 올리지 않고 정보글만 올리겠다는 뜻 같은데, 별로 바람직하지 않다고 본다. 몇몇 인플루언서 선정 후기에 보이는 "정보성 포스팅 위주로 꾸준히 쓴 후 인플이 되었어요!"와 같은 말에 영향을 받았을 가능성도 크다. 그런데 네이버는 상업적 포스팅이 인플루언서 선정과 관계가 있다고 언급한 적이 전혀 없다.

떨어질 경우 재지원을 하려면 3개월을 기다려야 하는데, 정보성 글만 포스팅하는 것은 너무도 많은 기회비용 상실이다. 관련 분야의 협찬이 오면 응하고 솔직하게 포스팅하면 된다. 제목이나 서두에 '광고나 협찬 문구'를 밝히면 되는 것이다.

어떤 분의 포스팅에서 블로그에 사업자등록증이 걸려 있어서 떨어진 것 같다고, 정보성 블로그로 보이기 위해 사업자를 내리면 도움이 될 것 같다는 내용을 본 적이 있다. 그런데 만일 사업자가 문제라면 병의원, 공인중개사, 쇼핑몰 블로그는 모두 인플루언서 선정에서 제외되어야 할 것이다.

인플루언서에 지원할 때 내 블로그에는 사업자등록증이 걸려 있었고, 판매하는 상품의 링크를 건 포스팅도 많았다. 그래도 선정이 된 걸 보면, 사업적 목적이 있다고 선정이 안 된다는 것은 근거 없는 생각 같다. 핵심은 전문성, 양질의 퀄리티, 이웃과의 소통에 있다고 본다.

다음으로, "기존 인플루언서 중에는 활동을 잘 안 하는 사람도 있는데, 떨어뜨려야 되지 않나요?" 하는 부류이다. 일정 부분 맞는 말이기는 하다. 실제 유튜브에서도 활동을 안 하면 수익 자격을 박탈하고, 문제가 있다면 노란 딱지를 통해서 수익화가 불가능하게 만든다. 반면에 네이버 인플루언서는 금지행위 몇 가지를 어기는 경우를 제외하고는 계속 유지된다.

이웃활동이나 정보글 포스팅보다는 상업적 행위의 비중이 높은 블로그인데도 인플루언서 자격을 유지하고 있으니, 인플루언서에 도전하는 입장에서 볼 때에는 기분이 상하고 불공정하게 느껴질 것이다. 그런데 네이버는 공공 기관이 아니다. 공무원이나 국가자격증 시험같이 선발과 함께 유지하는 조건이 있는 게 아니라 하나의 사기업일 뿐이다.

앞으로 네이버에서 정책 변경을 통해서 활동이 저조한 인플루언서를 가지치기할 수 있겠지만, 몇 명 자격을 박탈했다고 해서 그만큼을 추가로 선정하리라는 보장은 없다. 그러니 불만을 품고 감정을 소모하기보다 창작자로서 제대로 글을 쓰며 승부하는 게 답이다.

인플루언서 도전을 포기했다면

"인플루언서 도전 포기하고 잡블러(다양한 주제로 자유롭게 포스팅하는 블로거)로 지낼까요?" 과도한 경쟁에 현타(현실 타격)가 와서 방향 전환을 고민하는 사람이 많다. 떨어지면 90일 뒤에야 재신청할 수 있는데 다음에 반드시 선정된다는 보장도 없으니, 방향 전환을 고민하는 게 무리는 아니다. 아래의 사례가 참고가 될 것 같다.

자주 소통하는 블로그 이웃이 있는데 잡블 전환 후 다양한 주제로 포스팅을 하니까 협찬이 많아졌다고 좋아한다. 이전까지 IT 주제로만 글을 쓰다가 상품 리뷰, 경제 포스팅도 하니까 블로그 조회수가 증가하고, 수익도 늘어났다는 것이다. 인플루언서 선정에 집착하지 않고 새로운 기회를 찾은 것이다. 이 분은 사진 촬영 실력이 좋아 앞으로 상품 전문 리뷰어로 활발한 활동이 기대된다.

다양한 주제로 글을 쓰니 하루 1포스팅은 기본이고 2~3포스팅도 부담스럽지 않다고 좋아하는 블로거도 있다. 매번 전문적인 주제로 글을 쓰려니 글감이 없어서 포스팅하는 게 곤욕이었는데, 주제에 구애받지 않고 개인적인 관심사까지 골고루 다룰 수 있다는 것이다. 이 분 역시 많은 협찬이 기대된다.

블로그 주제를 재설정하는 것도 좋은 방법이다. 같은 카페에서 활동하는 회원 사례인데, 10번 넘게 경제 인플루언서에서 떨어지고 있다고 푸념했다. 주로 온라인 마케팅 관련 포스팅을 하는데, 글을 자세히 보니 책에서 베낀 듯한 이론적인 내용이 많았다. 요즘 비즈니스 현실을 반영한 사례나 직접 마케팅을 했던 경험은 찾을 수 없으니 전문적이라 하기 어려웠다. 그래서 마케팅에만 집중하지 말고, 주식투자나 모바일 재테크 등 다른 경제 소주제에 관심을 갖고 실력을 키우는 것은 어떻겠느냐고 조언을 했다. 새로운 소주제로 포스팅을 시작하면 당장 인플루언서 선정은 어렵겠지만, 관심을 넓혀서 지식을 쌓다 보면 자신이 진짜 잘 하는 것을 찾고, 전문성을 인정받을 것이라 보았기 때문이다.

애초부터 인플루언서에 무관심한 이웃도 있다. 맛집, 여행, 고양이, 라이딩 등 정말 다채로운 주제로 블로그 활동을 하는데, 그 덕분인지 하루 방문자수가 5000명이 넘는다. 협찬과 원고료를 받는 포스팅도 많다. 블로그의 즐거움을 충분히 누리는 사람이다. 한번은 "반려 동물 포스팅도 많은데 인플루언서에 도전 안 하세요?" 물어본 적이 있는데, 지금처럼 자유롭게 쓰면서 블로그를 운영하는 게 좋다고 한다. 당연한 말이라는 생각이 들었다.

원하던 인플루언서가 된 뒤로 잡블러가 되어 수익 활동을 하는 사람도 은근히 많다. 인플루언서가 되는 게 목표였는데, 이제 선정되었으니 해당 주제에만 매일 필요가 없어졌기 때문이다. 잘 아는 푸드 인플루언서도 생활용품이나 여행 협찬을 많이 받고 있다. 어찌 보면 인플루언서는 블로그 수익을 높여서 조금 더 여유로운 경제 생활을 가능케 하는, 중간 과정일지도 모른다. 따라서 인플루언서라는 중간 단계를 생략하고, 다양한 주제의 글을 통해서 수익화를 이루는 것도 블로그 운영의 괜찮은 방법이다.

많은 사람들이 블로그 운영의 목적으로 디지털 노마드, 경제적 자유를 꼽는다. 인플루언서가 그 길로 가는 데 도움이 되는 것은 맞지만, 그게 전부가 아님을 말하고 싶다. 반드시 인플루언서가 되겠다는 마음에 많은 것을 놓치고 있는 것은 아닐까? 넓은 시야를 갖고 운영하는 자세를 지녔으며 좋겠다.

3장
블로그 지수, 내 블로그의 위치

블로그 지수란?

블로그를 운영하다 보면 블로그 지수라는 말은 피할 수 없다. 최적화, 저품질 등 모두 지수와 관련된 말이다. 지수란 특정 사항을 알기 쉽게 숫자로 표현한 것이고 영어로는 'index'이다. 경제용어 중 빅맥 지수(Big Mac Index)를 생각하면 블로그 지수를 이해하는 데 도움이 될 것 같다. 빅맥 지수는 전 세계 맥도날드에서 판매하는 빅맥의 가격을 미국 달러화로 환산하여 비교하는 지수인데, 물가와 화폐 가치를 측정하는 데 사용된다. 마찬가지로 블로그 지수는 블로그의 품질을 숫자로 환산하여 보여주는 것으로, 블로그의 가치를 측정할 때 사용한다. 즉 블로그 지수는 블로그의 수준이자 블로그가 지닌 파워를 보여주는 지표이다.

마케팅 업체 및 몇몇 커뮤니티에서는 크게 최적화, 준최적화, 저품질의 3가지 등급으로 블로그 지수를 분류하고 있으며, 최적화나 준최적화 내에서도 세부 등급이 있다. 지수가 높은 블로그에 포스팅을 할 경우 상위노출이 용이하기에, 마케팅 업체에서는 주로 최적화 블로그에게 상품이나 서비스 체험단, 원고료 기자단 등 다양한 수익 모델을 제시한다. 천만원이 넘는 가격에 블로그를 매입하겠다는 업체도 있다. 적극적인 블로그 마케팅을 필요로 하는 업체의 수요가 많기 때문이다.

그런데 블로그 지수는 네이버에서 공식적으로 제공하는 개념은 아니다. 블로그 업체가 블로그의 인기도와 영향력을 평가하기 위해서 산정한 일종의 점수이다. 업체마다 다르기는 하지만 일반적으로 방문자수, 콘텐츠의 품질, 댓글 활동, 포스팅 빈도, 체류시간 등을 고려한다.

유튜브에도 고유의 지수가 있고, 이를 알고리즘이라고 표현한다. 열심히 영상을 만들어서 팔로워들과 소통하는 사람은 알고리즘을 통해 잦은 노출을 시켜준다. 어쩌다 한두 번 활동하는 사람과 현격한 차이를 두는 것이다. 열심히 활동하는 자를 선호하는 것은 어느 분야나 마찬가지다. 비록 네이버에서 공식 인정하지는 않더라도, 블로그 세상에서 제대로 된 성과를 내기 위해서는 지수에 대해서 알고 있어야 한다. 내 블로그의 수준을 제대로 파악하지 못하면 효율적으로 포스팅하기 어렵고, 사람들의 눈에 띄는 위치에 노출되기도 어렵다.

블로그 이웃 중에 꾸준히 포스팅을 하면서도 지수가 별로 높지 않은 블로그가 있다. 아마도 지수가 쌓이기 어려운 글을 쓰기 때문인 것 같다. 그럼에도 방문자 숫자는 하루 5000명을 상회한다. 자신의 수준에 맞는 키워드로, 본인이 살고 있는 도시의 맛집을 꾸준히 포스팅하니까 검색을 통해서 오는 사람도 많고 적재적소에 노출이 된다.

블로그를 잘하는 사람들은 공통적으로 지수에 맞는 키워드를 선별해서 포스팅하는 데 능숙하다. 자신의 수준을 잘 파악하고 지수에 맞는 키워드로 포스팅하기 때문에 상위노출이 잘되고, 방문자수도 높다. 즉 최적화 지수의 블로그가 아니더라도, 내 블로그가 상위노출이 될 만한 키워드가 무엇인지 파악하고 포스팅하면 된다. 즉 내 블로그 지수에 맞는 키워드가 무엇인지가 중요하다.

지수에 맞는 키워드란 무엇일까?

앞서 이야기한 대로 블로그 지수는 최적화, 준최적화로 수준을 구분할 수 있으나 키워드는 이런 게 존재하지 않는다. 다만 경쟁 상태를 파악해 상위노출이 가능한가를 미리 확인한 뒤 해당 키워드가 내 블로그 지수에 맞는 키워드인지 알 수 있다.

키워드 검색결과 노출 순위에서 경쟁해야 할 블로그의 일일 방문자 수를 확인해보는 것을 권한다. 대체적으로 지수에 비례해 방문자수가 나타나기 때문이다. 최적화 블로그의 경우 보통 수천에서 1만명 이상을 기록하는 경우가 많고, 준최적 블로그의 경우는 일일 수백에서 1천명 이내인 경우가 많다. 이를 확인하고 자기 블로그 지수와 비슷하거나 그보다 낮은 경쟁자가 있는 키워드를 노리는 게 좋다.

또한 상위에 노출된 블로그의 일일 방문자수가 많다 해도 포스팅 발행일이 오래(가령 6개월 이상)되었다면, 이 키워드를 노릴 수 있겠다. 내 블로그의 지수가 경쟁 블로그에 비해서 조금 낮아도 최신성이 반영되어 상위노출에 유리하기 때문이다.

다만 분석하는 데 시간이 걸릴 수 있고, 초보자의 경우는 이런 절차를 거쳐도 정확하게 파악하기 어려울 수 있다. 여건이 된다면 블연풀, 블톡, 데이터랩툴즈 등 유료 프로그램을 이용하는 것도 좋다. 쉽게 경쟁자를 파악하고, 알맞은 키워드를 선정하여 포스팅을 하도록 돕기 때문이다.

블로그 지수가 조금 낮다고 실망할 필요는 없다. 자기 블로그 지수에 맞는 키워드를 잘 포착한, 꾸준한 포스팅으로 다양하게 노출하는 것도 홍보에 좋은 방법이기 때문이다. 모든 블로그가 이러한 인큐베이팅, 숙성 과정을 거치므로 한 단계 한 단계 올리다 보면 탄력이 붙고 운영의 즐거움도 생긴다.

블로그 지수의 종류

블로그 지수는 업체마다 약간씩 다르긴 하지만 주로 저품질, 일반, 준최적화, 최적화 또는 저품질, 준최적화, 최적화로 나눈다. 그리고 준최적화와 최적화에서 또 세부 단계가 있다. 다음은 블연플이라는 유료 프로그램에서 분석한 지수 분포이다. 내 블로그의 지수는 최적3이고, 원형 도표는 현재 모든 블로그의 지수 분포를 백분율로 나타낸 것이다.

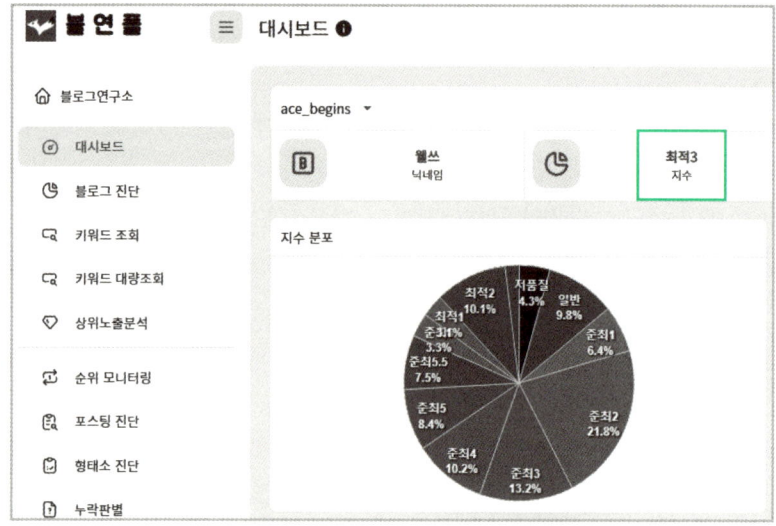

▲ 블로그 지수의 종류 및 분포 (출처: 블연플)

블로그 지수를 평가하는 무료 프로그램으로는 블렉스가 대표적이고, 유료 프로그램으로는 데이터랩툴즈, 블랙키위, 블연플, 블톡 등이 있다. 특히 데이터랩툴즈는 지수의 매우 상세한 부분까지 제공해줘서 블로그 고수들에게 인기가 높다. 데이터랩툴즈 홈페이지(https://datalab.tools//) 메인 화면에서 바로 보이는 [지금 시작하기] 버튼을 누르면 로그인 화면이 나오는데, 이메일과 비밀번호를 입력한 뒤 [이메일 로그인 및 회원가입]

버튼을 누른다. 다른 정보를 입력할 것 없이 이메일 주소 인증 한 번으로 회원가입을 할 수 있어 편리하다. 로그인을 한 뒤 검색창에 조회하고 싶은 주소를 넣고 [조회] 버튼을 누르면 블로그 지수를 확인할 수 있다.

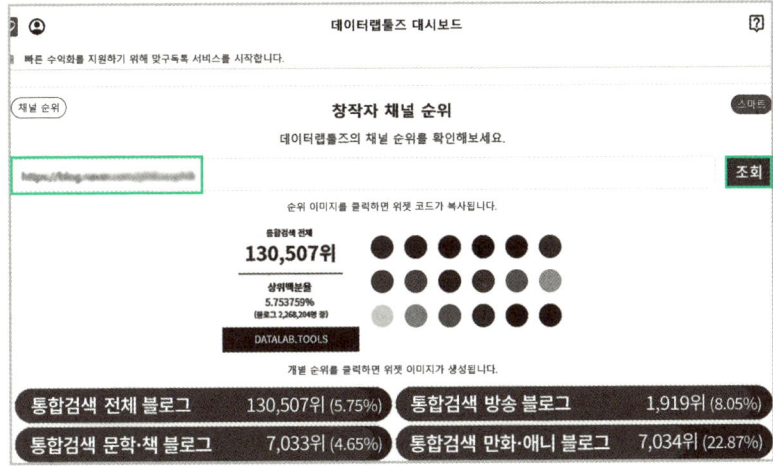

▲ 블로그 주소를 입력해 확인한 블로그 지수 (출처: 데이터랩툴즈)

유료 프로그램이라서 부담될 수 있을 텐데, 데이터랩툴즈에는 일일 이용권 서비스가 있다. 감을 익히기 위해서라도 한번 해보기를 권한다. 내 지수만이 아니라 타인의 지수도 확인할 수 있으므로 참고하기에 좋다. 또한 블로그뿐 아니라 카페나 포스트의 지수도 확인할 수 있다.

최적화 블로그

최적화 블로그는 톱 클래스에 위치한 블로그로, 많은 블로거들이 최적화 단계에 오르기 위해서 노력한다. 높은 수익을 얻는 블로그를 보면 최적화인 경우가 많다. 2015년 후반기까지는 왕성하게 활동한 블로그 중에서 최적화 블로그가 꽤 많이 생성되었다. 네이버 블로그 서비스 활성화에 도움을 준 개국공신(?)이라고 해도 과언이 아니라고 본다.

그런데 2015년 12월부터 네이버의 정책이 바뀌면서 최적화 등급에 오르는 블로그가 거의 나오지 않고 있다. 그 전만 해도 2~3개월 정도 열심히 포스팅을 하면 최적화 블로그가 되었는데, 이후 자격 요건이 크게 강화된 것이다. 2020년대에 생성한 블로그는 1년 이상 충실히 포스팅해도 최적화에 해당하는 신뢰도가 측정되지 않는다. 종종 최적화 블로그가 탄생했다는 소식이 들려오지만 진위 여부를 확인하기 어렵고, 혹시 발견하더라도 블로그 개설 연도가 2016년 이전인 경우가 많다. 이미 신뢰도를 많이 쌓아놓았기에, 뒤늦게 포스팅을 활성화하여 높은 퀄리티의 블로그임을 확인한 것으로 볼 수 있다.

블로그를 하다 보면 블로그 매입/임대를 원한다는 쪽지나 메일을 받기도 한다. 마케팅 회사에서 무작위로 보내는 경우가 대부분이다. 그런 연락에 응하면 블로그 지수를 확인해 최적화로 판명될 경우 매입을 진행하는데, 그 가격이 수백만원을 호가한다. 최근에는 천만원을 부르는 업체도 많다. 희소성이 있기 때문이다. 반대로 블로그 계정 수십 개를 운영하면서 자신의 블로그를 매매하는 경우도 있다.

▲ 블로그 매매 홍보 (출처: 셀클럽 사이트)

그러나 블로그 임대/매매는 엄연한 규정 위반이다. 네이버도 이를 금지하고 있다. 판매된 블로그는 업체의 상품 노출이나 과도한 홍보에 사용되어 검색 품질이 저하될 가능성이 높다. 무엇보다 개인정보를 넘긴다는 위험이 있으므로, 절대 매매하거나 임대해서는 안 된다.

준최적화 블로그

2020년대 이후 개설 활동한 블로그는 거의 대부분 준최적화 블로그 수준에 머물게 된다. 프로그램에 따라 다르지만 업계에서는 보통 준최적화 내에서도 1~7단계 정도로 지수를 선정하는데, 숫자가 클수록 높은 가치를 지닌 블로그로 볼 수 있다. 블로그를 생성한 지 얼마 안 된 경우 준최적 1~2단계 정도가 되고, 4~5개월 정도 활동하여 신뢰도를 쌓은 경우 5~6단계에 이를 수 있다.

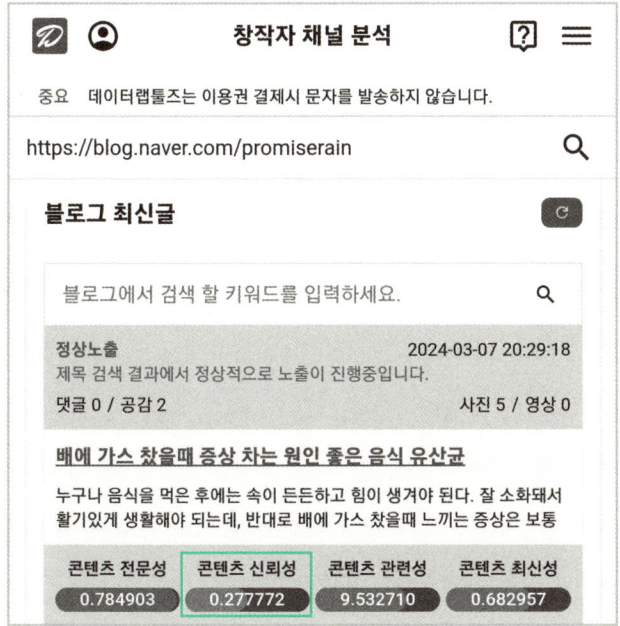

▲ 준최적화 블로그 분석 사례. 최적화는 신뢰성이 0.5 이상이다

최근 네이버 인기주제 검색과 맞물려서 준최적화 블로그로도 높은 성과

를 내는 블로거들이 많이 생겼다. 네이버 메인화면의 통합검색이나 블로그 탭 검색에서는 블로그 지수가 절대적이지만, 인기주제에서는 포스팅의 질을 중시하는 경향으로 바뀌었기 때문이다. 따라서 지금 블로그 지수가 높지 않다고 실망하지 말고, 좋은 콘텐츠를 발행해서 인기주제에서 많은 유입을 부르는 것이 블로그를 운영하는 지혜로운 자세라고 본다.

나는 3개의 블로그를 운영하고 있다. 그리고 조금 위험성이 있는 키워드는 메인 블로그가 아닌 서브 블로그에 올리고 있는데, 블로그 지수가 낮은 서브 블로그에 올린 글도 상위에 곧잘 오른다.

저품질 블로그

네이버가 '스팸 필터링에 의해서 걸러지는 블로그'라고 명시한 것을 블로거들이나 블로그 업계에서는 저품질 블로그라고 부른다. 블로그가 저품질이 되면 전성기 때와는 달리 검색 노출이 잘 되지 않고, 최신 검색순일 때에만 노출되기에 블로그의 활용 가치가 사라진다. 글 자체에 문제가 없어도 블로그의 신뢰도가 떨어졌으니 키워드로는 검색이 되지 않는다. 마케팅 업체들이 이를 모를 리 없다. 순식간에 하루 방문자가 폭락하고 마케팅 협찬도 안 들어오면, 포스팅을 할 의지가 사라진다.

다음 쪽에 있는 그림은 저품질이 되어 사용하지 않는 계정을 분석한 것이다. 신뢰성 점수와 관련성 점수가 –5점 이하인 것을 볼 수 있다. 왜 저품질이 되는 것일까? 블로그를 매매 및 대여하거나, 비체험 원고(직접 작성하지 않고 업체에서 받은 그대로 올린 원고)를 많이 올리거나, 어뷰징(인위적으로 순위를 높이는 행위)을 한다면 블로그가 저품질이 될 가능성이 높다. 물론 그런 일과 관련이 없어도 저품질이 되는 경우가 있다. 상당수의 블로그 운영자는 자기 블로그가 왜 저품질이 되었는지 알지 못한다. 저품질이 되는 명확한 기준이 알려지지 않았기 때문이다.

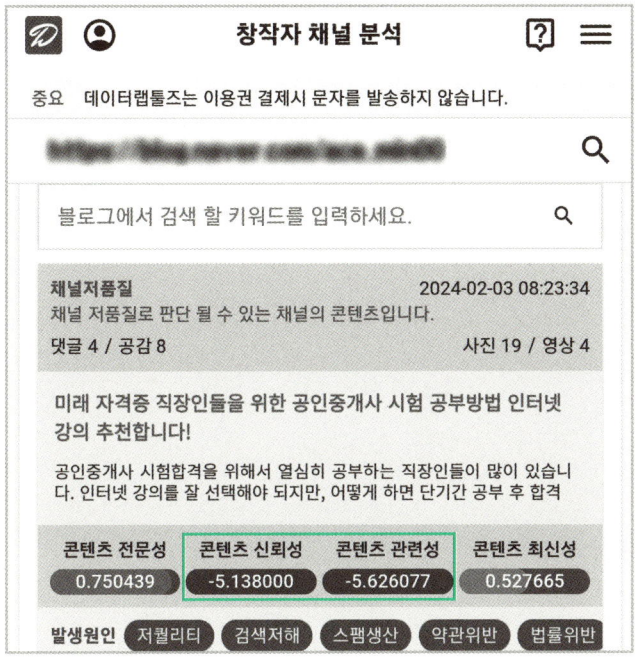

▲ 콘텐츠의 신뢰성이 마이너스(저품질)가 된 사례 (데이터랩툴즈 참조)

만일 측정 기준이 알려진다면 수많은 마케팅 대행사 및 블로거들이 저품질에 걸리지 않을 정도에 맞춰서 포스팅을 할 것을 우려하여, 네이버에서 정확한 이유를 공개하지 않는 것으로 추측해본다. 일단 네이버 약관에서 쓰지 말라고 명시한 키워드, 반사회적 행위, 어뷰징을 하지 않는 것은 기본이고, 과도한 상업적 포스팅을 자제하여 저품질이 될 만한 요소들을 미리 피하는 게 좋다.

저품질 블로그에서 탈출할 수 있을까?

저품질이 된 후 원래대로 돌아갈 수 있는지는 모든 블로거가 궁금해하는 부분이지만, 아직 알려진 정확한 방법은 없다. 의심되는 글을 삭제한 후 새롭게 포스팅을 하거나, 상업적 포스팅을 모두 삭제하고 정보성 포스팅을 쓰면 좋다는 말이 있기는 하지만 검증된 것은 아니다.

무엇보다 중요한 것은 블로그를 정확히 분석해서 저품질이 된 원인을 알아내는 것이다. 다시 포스팅을 작성하더라도 기존과 유사한 패턴이 반복된다면, 저품질에서 빠져나오는 기간이 기약 없이 늘어지거나 아예 불가능할 수도 있기 때문이다.

그러면 정말 저품질을 탈출하는 사람도 있을까? 최적화 블로그에서 저품질이 되었다가 각고의 노력으로 어느 정도 순위에 오르는 경우도 있기는 하다. 그러나 저품질 상태에서 회복되었다고 해서 이전과 같은 지수를 회복하는 것은 아니다. 한번 상처를 받았기 때문에 이전보다 낮은 수준에 머무르는 사례가 많다.

최근에는 저품질 같은 지수로 급격히 떨어뜨리지 않고, 최적화 블로그를 준최적화 3~4단계 정도로 강등시키는 경우도 많다. 스팸으로 분류하여 창작 의욕을 꺾기보다는 어느 정도 활동의 여지를 주는 것이라고 판단된다. 준최적화 3~4단계의 경우 일정 수준으로는 검색 노출이 되기에, 저품질과 동일시할 수는 없다. 그러나 이전처럼 좋은 키워드에서 검색이 잘 되지 않으므로 사기가 꺾이는 것은 당연하다. 그럼에도 꾸준한 활동으로 높은 방문자수를 기록하거나, 독한 마음을 품고 더욱 양질의 포스팅으로 극복하는 블로거들도 있다. 인간 승리의 표본이라고 본다.

네이버는 꾸준히 양질의 포스팅을 강조하고 있다. 특히 인기주제 영역이 크게 확대되면서 블로그 지수보다 포스팅의 퀄리티를 더 중요시하여 상위노출에 가산점을 주고 있으니, 좋은 정보로 채우는 것을 블로그 운영의 최우선의 목표로 삼아야 하겠다.

지수 높이는 방법(feat. 비법은 없다)

앞에서 말했듯 네이버가 공식적으로 지수를 매겨 블로그를 차등한다고 밝히지는 않았다. 그러나 블로그를 운영하는 입장에서는 상위노출을 위해 경쟁자와 싸워야 하고, 그러려면 블로그 지수를 높여야 한다. 그렇다면 어떻게 해야 블로그 지수를 높일 수 있을까? 여러 방법이 있겠지만 크게 3가지 방법으로 구분할 수 있겠다. 내가 책에서 내내 강조한 것과 같은 내용이다. 양질의 포스팅, 전문성(일관성) 있는 포스팅, 이웃활동이다.

양질의 포스팅

글자 그대로 좋은 퀄리티의 글을 써야 한다. 제목과 내용이 잘 연관되어 사용자의 검색 의도를 충분히 해소해주어야 한다는 뜻이다. 객관적인 정보, 블로거의 지식과 경험, 사례를 혼합해서 작성하는 것이 기본이다. 내용을 더 잘 전달하기 위해서 적절한 사진이 들어가는 게 보통이고, 움짤이나 동영상을 추가하면 체류시간이 증가해서 좋다. 사진의 퀄리티가 높으면 당연히 좋겠지만 글을 제대로 보충해줄 수 있는 사진이면 충분하다.

전문성(일관성) 있는 포스팅

일관성 있는 주제와 키워드로 꾸준히 포스팅을 하는 게 좋다. 예전에는 블로그 지수만 높으면 대부분의 주제/키워드에서 상위노출이 가능했다. 즉 신뢰도가 높은 블로그는 원하는 분야에서 독식이 가능한 구조였다. 그런데 이런 블로그에 과도한 상업적 요소가 개입되면서 블로그의 전문성이 떨어질 뿐만 아니라 검색결과에 광고 포스팅이 난무하거나, 원하는 답을 얻지 못하는 등 검색 품질까지 떨어졌다. 그래서 네이버는 C-Rank 알고리즘(주제별 출처의 신뢰도와 인기도)을 적용해 특정 분야나 주제, 키워드에서는 전문성 있는 포스팅을 발행하는 블로그가 상위노출이 되도록 로직을 변경했다.

예를 들면 부천 보컬학원이나 구미 인테리어, 영동 철거 등 특정 지역 이름이 들어간 키워드는 경쟁이 치열하지 않은 경우가 많다. 따라서 지수가 높은 블로그를 갖고 있으면 얼마든지 상위노출 할 수 있을 것 같지만, 예상과 달리 통합검색 인기글에 노출되지 않아서 낭패를 보는 경우가 생긴다. 단순히 지수가 높은 블로그보다도 특정 지역에 관련해서 자주 포스팅을 한 블로그, 혹은 유학, 다이어트, 대출, 보험, 특허 등 특정 분야에 전문성을 가진 블로그가 자신이 줄곧 다뤄오던 키워드로 글을 쓰면 상위노출이 유리해진다.

이처럼 특정 주제에서는 블로그의 지수가 조금 낮아도 꾸준히 관련 주제/키워드로 글을 써온 사람들에게 우선권을 주므로, 자신의 전문 분야를 정해서 글을 계속 발행하는 게 좋다.

이웃활동

이웃 소통을 통한 공감, 댓글은 블로그에 좋은 영향을 끼친다. 특히 퍼가기는 특정 포스팅의 우수성을 판단하는 기준이 될 수 있다. 좋은 정보를 지닌 포스팅이므로 내 블로그나 카페 등으로 퍼간 것이 아니겠는가? 이는 블로그 지수를 단기간에 높여주는 역할을 할 수 있다.

나아가 이웃들과 소통하는 것은 블로그 운영의 큰 보람이다. 내가 쓴 글에 공감하고 댓글을 남기며, 스크랩까지 해주는 이웃이 있으면 얼마나 즐거운가? 수년째 꾸준히 소통하는 이웃이 있는데, 가끔 물건도 구입해주고 도움이 필요할 때는 체험단도 직접 해준다. 나에게 블로그 상위노출에 대해 물으면 답해주기도 하면서 가끔 전화도 주고받는 사이가 되었다. 블로그로 새로운 인간관계가 생긴 셈이다. 다른 사람의 좋은 포스팅에 공감과 댓글을 남기고, 성의 있는 이웃 신청을 하자. 그래야 오래 남는 서로이웃이 될 가능성이 높다.

블로그 지수를 비교적 단기간에 높였다는 글을 종종 볼 수 있는데, 이 3가지에 부합하는 경우가 대부분이다. 방문자들이 오랜 시간 체류할 수 있는 글, 특정 주제에서 전문성 있는 글, 이웃들과의 소통, 이것이 블로그 활동의 기본임을 잊지 말자.

단기간에 지수 높여 고소득을 올릴 수 있는 비법이 있다?

"단기간에 블로그 지수 높이기 고소득 OK" 이런 문구의 포스팅, 영상을 자주 접한다. 무슨 이야기를 하는지 궁금해 들어가보면, 방문자 폭증 비법을 알려주겠다며 전자책 구입이나 강의 수강을 권하는 것이다. 도대체 무슨 비법을 말하는지 알아볼 겸 40쪽으로 된 전자책을 하나 구입한 적이 있다. 원래 몇 만원에 파는데, 파격 특가라고 보통의 종이책과 비슷한 가격으로 판매하고 있었다.

제목은 '1% 탑티어를 위한 블로그 비법서', 부제는 '1달 만에 상위 1% 달성하는 방법'이었다. 읽어보니 1%가 되기 위해서 전문적인 블로그로 특화해라, 퍼스널 브랜딩을 통해 컨설팅 및 프로젝트를 진행하여 인디펜던트 워커가 되라, 불법적인 게시물을 올리지 마라, 네이버 외부로 트래픽을 뺏기지 마라, 차별성이 없는 유사 문서는 저품질로 가는 길이다, 등등 어디서든 들을 수 있는 내용이었다. 제목과 부제만 탁월했다. 전자책과 강의를 판매하기 위한 성공팔이 사례라고 생각하는데, 사실 본인의 이야기인지도 알 수 없는 일이다.

다른 블로그 비법서를 봐도 거의 비슷하다. 블로그 로직에 대한 이야기도 많고, 심지어 어뷰징 프로그램를 소개하는 경우도 있다. 그러나 진짜 승부는 꾸준한 포스팅 발행과 전문성에 달려 있다. 로직은 그 다음이다. 이를 역행하면 편법에만 익숙해질 뿐, 성과는 미미하다. 유료 강의를 여러 번 들어도 늘 제자리 걸음이라며 하소연하는 사람들이 많다. 지수의 본질은 오늘 쓰는 글에 달려 있다. 이 본질을 놓치지 않길 바란다.

검색 알고리즘의 변화를 보면 핵심이 보인다

네이버는 검색순위를 정하는 자체 기준이 있다. 바로 검색 알고리즘이다. 계속해서 조금씩 진화하고 있지만, 핵심은 검색자의 의도에 정확한 답을 제시하는 것이다. 진화의 순서를 보면, 어떤 메커니즘(알고리즘)에 맞게 글을 써야 할지 답을 알 수 있다.

▲ 네이버 알고리즘의 변화

Libra (2012~2015)

리브라(Libra)는 2012~2015년에 적용되었던 검색 알고리즘으로, '믿을 수 있는 출처에서 좋은 정보가 나온다'라는 원칙을 바탕으로 문서의 정확도와 출처의 신뢰도, 꾸준한 활동 여부를 감안해 검색순위를 정했다.

블로그 개설 45일 만에 최적화 블로그를 만들었다는 전설적인 이야기가 회자되곤 하는데, 대부분 이 시기에 시작해 활동한 블로그라고 보면 된다. 당시 블로그들은 1일 1포스팅을 45~60일 정도만 하면 최적화 블로그가 되어 상위노출이 쉽게 됐다. 10년이 흐른 지금도 상위 랭킹에서 맹위를 떨치고 있으니, 축복받은 블로그라고 할 수 있다.

여담이지만 2015년에 블로그를 개설해 두어 달 열심히 포스팅하다가 이후로는 방치해두고 드문드문 일상글을 올리던 중, 남들이 블로그로 돈을 번다는 소식을 듣고 혹시나 해서 포스팅을 하니 노출이 잘 되더라, 블로그 지수를 확인해보니 최적화 블로그더라, 하는 사례가 종종 있다. 전생에 나라를 구했나 보다 하면서 블로거들의 부러움을 산다. 리브라 로직 시대에 태어난 금수저라고나 할까.

그런데 최적화된 블로그들이 검색하는 사람들에게 필요한 정보보다는 광고성 글을 더 많이 포스팅하면서, 검색 상위에 오르는 글의 상당수가 광고성 글이 되어 많은 사용자들이 검색 품질에 불만을 갖게 되었다. 또한 최적화된 블로그를 디자인만 약간 바꿔 매매하는 등 부작용이 많았던 시기이다.

C-Rank (2016~지금까지)

씨랭크(C-Rank)는 'Creator Rank'로, '맥락, 내용, 연결된 소비/생산' 요소를 종합 계산하여 '출처의 신뢰도/인기도'를 평가하는 방식이다. 즉 얼마나 믿을 수 있는지, 어느 정도로 인기 있는 블로그인지를 계산하는 것이다. 블로그 검색 로직의 기본으로, 최근에는 인플루언서 선정 등 블로그 평가에 큰 영향을 주고 있다.

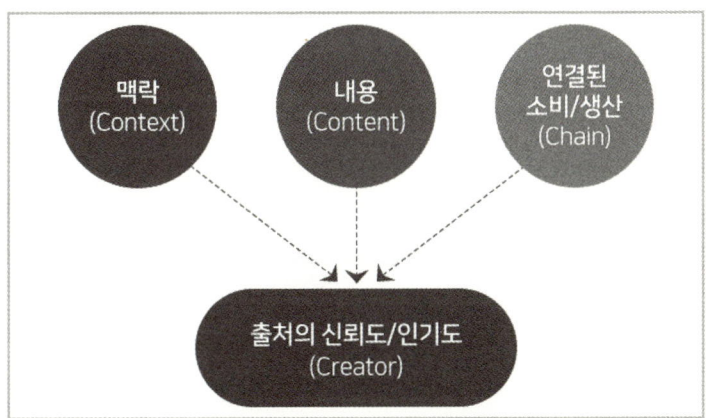

▲ 네이버 C-Rank 알고리즘 (출처: 네이버 검색 공식 블로그)

핵심은 특정 관심사(주제)에 대해서, 양질의 포스팅을 생산하고, 꾸준히 소통하는가이다. 전문성 우선 정책이라고 보면 된다. 의무적으로 생산하는 일상적인 글 여러 개보다 전문성을 지닌 하나의 글이 블로그 검색결과 노출에 더 도움이 된다.

D.I.A.와 D.I.A.+ (2018~지금까지)

전문적인 포스팅인데도 블로그의 C-Rank가 높지 않다면 검색 노출에서 불이익을 받을 수밖에 없다. 이 부분을 보완한 것이 다이아(D.I.A., Deep Intent Analysis) 로직이다. 문서 자체의 경험과 정보성을 분석하는 것이다. 창작자의 전문 지식, 본인이 직접 체험한 사례, 특정 분야에서의 깊이 있는 의견, 누구나 선호할 만한 상세한 정보 등을 포스팅한다면 D.I.A. 랭킹에 반영되어 순위 상승에 도움이 된다.

다이아 플러스(D.I.A.+)도 있는데, D.I.A. 알고리즘에 사용자들이 자

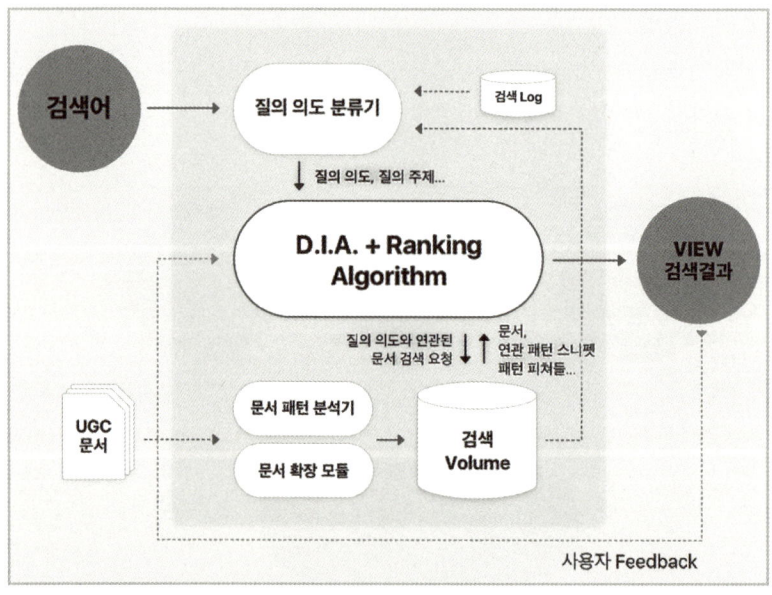

▲ 네이버 D.I.A.+ 알고리즘 (출처: 네이버 검색 공식 블로그)

주 검색하는 질의에 대한 분석을 업그레이드한 것이다. 상위에 노출된 문서를 클릭했더니 실제 원하는 정보는 없고 낚시성 글이었다는 사용자들의 불만이 많았기에, D.I.A.+에서는 질의 의도에 맞춰 문서에 해당 내용이 포함되어 있는지 판별한다. 따라서 '검색자의 질의에 맞는 적절한 내용으로 채워져 있는가?'가 D.I.A.+ 랭킹에서 핵심 판단 기준이다. 네이버에서는 D.I.A.+의 알고리즘에 대해 다음과 같이 설명하고 있다.

- **질의 의도 분류기:** 의미 기반 클러스터링과 학습을 통해 질의 패턴을 분석합니다.
- **문서 패턴 분석기:** 문서의 구조, 본문 텍스트, 이미지 정보 등으로부터 추출된 새로운 패턴 피처들을 D.I.A.+ 랭킹 로직에 활용합니다.
- **문서 확장 모듈:** 의미적으로 대체가 될 만한 단어를 문서에 추가함으로써 문서와 검색어의 매칭 확률을 높이고 검색품질을 높이고 있습니다.
- **D.I.A.+ 랭킹:** 다양해진 패턴 피처들과 사용자 피드백을 통해 질의 의도에 적합한 문서인지 유동적으로 파악해 다채로운 검색결과를 제공합니다.

참고로 유료 프로그램에는 C-Rank, D.I.A., D.I.A.+ 알고리즘에 따른 점수를 합산해서 블로그 지수를 분석해주는 기능도 있다. 다음 쪽의 그림은 블연플 프로그램에서 알고리즘을 기반으로 블로그를 분석한 화면이다. 좌측 상단에는 블로그 지수와 각 알고리즘에 따른 점수를 보여준다. 블로그 지수에 알고리즘이 영향을 미친다는 점만 파악하면 되겠다. 우측 하단의 신뢰도, 연관도, 반영도가 각각 C-Rank, D.I.A., D.I.A.+를 가리키는 것인데, 초보자의 입장에서는 이름만 봐서는 무슨 뜻인지 짐작하기가 어렵다. 블로그 지수 산정에서 가장 중요한 것은 C-Rank, 즉 신뢰도라는 것을 기억하면 된다.

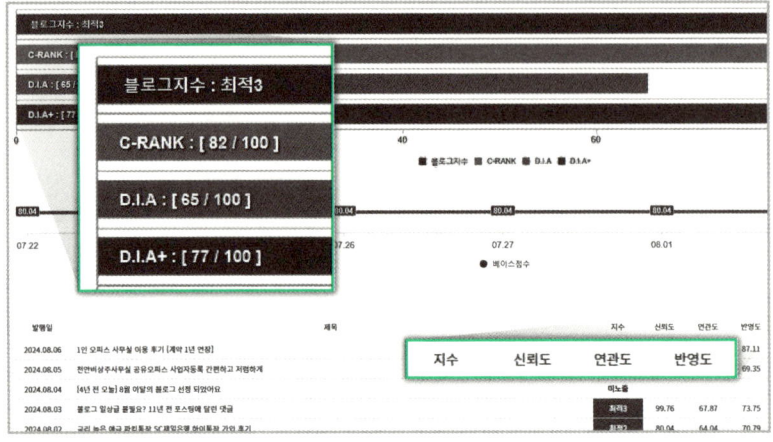

▲ 알고리즘 점수가 반영된 블로그 분석 결과 (출처: 블연플)

VIEW (2017~2024년 3월까지)

네이버에서는 블로그 외에도 포스트, 카페, 지식iN 및 웹문서까지 다양한 창작 콘텐츠를 검색할 수 있다. 원래는 각각 별도의 영역에서 검색이 되었으나 2017년부터 블로그, 포스트, 카페를 뷰(VIEW) 검색으로 통합해서 반영했다. 문서의 랭킹을 정하는 방법으로 사용되고 있기 때문에 시의성 있고, 맥락에 맞는 멀티미디어(사진, 영상)가 포함된 UGC(User Generated Content, 사용자가 창작한 콘텐츠)가 잘 검색된다고 할 수 있다. 7년 넘게 운영되다가 스마트블록이 대세가 되면서 사라졌다.

스마트블록(인기주제) (2021~)

스마트블록은 사용자 검색 의도 및 취향을 반영한 것으로, 2021년 신설 이후 지금까지 네이버 검색의 주력 서비스로 운영 중이다. 검색 한번에 다양한 연관 검색어(블록)가 나와 사용자의 질의 의도에 맞는 결과를 얻을 수 있는 장점이 있다. D.I.A.+ 로직이 구현되어 나온 검색 알고리즘의 결정판이고, 앞으로도 오랫동안 이 검색 형태가 지속될 것으로 판단한다.

가령 '여드름 피부과'를 검색하면 '인기주제'라는 영역에 작은 블록 형태로 관련된 키워드가 뜨면서 사용자들의 탐색을 직접적으로 도와준다. 검색어와 관련된 트렌드, 대표 키워드를 한눈에 파악할 수 있도록 보여줌으로써 검색한 사람들이 여러 번 다른 검색어를 치지 않고 한번에 관련 정보를 찾을 수 있도록 구성한 것이다.

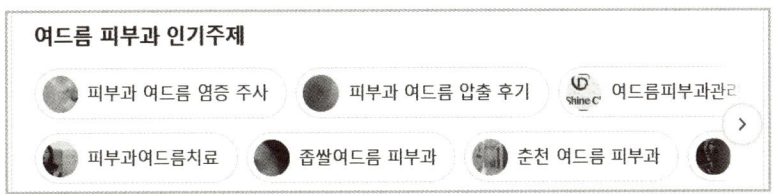
▲ 네이버 스마트블록(인기주제)

이상 Libra에서부터 C-Rank, D.I.A., D.I.A.+, VIEW, 스마트블록(인기주제)까지 검색 알고리즘을 알아보았다. 중요한 것은 결국 한 가지다.

> 검색 질의에 맞는 전문성과 경험을 담은 양질의 글을 꾸준히 발행하는 것

검색의 진화는 이 부분을 끌어내기 위한 의도임을 알 수 있다. 로직이 조금씩 달라질 수는 있으나 핵심은 절대 변하지 않을 것이다.

4부

블로그 평생직업 만들기

#1장_블로그_수익화_라이프

#2장_소상공인을_위한_블로그_마케팅

#3장_10년_전업_블로거의_단상

1장
블로그 수익화 라이프

블로그 수익 모델 7가지

집에서 부업으로 블로그를 하는 사람이 있는가 하면, 퇴근 후 추가 수익을 위해서 하는 경우도 많고, 블로그 수익이 어느 정도 정착되어 직업으로 삼는 경우도 있다. 애드포스트에서 월 200만원 이상 수익을 인증하는 사람, 상품 체험단으로 월 500만원을 버는 블로거도 많다. 블로그를 기반으로 마케팅 대행이나 쇼핑몰 운영으로 사업을 확장하기도 하고, 교육이나 전자책 출판으로 고수익을 내는 사람도 있다. 즉 블로그를 통해서 돈을 버는 게 중요하지, 블로그만으로 돈을 벌 이유는 없다.

7가지 블로그 수익 모델
1. 애드포스트
2. 상품/서비스 체험단
3. 제휴마케팅
4. 블로그 강의 및 컨설팅
5. 스마트스토어 연계
6. 원 소스 멀티 유즈
7. 기자단(나쁜 수익화 사례)

블로그 수익 모델 1. 애드포스트

"정보를 나누는 즐거움에 수익을 나누는 기쁨까지!" 네이버 애드포스트 첫 화면에 뜨는 문구이다. 네이버 블로그 수익 모델의 첫 번째가 바로 애드포스트이다. 수익이 많아서라기보다는 비교적 쉽게 수익화를 시도해볼 수 있기 때문이다. 애드포스트는 블로그 방문자가 포스팅을 읽다가 중간에 있는 배너광고나 하단의 텍스트 광고를 누르면 블로거에게 돈이 지급되는 방식이다.

▲ 포스팅 하단에 있는 애드포스트

광고마다 가격이 천차만별이다. 경쟁이 거의 없는 키워드의 경우 클릭당 70원짜리도 있고, 비싼 경우는 클릭당 3만원짜리도 있다. 따라서 경쟁력이 센 키워드로 포스팅을 했다면 비싼 광고가 노출될 가능성이 높다. 애드포스트에 대해서 어느 정도 아는 블로거는 상업적으로 인기가 높은 키워드로 블로그 제목을 지어서, 고가의 광고가 노출되는 것을 노린다.

조회수가 많아야 클릭에 유리하므로 클릭하게 만들 유인책도 조금은 있어야 한다. 다만 이러한 노력이 꼭 성과와 비례하지는 않는다. 하루 1만명이 들어와도 애드포스트 수익이 5000원도 안 된다는 사람이 있고,

하루 방문자가 5000명 정도여도 수익이 10만원이 넘는 경우도 있다.

개설 조건, 입금 일정

애드포스트는 네이버 애드포스트(https://adpost.naver.com/)에 신청해서 승인을 받아야 하는데, 개설 조건은 다음과 같다.

> **애드포스트 개설 조건**
> · 블로그 개설 후 90일 이상
> · 일 방문자수 100명 이상
> · 포스팅 개수 50개 이상

위 3가지 조건을 충족하면 승인을 해준다. 일 평균 방문자수나 총 포스팅 개수가 조건에 조금 못 미쳐도 승인된 사례가 있으므로 절대적인 기준은 아니다. 그리 높은 기준은 아니므로, 블로그를 운영한다면 누구나 달성할 수 있는 조건이라 할 수 있다.

애드포스트를 1개월 동안 운영해서 생긴 수익이 다음 달 25일에 통장으로 입금되는데, 5만원이 넘어야 입금된다. 그 이하인 경우는 다음달로 이월되어 5만원이 넘어야 받을 수 있다. 연간 지급 금액이 125,000원이 넘으면 원천징수가 되어 8.8%의 세금이 공제되니, 비교적 고율의 세금이라고 할 수 있다.

애드포스트 수익 전략

"이번 달에는 점심값 벌었어요!" 블로그 커뮤니티에서 이런 글을 자주 만난다. 애드포스트로 1만원 정도 벌었다는 이야기인데, 생각보다 저조한 금액이라고 여길지도 모르겠다. 3만원 가량이 나와 치킨값을 번다고 말하는 사람들도 있고, 조금 잘 돼서 스마트폰 이용요금을 낸다고 말하는 수준이 다수라고 보면 되겠다. 하루 방문자 1000명 이하의 초중급 블로그들은 대부분 월 몇 천원에서 몇 만원 정도 번다. 사실상 애드포스트로 돈을 좀 벌었다는 이야기를 듣기는 쉽지 않다. 드물게 몇 십만원에서 몇 백만원을 버는 사람들이 있기는 하지만, 대부분 원고료 협찬으로 얻는 수익이 더 많으므로 애드포스트 수익에 일희일비하지 않는 분위기이다.

지인 중에 최적화 블로그이자 인플루언서 블로그를 운영하며 하루 방문자수가 평균 5000명인데, 애드포스트 수익은 월 30만원 정도에 불과하다고 푸념하는 사람이 있다. 그렇지만 이 정도면 나름 괜찮은 수익이라고 볼 수 있다. 실제 클릭으로 유도하는 것이 결코 쉽지 않기 때문이다. 그렇다고 애드포스트에 화살표를 표시해 "눌러주세요"와 같은 문구를 붙이면 페널티를 받는다. 비슷하게 "여러분의 도움이 블로그 운영에 힘이 됩니다" 같은 문구 또한 네이버에서 제재 대상으로 삼았기에 함부로 쓰면 안 된다.

이런 사정 때문에 몇몇 커뮤니티, 단톡방에서 수백 명의 사람들이 서로 애드포스트 광고를 눌러주는 경우도 있는데, 네이버가 이를 모를까? 이 역시 네이버에서 금지하고 있다. 영업방해에 해당되기 때문에 발각되면 블로그 일시중지는 기본이고, 심하면 영구정지까지 받을 수 있다. 그러니 애드포스트 품앗이는 절대 금물이다.

그렇다면 애드포스트 수익은 점심값 정도로 만족해야 할까? 어떻게 애드포스트로 수익을 높일 수 있을까? 2024년 초 나는 월 100만원이 넘는 애드포스트 수익을 올렸다. 많을 때에는 월 200만원을 훌쩍 넘겼고, 이후에도 150만원 정도가 나오고 있다.

무슨 비법이 있었던 것은 아니다. 애드포스트가 랜덤으로 달리기는 하지만 광고의 주제는 블로그 포스팅 주제와 비슷하기 때문에, 방문자가 끝까지 글을 읽도록 만들고, 해결책이 궁금해서 하단에 있는 광고를 클

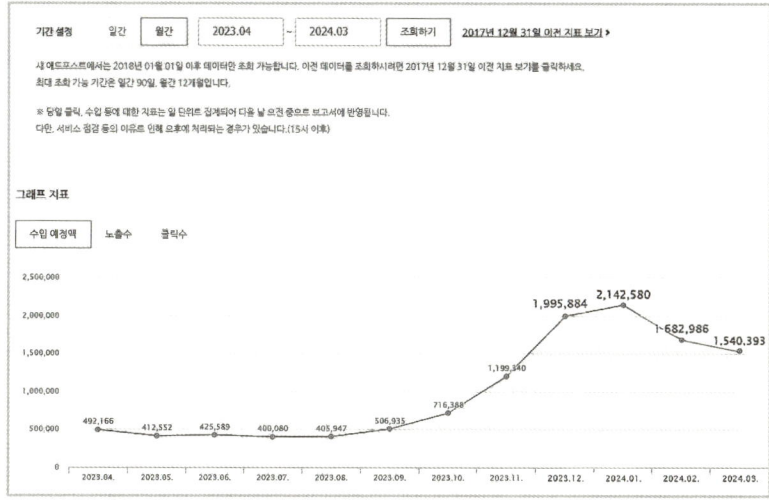

▲ 애드포스트 고수익 달성 사례

럭하도록 유도하는 자연스러운 유인책을 썼다. 예를 들어 비타민 관련 글에는 비타민 상품이 애드포스트로 뜨는데, 글을 끝까지 읽고 비타민을 먹어야겠구나 하는 마음이 들어 애드포스트를 클릭하게 만드는 것이다. 대단한 방법은 아니지만, 잘하는 사람들은 나름의 방법이 있다. 직접 연구하고 고민해서 내 글이 인정받을 수 있도록 하자. 애드포스트가 정말 꿀과 같은 수익이 될 수도 있다.

블로그 수익 모델 2. 상품/서비스 체험단

애드포스트 수익만으로는 아쉬울 때 이를 만회하고도 남을 대표적인 수익이 바로 원고료 협찬, 즉 상품/서비스 체험단이다. 대부분의 블로거들이 수익을 내는 방법이며, 협업 마케팅을 통해서 월 수백만원의 수익을 내는 블로거들이 탄생한다. 가장 보편적이고, 쉽게 받을 수 있기에 실질적인 수익 활동의 대표격이라고 보면 되겠다.

체험단 수요가 많은 이유는 무엇일까? 사람들은 의사 결정을 할 때 누군가의 경험을 통해서 확신을 얻게 된다. 가령 여행지에서 뭘 먹을지 모르는 경우가 그렇다. 음식점, 카페에 방문한 사람들의 포스팅은 추후 그곳에 방문하려는 사람들에게 참고가 된다. 사람들은 스마트폰을 비롯한 IT 기기, 건강기능식품, 학원, 온라인 교육, 심지어 부동산 분양에 이르기까지 거의 모든 분야에서 다른 사람의 후기를 참고하고 싶어한다. 이를 바꾸어 생각하면, 사람들이 체험단을 요구하고 있다고 볼 수도 있다.

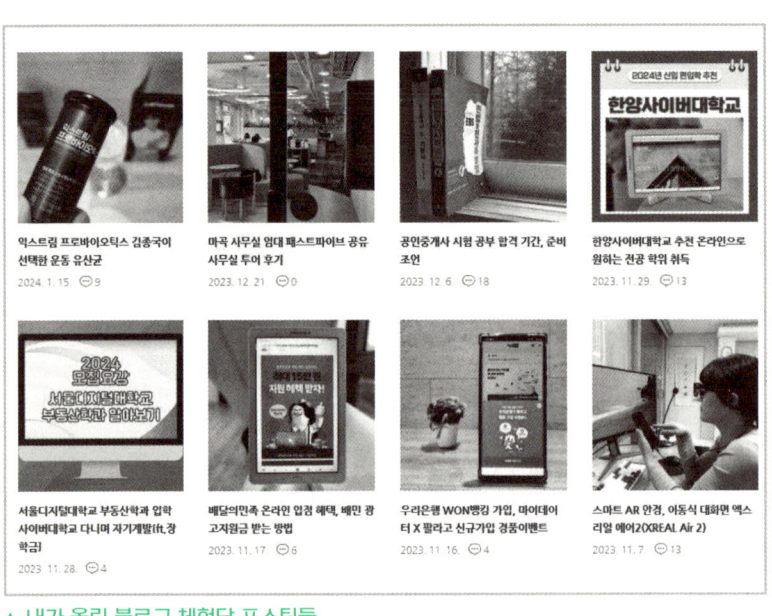

▲ 내가 올린 블로그 체험단 포스팅들

체험단 수입은 얼마?

체험단은 서비스나 상품을 제공받거나 직접 방문해야 되기 때문에 비교적 수입이 높은 편이다. 물론 블로그의 영향력이 낮은 경우에는 상품만 받고 글을 써야 하는 경우도 있지만, 어느 정도 상위노출이 되면 상품과 함께 소정의 원고비가 제공된다. 주제에 따라서 판이하게 다르지만 여러 블로거들의 의견을 종합해보면 대략 다음과 같다.

- **일 방문자 500명 + 쉬운 키워드 상위노출:** 원고비 2~3만원
- **일 방문자 1000명 + 중간 키워드 상위노출:** 원고비 3~5만원
- **일 방문자 5000명 + 경쟁이 센 키워드 상위노출:** 원고비 10만원 또는 그 이상. (참고로 내 블로그가 이 정도 수준인데 10만원이 기본이고, 15만원도 자주 들어온다.)
- **일 방문자 1만명 이상 + 경쟁이 센 키워드 상위노출:** 기본 15만원. 20만원 혹은 30만원 이상 주는 곳도 있다. 여기에 옵션이 붙으면 50만원 이상 받을 수도 있다. (종종 체험단 협찬을 블로그 수익의 꽃이라 부르는데, 그럴 만하다는 생각도 든다.)

1달에 30편 정도의 글을 쓰면 일 방문자수나 키워드 경쟁 정도에 따라 월 300~900만원 정도를 벌 수 있다는 계산이 나온다. 그런데 월 30편의 체험단 활동을 하는 게 그리 만만치 않다. 전혀 모르는 상품을 분석하고 사진을 찍어서 올리려면 2시간은 기본이고 4~5시간 걸리는 경우도 허다하다. 특히 여행지, 맛집 등의 경우는 해당 장소를 방문해야 되기에 꼬박 하루가 소요되는 경우도 있다. 무엇이든 좋은 면만 있는 것은 아닌 법이다. 수익화를 꿈꾸는 블로거라면 누구나 하고 싶은 체험단 포스팅에는 어떤 어려움이 있을까?

체험단의 부담 1. 마감

하루에 1~2편씩 체험단을 하는 사람들을 보면 마감에 시달린다는 말을 자주 한다. 하루에 10~20만원을 버는 것은 좋지만, 성의있게 창작한다는 게 그리 쉽지 않다. 광고주 입장에서는 몇 배의 수익을 내야 하기

때문에 그만큼 수익을 올려주는 블로그에 협찬을 의뢰하게 된다. 주변에 체험단 수익으로 살아가는 블로거가 몇 명 있는데, 책상에 앉아 있는 시간이 많다 보니 컨디션이 좋지 않고, 마감 전에 완료해야 한다는 부담이 크다고 호소한다.

약 한 달 사이에 블로그 체험단 의뢰를 11건 수락한 적이 있는데, 총 180만원 정도의 원고비를 받긴 했지만 스트레스가 보통이 아니었다. 체험단 원고료가 블로그 수입의 대부분을 차지한다면 오래 지속하기 어렵지 않을까 하는 생각도 들었다.

1월 체험단						
번호	신청일	회사명	제품	금액(단위:만원)	업데이트	URL
1	12. 8			10	1. 22	https://blog.naver.com/ac
2	12. 19			20	1. 2	https://blog.naver.com/ac
3	12. 22			15	1. 5	https://blog.naver.com/ac
4	12. 28			10	1. 9	https://blog.naver.com/ac
5	1. 4			20	1. 9	https://blog.naver.com/ac
6	1. 5			12	1. 15	https://blog.naver.com/ac
7	1. 8			20	1. 14	https://blog.naver.com/ac
8	1. 9			18	1. 17	https://blog.naver.com/ac
9	1. 15			15	1. 22	https://blog.naver.com/ac
10	1. 17			20	1. 19	https://blog.naver.com/ac
11	1. 23			18	1. 29	https://blog.naver.com/ac
합계				178		

▲ 체험단 포스팅을 하면 의뢰 업체명, 원고료, 발행일 등을 정리해놓는다

체험단의 부담 2. 지수하락과 저품질

체험단 활동 시 또 하나의 부담이 있는데, 바로 블로그 지수하락이나 저품질이다. 블로그에 다른 회사 홍보글만 써주고 계속 돈을 벌면 좋겠다고 생각할 수도 있지만, 어느 정도 정보성과 균형을 맞춰야 한다. 매일 협찬글만 올린다면 광고판과 다를 게 뭘까? 상업성이 심해질 경우 블로그의 지수가 하락해 저품질이 될 위험이 있다.

사실 지나친 상업적 이용이란 것의 기준이 명확하지 않다. 그렇지만 나는 블로그를 오래 운영하기 위해 나름의 기준을 정해, 정보글 3개에 상업글 1개 정도의 비율을 유지하고 있다. 만약 하루에 1편씩 포스팅을 한다면 원고료를 받은 체험글은 주 2편 정도가 적당하다고 생각하는 것이다. 물론 이것은 참고용이고, 나의 경우 수익 포트폴리오가 별도로 있기 때문에 전문 리뷰어보다는 조금씩 쓰는 편이다.

또 금칙어, 법률 위반 가능성도 크다. 광고주 측에서는 효과적인 홍보를 위해서 여러 개의 링크를 넣어 달라고 하거나, 타 업체와 비교하는 내용을 써달라고 한다. 그러다 보니 '최고', '국내 유일' 등 비교하거나 과장된 표현이 들어갈 가능성이 높다. 그런데 건강이나 병의원 등 몇몇 업종에서는 타 업체 언급을 통한 비교 자체가 금지되어 있다. 비교의 대상이 된 업체가 네이버 고객센터에 게시물 중단 신청을 할 수도 있으니 조심해야 한다.

한번은 포스팅 제목에 경쟁 업체 이름을 넣은 적이 있었다. 비교 광고가 되지 않도록 애를 썼지만 검색 상위에 노출되는 바람에(?), 영업에 지장이 생겼다고 경쟁 업체가 클레임을 걸었다. 광고주 제안이 왔을 때 미리 체크하고 해당 업체 이름을 제목에 넣지 말아야 했는데, 실책임을 깨닫고 즉시 제목을 변경했다.

광고 홍보를 위한 포스팅이다 보니 제품이나 서비스에 대해서 과장하거나 허위 사실을 쓰게 될 위험이 늘 있다. 이 점을 인지하고 조심해야 한다. 예를 들면 몸에 좋은 식물을 건강기능식품(식약처에서 인증을 받아야 됨)으로 오인하게 한다든지, 효능이 입증되지 않았음에도 무조건 치료가 되는 것처럼 쓰는 실수를 범할 수 있다.

나는 2021년 3월부터 2023년 8월까지 생활건강 인플루언서로 활동했다. 당연히 제약업체나 건강기능식품 업체로부터 많은 상품 체험 의뢰가 들어왔고, 실제 진행도 많이 했다. 이 과정에서 영양제 홍보가 만만치 않음을 체감했다. 의뢰한 업체의 법무팀 검토를 받았음에도 나중에 법이 개정되어 표현 몇 개를 수정한 적도 있고, 노출 중지된 포스팅도 있었다. 2023년 8월 이후로는 경제 인플루언서로 활동하고 있는데, 이쪽 분야도 금융 상품 과대광고가 늘 이슈인 듯하다. 자칫 투자자들의 재산에 손해를 입힐 수 있기 때문이다. 따라서 돈이 된다고 무조건 체험단 요청을 수락하면 곤란하고, 해당 주제의 법적 테두리를 공부하고 포스팅하는 자세가 필요하다.

　높은 수익을 얻을 수 있어 가장 많이 진행하게 되는 게 체험단이므로 주의해야 될 점을 적었다. 과도하게 진행하면 문제가 생길 수 있으니, 조금 적게 벌더라도 오랫동안 블로그 품질을 유지하여 계속적으로 수입이 나오는 모델로 삼았으면 좋겠다는 바람이다.

체험단 의뢰가 오게 하려면

체험단이 주된 수익 모델인데 왜 나에게는 의뢰가 오지 않을까? 비어 있는 '받은메일함'을 보며 좌절하는 사람이 많다. 하루 방문자가 1000명을 넘는데 "맛집 체험하실래요?" 하는 원고료 없는 상품 리뷰 의뢰 쪽지를 보고 실망하는 경우도 많다. 그런데 업체 입장에서 생각해보자. 당연히 평소에 상품, 서비스 리뷰를 많이 하는 블로그에 의뢰하지 않을까? 그래서 체험단 의뢰를 받고 싶다면 평소에 내돈내산 제품 리뷰를 포스팅할 필요가 있다. 고액의 원고료를 받는 IT 블로거들은 일부러 스마트폰이나 PC 주변 기기를 구입해 리뷰를 쓰기도 한다. 필요해서 구입하는 것도 있겠지만, 관련 업체의 협찬 제안을 받기 위해서이기도 하다. 실제로 이렇게 몇 번 리뷰를 하면 비슷한 요청이 쇄도한다.

　체험단 리뷰 전문 사이트에 가입하는 것도 좋다. 레뷰, 위리뷰, 리퓨

플레이스, 티블 등의 사이트는 광고주와 체험단 활동을 원하는 블로거를 연결해주는데, 맛집부터 배송 상품, 온라인 교육 콘텐츠까지 주제가 다양하다. 회원 가입 후 원하는 체험단에 신청하고, 당첨되면 활동하면 된다.

다만 광고주보다는 체험단 활동을 하려는 블로거가 더 많기 때문에 경쟁이 치열하고, 체험단 원고료가 저렴한 경우가 많다. 10만원 이상 받으려면 엄청난 경쟁을 각오해야 한다. 그래도 블로그 운영 초기부터 소소하게 체험단 활동 이력을 쌓을 수 있기에 꼭 활용하기를 권한다.

관심 있는 상업적 키워드가 들어간 포스팅을 자주 발행해서 관련 업체의 주목을 받는 것도 좋은 방법이다. 가령 나는 공유오피스를 쓰면서 공유오피스에 대한 글을 블로그에 종종 남겼다. 장점, 가격 등 공유오피스에서 일한 후기를 남기니 여러 회사에서 연락이 왔다. 서울은 물론이고 인천, 수원, 천안 등에서도 연락이 왔다. 피트니스를 하는 이웃 블로거의 경우에는 포스팅 협찬을 넘어 아예 피트니스 업체 블로그 관리를 통째로 맡게 되었다. 이 블로거도 평소에 협찬 수익이 적어서 고민이 많았는데, 피트니스를 하면서 찍은 포스팅을 유심히 본 업체가 제의를 한 것이다. 이렇게 나에게 맞는 방법으로 차근차근 도전해 협찬을 받아 수익화를 노려보자.

블로그 수익 모델 3. 제휴마케팅

특별한 상품이나 서비스를 갖고 있지 않아도 수익을 올릴 수 있는 제휴마케팅은 블로그 1인기업, 무자본 창업을 하는 사람들에게 적합한 수익 모델이라고 할 수 있다. 체험단 협찬의 경우 의뢰가 올 때까지 기다려야 하고, 블로그 지수가 낮으면 연락도 오지 않는다. 그러나 제휴마케팅은 블로거가 직접 제휴마케팅 회사 상품의 링크를 걸어서 수익을 내는 구조이므로, 블로그 수준과 관계 없이 열심히 포스팅하면 수익이 생길 수 있다.

블로그를 통한 제휴마케팅에는 2가지 방식(CPS, CPA)이 있다.

> · **CPS(Click Per Sales)**
> : 상품 판매 금액에 따라 발생한 수익금을 지급하는 방식
> · **CPA(Click Per Action)**
> : 이벤트 응모, 회원 가입, 상담 신청 건수에 따라 수익금을 지급하는 방식

요즘 많이 하는 쿠팡파트너스는 CPS의 대표적인 사례이다. 수익화를 바라는 많은 블로거가 관심을 갖고 있다. 쿠팡에서 판매 중인 상품 링크를 내 블로그에 걸어둔 상태에서 누군가 이 링크로 들어와 상품을 구매하면, 판매 금액에 비례해 내게 수익이 들어오는 방식이다. 쿠팡파트너스 외에도 겜스고, 어롱쉐어, 고잉버스 등이 있다.

◀ 쿠팡파트너스 링크 삽입 예시

이벤트에 응모하면 경품을 준다는 말에 한번쯤 이름이나 전화번호를 남긴 적이 있을 것이다. 성형 시술, 웨딩 준비, 보험 가입이나 개인 회생, 이혼 등 법률 상담을 필요로 할 때 남기는 연락처도 마찬가지이다. 이런 식

으로 내 블로그를 통해 방문자가 특정 사이트에 개인 정보를 남기면, 그 건수에 따라서 수익을 얻는 방식도 있다. 이를 CPA라고 부른다.

2013년 프리랜서 1인기업으로 독립을 했을 때, 나의 주수익이 바로 CPA 마케팅이었다. 교육 관련 상담 DB는 1건당 1만원 정도, 법률(개인회생, 파산 등)의 경우는 DB 1건 당 3만원 정도였는데 하루 평균 7~8개의 상담신청이 들어왔다. 많을 때에는 하루 20건을 넘겼으니 수익이 꽤 쏠쏠한 편이었다. 너무 쉽게 돈을 버는 게 아닐까 하는 생각이 들 정도였는데, 블로거들에게 알려지면서 지금은 경쟁이 엄청 치열하다.

나는 2013년부터 4년 정도 CPA 마케팅을 하다가 직접 DB 사이트도 하나 만들었다. DB에너지라는 사이트였는데, 랜딩페이지만 만들어 고객 DB를 받으면 되었고 관리자 페이지도 단순했다. 공무원과 부동산 교육에 관심이 많았기 때문에 혼자 수집한 DB를 교육 업체에 제공했다. 3곳의 교육 업체와 계약했었는데, 다른 DB 사이트는 1건 당 1만 5천원 정도에 제공하는 반면 나는 겨우 1만원이라는 낮은 가격에 제공하니 업체에서도 참 좋아했다. 2년 정도의 운영 기간 동안 DB 사이트를 통해 얻은 수익이 아래와 같다.

블로거목록	업체목록	광고관리	입출금관리	고객데이터	클릭률
번호	업체아이디		충전금액		진행금액
1			50,685,000		50,204,500
2			5,690,000		5,526,000
3			2,500,000		2,470,000

▲ DB에너지에서 얻은 CPA 순이익만 5700만원이다

CPA 제휴마케팅을 통해서 수익을 올리려면 어떻게 해야 될까? 잘 알려

진 제휴마케팅 사이트인 리더스CPA, 링크프라이스, 디비디비딥, 디비모아 등에 회원가입을 한 후, 홍보 중인 상품(서비스)의 링크를 복사해서 내 블로그 포스팅 하단에 연결하면 된다. 링크를 통해 추천인 코드가 생성되므로 내 블로그를 통해서 제품을 구입하거나, 상담신청 전화번호/이름 등을 남기면 이에 따른 광고 수익을 받는다.

나는 한국경제신문 제휴마케팅을 하고 있는데, 경제신문 관련 포스팅 아래에 추천인 코드를 삽입한다. 추천인 코드를 통해서 한국경제신문을 구독하면 할인 혜택이 있고, 내게는 가입에 따른 수익이 생긴다.

▲ 제휴마케팅_한국경제신문

CPA, CPS의 단점

물론 제휴마케팅에도 단점은 있다. 구매했다가 취소하는 경우 수익이 들어오지 않고, 상담 신청을 해놓고 전화를 받지 않아서 자동 취소되는 경우도 잦다. 요즘은 010 번호가 아닌 02이나 070으로 시작되는 번호로 연락이 오면 경계심에 받지 않는 사람이 많다. 입력된 번호로 전화해보니 결번이라거나, 010-1234-5678과 같이 엉터리 번호도 있다. 상담 DB가 들어와서 돈을 벌었다고 생각했는데 무효 처리가 되면 힘이 빠진다.

상대적으로 치열한 경쟁도 감수해야 된다. 블로거 중에서도 고수라고 알려진 사람들이 이쪽에서 많이 활동한다. 대출, 보험 같이 경쟁이 센 키워드를 상위에 올려놓으면 상담 DB가 수십 개씩 들어오기도 하는데, 이런 경우 포스팅 하나 쓰고 100만원 넘게 벌 수도 있다. 그래서 경쟁이 치열한 것이다.

개인적으로 가장 큰 단점이라고 생각한 것은, 방문자들이 네이버에서 이탈하게 된다는 점이었다. 상담 신청이나 물품 구매를 위해서 블로그에서 벗어나 다른 사이트로 이동하게 되는데, 내 블로그는 물론이고 네이버라는 울타리에서 이탈을 하는 것이니 블로그 서비스를 제공하는 네이버에서 곱게 볼 이유가 없다. 이마트에 들어와 있는데 롯데마트에서 좋은 상품을 판매한다고 홍보하며 데려가는 격이랄까? 물론 여러 체험단 서비스 또한 이탈하는 것은 마찬가지겠지만, 이는 네이버 스마트스토어로 이동시키는 등 교집합이 많이 있기에 어느 정도 부담이 상쇄된다. 반면에 CPA나 CPS 같은 제휴마케팅은 교집합 자체가 불가능하다.

이 때문인지 2013년부터 여러 블로그가 저품질이 되었는데, 공통적으로 CPA 링크가 많은 블로그들이 망가졌다. 상담 DB 1건에 3만원 가량까지 벌 수 있으니 무절제하게 포스팅하다가 이것이 귀책사유가 된 것이다. 과하지 않게 어느 정도 비율을 조절해야 한다.

최근에는 인터넷 가입, 유튜브 계정 공유, 이사, 청소 등 다양한 영역으로 제휴마케팅 서비스가 확대되어서 이전보다 활동하기가 쉽고 전문 지식이 없어도 접근할 수 있다. 블로그 수익화를 위한 좋은 방법이긴 하지만 지나치지 않도록 조심할 필요가 있음을 강조한다.

블로그 수익 모델 4. 블로그 강의 및 컨설팅

블로그 운영에 대해 배우고 싶어하는 수요가 매우 많다. 마케팅에 효과가 있음을 너도나도 입증하니 배우려는 것인데, 글을 쓰고 사진을 올리는 단순한 과정 같지만 결국 경쟁에서 이겨 상위노출을 해내야 하기 때문에 쉽지 않다. 그래서 블로그 강의나 컨설팅을 찾게 된다. 그리고 이는 자연스럽게 블로그 수익 모델이 된다.

효과적인 블로그 운영, 마케팅, 수익화를 위해서 나도 종종 강의를 수강한다. 한번은 네이버가 변경한 로직에 적응이 어려워 3시간짜리 강의를 들었다. 수강료가 40만원이었는데, 20명 정도의 수강생이 몰렸다. 그 강사는 강의 한 번 하고 800만원을 번 셈이다. 강의 장소 대관료가 비싸도 30만원 미만일 테니, 강의 수익이 보통이 아닌 것이다.

내가 강의를 진행하는 경우도 있다. 지역 소상공인 협회, 한약사 등을 대상으로 마케팅 교육을 3시간 정도 하면 강의 한 번에 50~100만원 정도를 번다.

▲ 소상공인을 위한 블로그 강의

자주 강의를 하진 않아서 업체에서 주는 대로 강의료를 받았지만, 전문적으로 강의하는 사람들은 이보다 더 높은 수익도 가능하겠다. 나의 경우 단체 강의였으나 단체 강의보다는 1:1이나 소그룹 강의 및 컨설팅 수요가 더 많다. 블로그 운영 비법 습득 및 빠른 성장이 가능하다면 교육에 투자하는 것은 당연한 수순이라고 본다.

블로그 강의는 운영 수준에 따라 다양하고 그 범위도 넓다. 처음 입문한 왕초보도 교육이 필요하고, 초보~중급자들도 실력을 업그레이드하기 위해서 교육이 필요하다. 반대로 현재 블로그를 하는 사람들은 어떻게든 자기의 분야에서 실력을 쌓아, 자신보다 부족한 다른 사람을 가르칠 수 있다. 다음은 내가 생각하기에 수준별로 필요한 교육 내용이다.

- **왕초보:** 블로그 포스팅 방법, 메뉴 세팅
- **초보:** 블로그 주제 찾기, 키워드 정하기, 상위노출, AI 활용
- **중급:** 경쟁자 분석, 상위노출을 위한 글쓰기, 마케팅, 수익화 등
- **고급:** 블로그 직업을 위한 스킬, 블로그 세부 로직 파악

초보자가 왕초보를 대상으로 강의하고 중급자가 초보~왕초보 대상으로 교육하는 것이 어색하거나 문제가 된다고 생각하지는 않는다. 그런데 강의/컨설팅 시장을 보면, 강사 중에 경력이나 성과를 부풀려서 이야기하는 사람이 있다. 최소한 강사 본인의 블로그를 통해서라도 어떻게 수익화를 했고, 성과를 냈는지 구체적인 사례를 보여주는 게 맞다. 상위노출 성과나 매출액을 공개하는 프리랜서나 1인기업처럼 말이다.

그런데 몇몇 강사들의 블로그에 들어가 보면 블로그 운영, 로직에 대한 이론만 나열되어 있지 실제 방문자는 몇 십에서 몇 백명 수준이고, 딱히 어떤 성과를 냈는지 나와 있지 않다. 대신 수강생들로부터 받은 감사하다는 카톡 문구로 도배를 해버린다. 강의를 하는 사람이라면 최소한 어떤 분야에서 활동하면서, 수강생에게 어떻게 도움이 될 수 있는지 구체

적으로 어필했으면 좋겠다. "수익이 될 만한 글로 1일 1포스팅을 하면 경제적 자유를 누릴 수 있다!" 이런 말은 누구나 할 수 있기 때문이다.

포트폴리오를 위해서, 돈을 벌기 위해서 강의하기보다 철저한 기본기와 함께 블로그 수익을 어떻게 만들어내고 있는지 생생하게 알려준다는 마음으로 강의하면 좋겠다. 강의력이 조금 떨어져도 괜찮다. 수강생들이 원하는 것은 블로그를 통해서 현실에서 돈을 버는 실제 사례와 구체적인 경험이지, 이론적으로 그럴싸하게 말하는 것이 아니기 때문이다.

블로그 강의, 어떻게 시작할까?

강사로서 블로그 강의나 1:1 컨설팅을 진행해보고 싶다면, 강사와 교육생을 연결해주는 사이트를 이용해보자. 크몽, 재능마켓, 숨고 등의 사이트가 있다. 사이트에 회원가입 후 전문가(강사) 등록을 하면 된다. 강사 소개 및 강의 커리큘럼, 특징, 가격, 포트폴리오 등을 자세히 등록해야 수강을 원하는 사람들의 관심을 받을 수 있다.

네이버 엑스퍼트 사이트를 통해서도 블로그 강의, 컨설팅을 할 수 있다. 다만 네이버 엑스퍼트는 신청 자격 조건이 있는데, 해당 분야의 제휴사 소속이거나 지식iN 초수 등급 이상인 경우부터 가능하므로, 미리 준비해둬야 된다.

블로그를 잘하는 사람들에게는 평소 블로그 운영이나 수익화 방법 등에 대한 교육 문의가 자주 온다. 나도 교육 의뢰를 종종 받는데, 블로그 프로필에 남긴 문구(블로그 컨설팅 친절교육)를 보고 연락이 온 것이다. 블로그의 대문인 프로필을 적극적으로 활용하는 것도 좋은 방법이고, 블로그 포스팅에 주기적으로 블로그 교육을 한다고 홍보하면 관심있는 사람들의 연락을 받을 수 있다.

블로그 수익 모델 5. 스마트스토어 연계

지금까지 애드포스트 및 체험단 협찬 등 전형적인 블로그 수익화 방법과, 실력이 쌓인 후 강의를 하는 2차적인 방법을 설명했다. 여기에서 조금 더 적극적으로 나서서 전자상거래에 도전해보는 것은 어떨까? 꾸준한 수익을 위한 콜라보를 이룰 수 있기에 적극 권하는 방법이다.

현재 내 블로그 수익 모델은 애드포스트, 협찬, 교육이지만 가장 큰 경제적 이익은 네이버 쇼핑몰인 스마트스토어에서 나오고 있다. 네이버에서 무료로 서비스를 제공하고 있고, 블로그와 연관되는 부분이 많아서 운영이 쉽다는 장점도 있다.

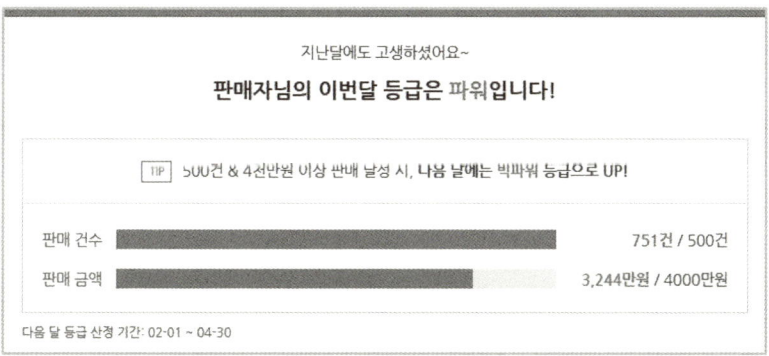

▲ 블로그로 스마트스토어를 홍보하여 파워등급 달성

블로그로 다른 업체도 홍보했는데 내 업체 홍보는 훨씬 쉽지 않겠나? 내 물건을 판매하기 위해서 더욱 정성 들여 분석하고, 꿀팁을 제공할 가능성이 높다. 또한 네이버에서도 "본인의 상품 정보를 정직하게 사용자 중심으로 홍보한 글"이 가장 자연스러운 마케팅이라고 밝혔고, 소상공인들이 더 수월하게 자신의 것을 알릴 수 있도록 지원을 하겠다고 언급했다.

블로그와 스마트스토어를 연계하면 이런 점이 좋다

첫째, 홍보비 부담이 없다. 내 블로그로 내 상품을 직접 홍보할 수 있으니 비용이 들어가지 않는다. 다른 사람에게 포스팅을 의뢰하려면 최소한 상품을 주거나, 어느 정도 영향력이 있는 블로거에게는 10만원 이상의 원고료도 지급해야 하는데 그럴 필요가 없는 것이다. 더 많은 수익을 위해서는 영업비를 아끼는 게 핵심이다. 비용을 아끼고 홍보하여 판매할 수 있으니 이보다 더 좋은 수단이 있을까?

둘째, "이 글은 홍보비를 받고 쓴 포스팅입니다" 같은 광고 표기를 안 해도 된다. 협찬 상품의 경우 항상 이 부분을 눈에 잘 띄게 표기해야 해서 아쉬움이 있는데, 내 상품을 판매할 때는 이러한 문구를 붙일 필요가 없다. 블로그 하단에 사업자(판매자) 정보 표시를 하면 된다.

셋째, 솔직한 후기를 쓸 수 있어 고객에게 상품의 신뢰도를 높여준다. 내 상품은 내가 직접 이용해 보고 장단점을 파악하고 있으니 꿀팁도 많이 알게 된다. 나는 생유산균을 많이 판매하는데, 블로그를 통해서 사람들에게 이런 질문을 던지기도 했다. "발효 음식은 원래 냄새가 좀 나고 새콤하다. 향긋하고 달콤하면 첨가물이나 설탕을 넣은 제품인데, 그걸 건강식품이라고 할 수 있을까?" 그리고 아이가 먹는 모습을 직접 찍어서 블로그와 스마트스토어 상세페이지에 자주 활용했다. '솔직히 맛은 별로지만, 어린이도 먹는데 어른이 맛이 없다고 안 먹으면 되겠느냐?' 하는 역발상으로 승부를 한 것이다. 단점을 솔직하게 풀고 간접경험, 즉 체험담을 올리니 고객들도 안심하는 것을 볼 수 있었다.

게다가 블로그 글을 보고 고객이 궁금해서 댓글을 달거나 전화를 하는데, 청산유수처럼 설명하는 나를 발견하면 자신감이 생긴다. 이런 응대는 고객에게도 신뢰를 주지 않을까? 나는 현재 모든 상품을 블로그와 스마트스토어로 연계해서 판매하는 중이고, 광고비는 한 달에 2~3만원

▲ 아이들도 먹는다는 것을 보여주기 위해 찍은 사진

정도 나간다. 그리고 웬만한 직장인만큼 벌고 있다.

넷째, 단골을 확보할 수 있다. 쇼핑몰 구매 고객 중에는 블로그를 보고 댓글 소통을 한 사람들이 있다. 상품에 대한 궁금증을 댓글로 달면 친절하고 상세한 답변을 댓글로 단다. 그러면 신뢰를 주니 고객도 믿고 구입한다. 그리고 실제로 효과를 봤다며 좋은 구매평도 남겨준다. 모두 블로그에서 비롯된 것이다. 단골은 꾸준한 수익 가능성을 어느 정도는 보장해준다.

체험단, 제휴마케팅으로 얻을 수 있는 수익은 정해져 있다. 원고료 10만원, 20만원이 커 보이지만 매일 여러 개 쓰기란 어렵다. 현실적으로 일주일에 포스팅 3개도 벅차다. 내가 쓴 포스팅이 상위노출이 되어 큰 성과가 난다고 해서 보너스를 받는 일도 (아주 드물게 있기는 하지만) 없다.

반면에 직접 운영하는 쇼핑몰 포스팅은 수익이 계속 나온다. 고객이 제품을 마음에 들어 하면 재구매 가능성이 높아진다. 그렇다면 추가 수익의 한계가 없다고 해석할 수 있다. 나의 경우 쇼핑몰 고객 중 연간 50만원 이상 구매해주는 VVIP가 30명 정도이고, 이 중에는 연간 100만원 이상 구입하는 고객도 있다. 또 이웃들에게 홍보를 알아서 해주시니까 가끔은 보너스 상품을 드리기도 한다. 더 놀라운 것은 5년 넘게 이러한 판매 패턴을 유지하고 있다는 것이다.

상품명	배송메세지	고객 등급	1년 주문건수
[21종 살아있는 유산…		VVIP	19
모링가 멀티 생유산균 …	문앞배송	VVIP	7
발효 홍삼 포스트바이…		VIP	5
홍삼보원 컴파운드F 멀…		VIP	5

▲ 내가 운영하는 스마트스토어의 단골 목록

나는 2016년 말에 스마트스토어를 시작했고, 2024년 6월 지금 이 순간도 든든하게 운영하고 있다. 블로그와의 관계를 떼놓고는 이만한 성과를 상상할 수 없다.

스마트스토어 링크는 저품질 위험이 적다

블로그는 네이버만 있는 게 아니다. 티스토리, 구글도 블로그를 운영한다. 그런데 타 사이트의 블로그 게시물들은 네이버 검색 화면에 잘 노출되지 않는다. 온라인 카페의 경우도 마찬가지다. 다음 카페가 네이버 검색에서 노출되는 경우는 없다. 그리고 우리는 이를 당연하게 받아들인다. 자사 사이트에서 타 사이트로 사용자를 유출시킬 일을 왜 하겠는가?

그렇다면 네이버 블로그 포스팅에서 링크를 걸어서 쿠팡이나 G마켓과 같은 경쟁 쇼핑몰 사이트로 이동시키는 것, 네이버 스마트스토어로 이동시키는 것은 어떨까? 네이버가 외부로 이어지는 링크와 네이버 내부로 이어지는 링크를 다르게 보겠다고 밝힌 적은 없다. 다만 상식적으로 접근했을 때 자사 서비스와 타사 서비스 중 어느 쪽을 우대하겠는가? 같은 회사의 서비스를 이용하도록 돕는 고객과 자꾸 다른 회사로 빼 가는 고객이 있는데 똑같이 대하는 것도 문제이지 않을까?

그래서 나는 블로그에서 스마트스토어로 이동할 때는 저품질 위험이 적다고 예상한다. 네이버 TV, 클립(숏폼 동영상)으로 링크를 걸 때에도 부담감이 적다. 같은 회사의 서비스를 연계해서 이용하는 것이므로 한결 안전한 것이다. 예상이라고 했지만, 실제 블로그에 스마트스토어로 이동하는 링크를 비교적 많이 걸고 있는데, 품질에 별로 문제가 생기지 않고 있다. 심지어 한 서브 블로그에는 매년 100개 정도의 포스팅을 하고 이 중 절반 정도에 스마트스토어 링크를 첨부하고 있는데도 아직은 문제가 없다. 3년 넘게 사용 중이니 어느 정도 근거가 되리라 본다. 다만 100% 장담하는 것은 아니고, 경험에 의한 사례임을 밝힌다.

스마트스토어 시작하고 블로그와 연계하기

블로그로 얻는 수익에는 제품이나 서비스 협찬을 통한 원고료의 비중이 큰데, 마음에 드는 협찬이 끊기거나 블로그 지수가 떨어져서 상위노출이 힘들어지면 어떻게 될까? 내가 블로그 1인 기업을 시작한 초기부터 주목한 부분이다. 나 역시 서브 블로그가 검색결과에서 갑자기 사라지는 일이 발생했고, 친한 블로거 중에도 방문자수가 폭락했다며 호소하는 경우가 나타났다. 이후 블로그를 통한 수익 모델 확장에 관심을 갖게 되었다. 특히 쇼핑몰 비즈니스를 주목하게 되었는데, 네이버에서 스마트스토어라는 쇼핑몰을 무료 제공하기 때문이었다.

다른 업체의 상품도 열심히 홍보해서 검색 상위에 노출시키는데, 내가 직접 상품을 판매한다면 더 잘할 수 있지 않을까? 특징을 철저히 분석해서, 경험담과 사용 방법 등 고객의 궁금증을 해결해주면 잘 판매할 수 있지 않을까? 그렇다면 어떤 상품을 쇼핑몰에서 파는 게 좋을까? 하는 생각을 자주 했다.

평소에 장이 좋지 않아서 고민이 많았는데, 우연히 EM 원액을 알게 되었고 먹어 보니 효과가 좋았다. 직접 판매해도 되겠다는 확신이 들었다. 내게 도움이 되었으니 비슷한 체질을 갖고 있는 사람들도 관심을 보일 것이라 판단했기 때문이다. 업체에 연락을 하니 전화로는 힘들고, 직접 와서 보고 협의하는 게 좋겠다고 한다. 통화한 다음날 바로 찾아갔다. 나는 블로그 마케팅을 전문으로 하는 사람인데, 쇼핑몰 판매에도 관심이 있으니 제품을 사입하고 싶다고 이야기했다. 그 자리에서 바로 상품을 구입했다. 타고 간 경차에 10박스도 넘는 EM 원액과 샴푸, 비누 등 여러 상품을 싣고 오면서, 열심히 팔아보겠다는 다짐을 했다.

네이버 스마트스토어에 상품을 올리는 것은 생각보다 간단했다. 쇼핑몰 등록 시 가장 힘든 부분이 상품 상세페이지인데, 스마트스토어는 블로그와 같은 편집 프로그램을 사용해서 블로그에 포스팅을 하는 것과 비슷한 방식이다. 덕분에 큰 무리 없이 상품을 등록할 수 있었고, 이후 판매를 위해서 블로그에 홍보를 하기 시작했다. 2016년 12월의 일이니 블로그를 직업으로 삼은 지 꼭 3년 만이다.

대부분의 판매자는 스마트스토어에 상품을 등록하면 네이버 상위 노출에 관심을 갖는다. 그래야 고객들이 쉽게 찾고 구매를 하지 않겠는가? 그런데 당시 나는 상위노출 로직을 잘 알지 못했기에, 블로그를 활용해서 내가 먹고 사용하며 느낀 점을 솔직히 담기로 했다. 블로그 운영 초창기부터 꾸준히 경험을 담은 포스팅을 해왔고 그것이 좋은 반응을 얻었기 때문에, 쇼핑몰 상품에 대해서도 같은 방식으로 접근했던 것이다.

초반에는 사람들의 반응이 미미했다

대부분의 판매자는 스마트스토어에 상품을 등록하면 네이버 상위노출에 관심을 갖는다. 그래야 고객들이 쉽게 찾고 구매할 테니 당연한 일이다. 그런데 당시 나는 상위노출 로직을 잘 알지 못했기에, 내가 제품을 먹고 사용하면서 느낀 점을 솔직히 담아 포스팅하기로 했다. 블로그 운영 초창기부터 꾸준히 경험을 담은 포스팅을 해왔고 그것이 사람들에게 좋은 반응을 얻었기 때문에, 쇼핑몰 상품에 대해서도 같은 방식으로 접근했던 것이다.

초반에는 별로 반응이 없었다. 스마트스토어 오픈 첫 달인 2016년 12월에는 5명이 구입했는데, 그중 2명은 지인이었으니 겨우 3개가 팔린 것이다. 집에 쌓인 재고를 보며 아내가 "이거 반품해야 되는 거 아냐?" 걱정했는데, 유통기한이 충분하니 못 팔면 내가 다 먹는다고 했다. 실망하지 않고 꾸준히 제품의 특징, 효과에 대해서 포스팅을 하고 스마트스토어에 연계했다. 그러자 조금씩 반응이 오기 시작했다.

선택	상품주문번호	주문번호	주문일시	주문상태
○	2017013125190081	2017013183351591	2017.01.31 15:01:48	구매확정
○	2017013121562051	2017013181078651	2017.01.31 09:45:06	구매확정
○	2017013018171741	2017013078973691	2017.01.30 21:57:01	구매확정
○	2017013017335911	2017013078444771	2017.01.30 20:39:27	취소
○	2017013012620511	2017013075391901	2017.01.30 08:14:33	구매확정
○	2017012476710661	2017012458364451	2017.01.24 12:43:56	구매확정
○	2017012368518281	2017012353107821	2017.01.23 13:51:00	구매확정
○	2017012258739011	2017012246906541	2017.01.22 13:01:12	구매확정
○	2017012257923261	2017012246356741	2017.01.22 10:19:15	구매확정
○	2017012257052721	2017012245794271	2017.01.22 01:21:06	취소
○	2017011939734421	2017011934524091	2017.01.19 15:55:02	구매확정

▲ 스마트스토어 2개월차 주문 현황

운영 2개월차인 2017년 1월에는 30건 넘게 주문이 들어왔으니 하루 1건씩 판매가 된 셈이다. 블로그를 통한 홍보가 스마트스토어에서도 위력적이라는 것을 체감했고, 탄력을 받아서 더 열심히 활동했다. 이후 파워~빅파워 등급을 오가는 매출액이 발생했고, 2024년 현재까지 꾸준한 수익을 얻는 수익화 모델이 되었다. 보통 판매자들은 광고비 비중이 높아서 어려움이 많은데, 블로그를 사용해서 마케팅을 했기에 별도의 광고비를 지출하지 않았다. 블로그의 위력이다.

스마트스토어 상품 공급과 배송은 어떻게?

스마트스토어를 하기로 하고 판매할 제품도 정했다고 하자. 그러면 상품은 어떻게 공급받을 수 있을까?

우선, 전화하고 직접 찾아가는 방법이 있다. 나는 마음에 드는 상품을 발견하면 공장에 전화해서 공급 조건에 대해 알아보는 편이다. 현재 판매되고 있는 EM이 대표적이고 항산화 커피나 현미 식이섬유도 같은 방법으로 사입했다. 공장과 직접 계약을 하면 더욱 저렴하게 받을 수 있다. 중간 수수료가 없기 때문이다. 그런데 모르는 업체에 찾아간다는 것이 그리 만만치는 않다. 나는 경기도 고양시, 하남시 그리고 강원도 철원에 있는 업체들에 찾아갔는데, 멀리 직접 왔다는 정성 때문인지 비교적 순조롭게 풀렸던 것 같다.

두 번째, 도매사이트에서 공급 받는 방법도 있다. 도매꾹, 도매365, 도매토피아 등 전문 사이트는 사업자를 위해 다양한 제품을 공급해준다. 찾아가거나 전화할 필요 없이, 사이트에 가입하고 사업자 등록증을 보내면 계약이 이뤄지므로 편리하다. 그래서 많은 판매자들이 이용하고 있다. 그런데 같은 상품을 취급하는 판매자가 많으므로 경쟁이 치열하고, 공급 원가율도 비교적 높은 것이 단점이다. 도매사이트를 이용할 거라면 매출에 확신이 있는 상품을 중심으로 판매해보기를 권한다.

배송은 어떻게 하는지 궁금할 텐데, 대부분 도매사이트나 생산 공장에서 발송해준다. 직접 발송해야 하는 경우가 있지만 요즘은 GS25나 CU 같은 편의점에서도 택배를 저렴하게 취급하기 때문에 쉽게 보낼 수 있다. 쇼핑몰 운영 절차가 편리해졌으니 블로그 수익의 확장을 원하는 사람들에게 꼭 해보라고 권하고 싶다.

블로그 수익 모델 6. 원 소스 멀티 유즈

블로그를 하면 다른 SNS와의 연계 실력이 자연스럽게 생긴다. 블로그의 글쓰기, 사진, 영상 편집 능력은 인스타그램이나 네이버 클립, 유튜브 등 다른 SNS나 1인 미디어에 적용할 수 있다. 블로그가 다른 영역까지 확장하는 통로가 되는 것이다.

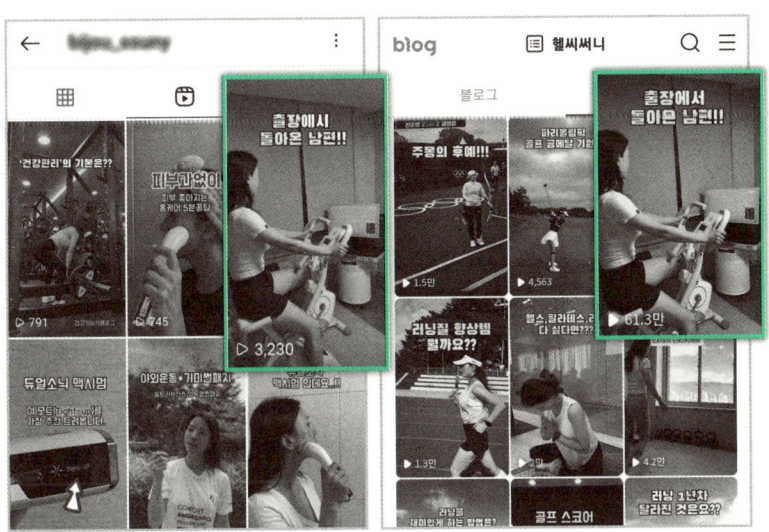

▲ 인스타그램과 블로그를 같이 활용하는 사례 (출처: 헬씨써니)

여행, 요리, 육아, 헬스 블로그를 잘하는 사람들을 보면 마찬가지로 인스타그램도 잘한다. 블로그에 올린 사진이나 영상을 인스타그램에도 올려서 별도의 협찬을 받기도 한다. 원 소스 멀티 유즈(OSMU, One Source Multi Use) 수익이다. 블로그로 시작해 어느 정도 익숙해졌다면 나에게 적합한 다른 채널로의 확장도 고민해보자.

나도 유튜브와 카페에서 활동하는 중인데, 블로그에서 사용한 글과 사진을 편집해서 카페에 올리고, 영상도 유튜브에 올려서 홍보한다. 원 소스 멀티 유즈다. 블로그에 올리기 위한 영상을 유튜브에 올리니 유튜브에서도 수익이 나왔다. 네이버 TV에도 올렸는데, 약간이지만 수익이 잡혔다. 아직 금액이 크지 않아서 인출하지는 않았지만, 최근 클립(유튜브의 숏츠처럼 짧은 동영상) 활동을 하고 있으므로 어느 정도 쌓이면 나름 괜찮은 금액이 되리라 본다.

블로그 수익 모델 7. 기자단

블로그를 운영하다 보면 "원고와 사진을 모두 드릴 테니 블로그에 올려주세요!"라는 댓글이나 쪽지, 메일을 받게 된다. 보통 블로그에 올리는 대가로 5천원에서 3만원 정도를 지급하는데, 대부분 마케팅 대행사에서 무작위로 보낸다. 블로그 수익으로 1만원이 아쉬운 사람도 많다 보니, 그런 블로거들이 쉽게 돈을 벌 수 있다는 생각에 승낙하고 글을 올린다.

이를 업계에서는 '기자단'이라고 부른다. 효과가 괜찮으면 마케팅 업체에서 매일 1건씩 주는 경우도 있는데, 그런 글이 쌓이면 자신의 블로그에 창작물이 아닌 복제물이 몇 십 건씩 올라가게 되는 것이다. 권하는 방법이 아니고 실은 말리는 입장이지만, 기자단 활동으로 수익화를 하는 블로거들이 많기 때문에 언급한다.

기자는 "신문, 잡지, 방송 따위에 실을 기사를 취재하여 쓰거나 편집하는 사람"이다. 꼭 공중파 방송이나 종편, 주요 일간지 같은 매스미디어

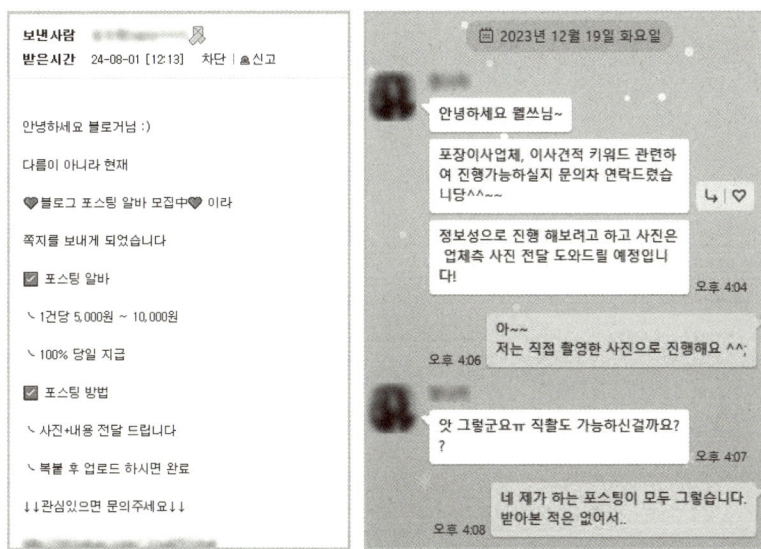

▲ 원고와 사진을 그대로 블로그에 올려달라는 기자단 모집 연락

에서 취재해야 기자가 아니다. 내가 잘 아는 주제 혹은 지역에서도 얼마든지 기자로 활동할 수 있다. 블로그는 엄연한 1인 미디어이므로, 나는 "블로거=기자"라고 생각하며 블로그를 운영하고 있다. 서울시를 비롯한 많은 지자체에서도 블로그 기자단을 운영하고 있다.

그런데 업체가 보내준 원고와 사진을 그대로 올리는 것은 기자단이 아니고, 복사해서 붙여넣기를 하는 '복제단'에 불과하다. 돈을 받고 공간을 임대해주는 것과 같다고 본다. 네이버에서는 분명히 이를 금지하고 있다. 방문하지도 않은 제주도 맛집, 횡성 한우 음식점에 가서 맛있게 먹었다고 포스팅을 하자면, 블로거 스스로도 떳떳하지 않을 것이다.

그런데 왜 기자단 문의가 오는 것일까? 전국에는 많은 블로그 마케팅 업체가 있다. 검색 상위에 노출시켜야 광고주가 수익을 내서 계약을 연장할 텐데, 의뢰를 맡길 좋은 품질의 블로그는 부족하다. 그러니 마케팅 업체가 원고와 사진을 제공하고 돈을 줄 테니 당신 블로그에 올려달라고 하는 것이다.

　블로그에 대해서 잘 알면 이러한 제안을 거절하게 되는데, 이를 잘 모르는 블로거들이 많다. 혹시 블로그에 문제가 생기지 않을까 염려되어 의뢰를 한 업체에 물어보면, 중복되지 않은 사진과 원고를 제공하기 때문에 문제가 없다는 식으로 이야기한다. 그런데 이를 어떻게 신뢰할 수 있겠는가? 애초부터 복사+붙여넣기를 하는 기자단 행위에 신뢰라는 말을 쓰는 게 넌센스다. 초보 블로거를 비롯해 수익에 목마른 일부 블로거들이 많이 당하고 있는데, 순식간에 블로그가 망할 수도 있다.

　효과 없는 블로그가 되면 어느 회사에서 의뢰를 할까? 하루 1000명 이상 사람들이 방문하는 블로그를 갖고 있었는데, 하루아침에 100명 미만으로 떨어져버릴 수도 있다. 그동안 수고했던 일들이 아깝겠지만 블로그 운영의 본질을 지키지 않은 대가일 뿐이다. 최적화 블로그, 인플루언서 블로그 중에서도 이러한 일이 생기는 것을 볼 수 있다. 블로거로 성장하기 원한다면 직접 정보를 찾아서 글을 쓰는 기자정신으로 승부해야 한다고 생각한다.

　기자단 의뢰가 오면 과감히 스팸처리를 하기 바란다. 블로거도 취재하여 쓰거나 편집하는 게 당연하다. 직접 사진을 찍고, 객관적 사실을 바탕으로 자신의 체험담을 넣어야 한다. 그래야 문제도 없고, 사람들이 원하는 포스팅이 된다. 전문성을 지닌 블로거가 글을 포스팅을 잘 하면 상품과 5~20만원의 원고료를 제공하겠다는 업체들이 줄을 선다. 당당하게 내 블로그의 가치를 인정받아서 수익화에 성공해야 한다.

　애드포스트, 원고료 협찬, 제휴마케팅, 강의, 컨설팅, 책 출간, 전자책 출판, 블로그 운영 대행, 인스타그램, 유튜브 연계, 사업, 쇼핑몰 마케팅 등 다양한 수익화로 부업 수준의 수익이 날 수도 있고, 쓰리잡이나 N잡러가 될 수도 있다. 나도 모두 해봤고, 하고 있는 것들이며 나름의 운영

성과도 냈기에 자신있게 말할 수 있다. 블로그만 잘하면 여러 갈래로 뻗어나갈 수 있다! 그때가 언제일지는 장담할 수 없겠지만, 자신의 특징과 관심을 잘 활용하면 예상보다 빨리 올 수도 있다. 애정과 책임감, 그리고 희망을 갖고 블로그를 대했으면 좋겠다. N잡러가 되어 떵떵거리는 사람들 모두 처음에는 같은 라인에서 출발했다.

2장
소상공인을 위한 블로그 마케팅

자영업자에게 딱, 블로그 마케팅

식당, 부동산, 병의원, 상점, 보험영업, 쇼핑몰 등 사업체를 운영하면서 블로그를 마케팅 도구로 사용하는 경우도 많다. 사실 블로그 자체로 수익을 내려면 협찬을 받거나 전혀 모르는 상품을 공부해 가며 포스팅하는 어려움이 있는데, 온/오프라인에서 자기 사업체가 있다면 블로그를 마케팅 도구로 사용하여 효과적으로 홍보할 수 있다.

　실제 수많은 소상공인들이 이렇게 돈을 벌기를 원한다. 별도의 광고 홍보비용을 줄이고 블로그로 대체할 수 있기 때문이다. 네이버 검색 공식 블로그에서도 "본인의 상품 정보를 정직하게 사용자 중심으로 홍보한 글"을 올리는 창작자들을 적극적으로 응원한다면서 "나의 가게를, 나의 상품을, 내가 가장 정확히 알고 있으니, 스스로 가장 잘 설명하는 것이 어쩌면 가장 자연스러운 마케팅"이라고 했다.

　당연한 말이다. 그러나 블로그 마케팅이 좋다는 말은 들었는데, 정작 블로그를 하려니 글 쓰는 게 어려워 엄두가 나지 않는다는 사장님들이 있다. 그런데 그런 분들도 대부분 사업 관련해서 말을 참 잘한다. 사업과 상품에 대해서는 전문가이므로 하고 싶은 말이 많은 것이다. 판매자 입장에서 제품 스펙에만 집중하면 쓸 말이 제한되고 소재도 금방 떨어진다. 단순히 제품을 설명하는 것이 아니라, 직접 사용해보고 느낀 점을 고객 입장에서 말하는 것이라고 생각하면 글감이 끊이지 않는다.

애용하는 용산의 컴퓨터 조립/수리점이 있다. 어느날 사장님이 시장이 너무 위축되어 어려움이 많다는 말씀을 하셨다. 요즘 컴퓨터는 고장도 잘 안 나고 성능도 우수하니까 고객이 많이 줄었다는 것이다. 그러나 외부 환경은 내가 어떻게 할 수 없으니 스스로 돌파구를 찾아야 하지 않겠는가? 이런 생각에 "직접 용산으로 찾아오는 사람만 있는 게 아니고 전국에서 택배로 컴퓨터 AS를 맡길 수도 있으니, 방법을 찾아보자"고 말씀드리며 블로그를 추천했다. 20년 동안 한 자리를 지키고 영업하는 이유나 고객에게 좋은 서비스를 해주고 만족했던 사연 등이 블로그에 풀어내기 좋을 것 같았기 때문이다.

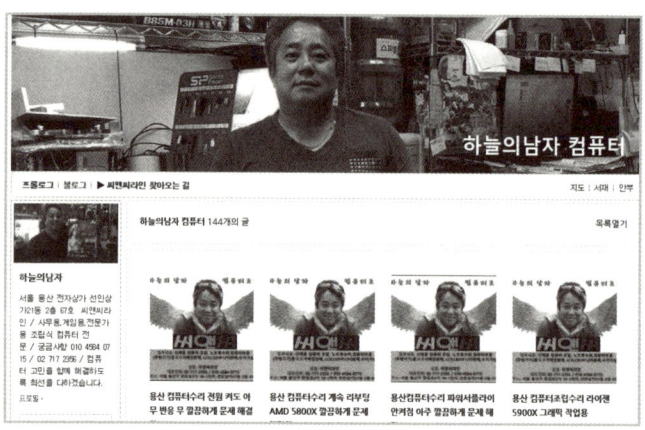

▲ 자영업자의 블로그 운영 사례

사업체를 운영하며 블로그까지 하기에는 시간도 없고 버겁다며 남에게 맡기려 하는데, 그러지 않아도 된다. 하루 30분만 써도 되고, 여유가 되면 2시간 정도 투자하면 좋다. 정말 바빠서 어렵다면 어쩔 수 없겠으나,

시간을 만들어내는 것은 오직 자기 자신이다. 다른 사람들도 시간이 남아서 블로그를 하는 것이 아니다. 시간을 만들어서 한다. 블로그를 잘 하는 사람 중에는 직장인도 많은데, 이들도 밤잠 아침잠을 아껴서 포스팅한다는 것을 알아야 한다.

사장님들이 블로그를 알아야 되는 또 다른 이유가 있다. 블로그 마케팅을 직접 하지 않더라도, 외주를 맡길 때 어느 정도는 블로그에 대한 지식이 있어야 성과가 잘 나오는 것인지 아닌지를 파악할 수 있기 때문이다. 어느 대행사든 계약하기 전에는 최고의 노력과 최선의 성과를 강조한다. 그런데 입금을 한 후부터는 연락이 뜸하고, 홍보글이 어디에 노출되는지 확인하기도 쉽지 않다. 보통 12~36개월 단위로 계약하는데, 초반부터 문제가 생기면 이후에는 대화도 잘 안 된다. 끙끙 앓는 사장님들이 꽤 많다.

블로그 마케팅에 대한 감이 있다면 대행사와 이야기를 할 때 훨씬 쉽게 풀어갈 수 있고, 문제점도 정확히 잡아낼 수 있다. 알아서 잘해주는 업체도 있겠지만, 적극적인 피드백이 있을 때 더 좋은 성과가 날 것이다.

네이버는 이 땅의 자영업자, 소상공인들이 잘 활동할 수 있도록 지역(플레이스) 검색 및 예약 서비스를 도입하고 있고, 쇼핑몰(스마트스토어) 계정 무료 제공, 온라인 결제 수수료 할인 등 다양한 정책을 펼치고 있다. 마케팅에 대한 의지만 있다면 얼마든지 무료로 네이버의 기능들을 이용할 수 있다. 네이버는 소상공인들이 자신의 상품, 사업체, 서비스를 더 잘 알릴 수 있도록 네이버 검색을 통한 더 다양한 지원을 고민하겠다고 말한다. 그러니 사업체 운영에 블로그 마케팅을 적극 활용하자. 업체에 의뢰한다 해도, 무작정 맡기기보다 블로그 생태를 이해하고 맡기자.

자영업자 마케팅 활용 팁 1. 체험단 쉽게 모으는 방법

내가 운영하는 사업체에서 신상품(신메뉴)이 나오거나 새로운 서비스를 출시했을 때 어떻게 하면 좋을까? 먼저 다음 그림을 보자.

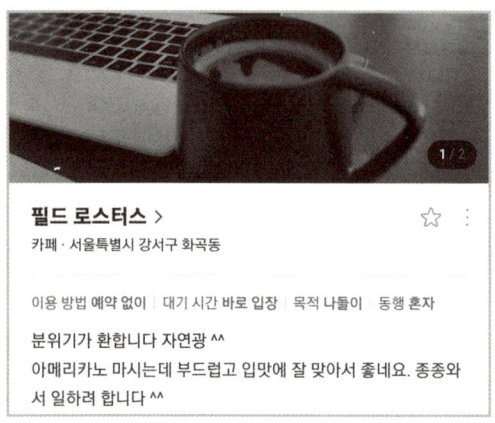

◀ 좋은 후기의 중요함은 두말할 필요가 없다

우연히 가본 카페인데 분위기도 좋고, 음식 맛도 좋아서 그냥 남긴 후기이다. 이러한 후기가 많으면 고객의 관심을 모으고 매출을 늘리는 데 큰 도움이 될 것이다. 이처럼 블로거가 직접 제품을 구입해서 솔직한 체험 후기를 적어주면 좋겠지만, 필요한 시기에 그렇게 친절한 사람을 만나는 것은 거의 불가능하다. 그래서 대기업, 중소기업 할 것 없이 제품 출시 전에 제품을 증정해서 사용 리뷰를 써줄 블로거를 모집한다. 앞서 말했던 체험단이다. 체험의 대상이 되는 제품은 IT 기기에서부터 가전제품, 도서, 인터넷 강의, 식당 등 무궁무진하다.

　대기업, 공공기관, 지자체에서도 블로거들을 동원하는데 작은 중소기업이나 자영업자라고 가만 있을 수는 없다. 체험단을 모집해서, 먼저 경험한 사람의 후기를 통해 제품을 확실히 알려 입소문을 내야 한다. 내 제품을 리뷰해줄 체험단을 모집하는 방법을 알아보자.

직접 모집하기

조직이 갖춰진 곳은 별도의 영업/마케팅 팀이 있기에 담당자가 알아서 할 테지만, 소규모로 사업을 하는 소상공인은 고민이 될 수밖에 없다. 물론 마케팅 회사에 의뢰할 수도 있겠지만, 직접 체험단을 모으는 방법도 좋다. 제품과 소정의 원고료도 제공하는데 문제될 게 없지 않은가? 진행 방법도 간단하다. 비슷한 상품을 소개했던 블로거를 찾아서, 정중하게 체험(리뷰) 의뢰 메일을 보내면 된다. 메일에는 다음 정보가 들어가면 된다.

- 무엇의 체험단인지 소개
- 상품 제공
- 검색 노출에 필요한 키워드 제시
- 리뷰 요청 기간(마감 기한이라고 생각하면 된다)
- 리뷰 비용 먼저 제시("블로거님의 기준에 부족하면 회신주세요^^"라는 말도 덧붙이면 좋다)

내가 받은 체험단 섭외 메일을 참고해 작성해보자.

```
답장  전체답장  전달    삭제  스팸차단  안읽음    이동▼  더보기▼

1. 포스팅 내용
  - 컨텐츠 내용 : ▨▨▨▨ 신규 이벤트 안내 및 ▨▨▨▨ 정보 안내
  - 이벤트 : ▨▨▨▨ ▨▨▨▨ ▨▨ 이벤트
  - 관련 URL : https://▨▨▨▨▨▨▨▨▨▨▨▨▨▨

2. 업로드 채널
  - 블로그

3. 포스팅 비용
  - 원고비 : 15만원

4. 포스팅 일정
  원고 작성 : 3월 중
```

▲ 체험단 요청 메일 사례 1

```
답장  전체답장  전달    삭제  스팸차단  안읽음    이동▼  더보기▼

☆ [██]블로그 캠페인 원고 작업 요청드립니다

∧ 보낸사람    ████ ██████@naver.com>
  받는사람    ace_begins@naver.com
  2024년 7월 30일 (화) 오후 5:24

안녕하세요 블로거님
광고대행사 ██ ███-███-███ ███입니다.

저희 금융쪽 클라이언트 '██' 브랜드의 요청으로
블로그 원고 작성을 요청드리고자 메일드리게 되었습니다.
(최종리스트에서 선정 후 진행되는 캠페인으로 확정이 아님을 알려드립니다 *별도 회신예정)

- 브랜드 : ██
- 홈페이지 : https://www.██.██.kr/
- 블로그 원고 내용 :
   모바일로 쉽게 1:1로 맞춤형 간편투자가 가능한 ██ 서비스를 소개하고, 이벤트를 설명해주는 내용의 원고 1회
   (앱소개 + 사용방법 + 앱다운로드 링크+이벤트 참여독려 등)
   *자세한 내용은 추후 가이드 전달드리겠습니다
- 원고 발행일 : 차주 중 (조율가능)
- 원고료 : 15만원 (3.3%세금공제 후 입금 예정)
```

▲ 체험단 요청 메일 사례 2

상품의 특징 및 어필하고자 하는 부분을 안내한 뒤, 체험 후 상세히 포스팅해달라고 요청하면 된다. 이렇게 메일을 보내면 전부는 아니더라도 대부분의 경우 회신이 온다. 실제 많은 블로거들이 체험단(원고료) 메일을 기대한다. 그런데 마케팅 업체가 아니라 사업체가 직접 연락하면, 중간에 업체를 끼는 것보다 조금이라도 더 수익을 올릴 수 있으리란 기대에 성실히 응하지 않겠는가?

나도 도서, 화장품, 식품, 맛집, 학원 등 다양한 주제로 블로거들을 모집해봤다. 돈을 받고 모집한 적도 있고, 블로그 마케팅에 문외한인 지인의 부탁으로 적합한 블로거를 찾아 메일을 보낸 적도 있다. 블로거 5명을 찾는 데 30분 정도, 10명을 찾는 데는 1시간에서 1시간 반 정도면 충

분했다. 물론 이러한 작업이 번거롭고 시도하는 것이 어색할 수 있겠으나, 광고대행사를 통하면 대행 비용이 최소 몇 십만원이다. 게다가 자칫 바가지 쓸 가능성도 높다. 맨 땅에 헤딩하는 것보다는 쉬우니 직접 해보기를 권한다.

블로그를 하는 지인 또는 친한 블로거에게 부탁하기

양념 소스 마케팅을 부탁해온 사장님이 있었다. 양념이라고는 간장, 된장 밖에 모르는데 어떻게 할지 고민하다가, 종종 소통하는 요리 블로거에게 양념 소스를 요리에 넣고 포스팅을 해줄 수 있는지 물어봤다. 그리고 "혹시 잘 아는 요리 블로거가 있으면 몇 명 소개도 해주시겠어요?" 부탁하니, 요리 블로거들끼리 소통하는 단톡방이 있다는 것이다. 그래서 도움을 받았다. 될까, 안 될까? 고민은 나중이고, 직접 해보면 된다. 내가 블로그 활동을 오래해서 된 게 아니다. 직접 물어보고 부탁하니까 된 것이다.

▲ 양념 체험단을 부탁했는데, 인원이 순식간에 채워졌고 고품질의 사진도 얻을 수 있었다

나 역시 종종 지인이 보낸, 혹은 지인을 통해 전달된 부탁 메일을 받는다. 아주 소액의 원고료만 받거나 심지어 원고료가 없는 경우도 있지만 실용적인 제품이면 얼마든지 OK다. 일상에서 필요한 제품인데 굳이 마다할 필요가 없고, 항상 돈을 받고 글을 쓰는 것도 인간적이지 않다.

마케팅 회사에 의뢰하기

체험단을 모집해줄 마케팅 회사를 구하는 것은 돈만 주면 되니까 가장 쉬운 방법이 되겠다. 그런데 무턱대고 맡기면 알아서 잘 해줄지는 모를 일이다. 평소 자주 의뢰하는 업체라면 문제가 없겠지만, 처음 의뢰하거나 가끔 의뢰하는데 소액으로 요청을 하면 신경써서 해주기 어렵다. 회사란 기본적으로 이익이 남아야 하니, 현실적으로 어렵기도 하다.

2~3곳 정도 비교해서 견적을 받아야 한다. 이때 비용만 볼 게 아니라 담당자와 소통이 잘 되는지도 파악하는 게 좋다. 저렴하게 진행해준다고 무작정 신청하면 곤란하다. 핵심은 체험단 활동 후 포스팅을 올려주는 블로그인데, 이 블로그들의 수준이 현격히 낮을 수도 있기 때문이다.

자영업자 마케팅 활용 팁 2. 블로그 광고 피해 사례

사기까지는 아니어도, 기대한 것에 비해 터무니없이 낮은 광고효과로 마음고생을 하는 자영업자들이 많다. 서울 강서구청 인근 작은 태국 음식점 사장님의 실제 사례를 보자.

"안녕하세요, 저는 네이버 마케팅 공식 대행사 ○○○ 과장입니다. 이번에 오픈하신 식당을 보니 참 예쁘네요. 요즘 사람들은 블로그를 보고 카페에 찾아오는 거 아시죠? 블로그 마케팅은 꼭 하셔야 됩니다. 신규오픈 이벤트로 파워블로거를 보내드리겠습니다. 페이스북, 인스타그램, 인터넷, 지역 뉴스 사이트에도 홍보를 해드리겠습니다. 월 10만원도 안 되는 가격으로 2년간 마케팅을 해드릴 테니, 이번 기회를 꼭 이용하세요."

이런 연락을 받고 어찌할까 고민을 하니까, 직접 방문하겠다고 한다. 작은 카페 마케팅을 위해서 멀리 있는 매장에까지 과장이 직접 오겠다고 해서 가능하냐고 묻자, 원래 맛집을 전문으로 취재하는 블로거 출신이라서 어디든 간다고 한다. 200만원을 훌쩍 넘기는 계약이었지만 타 업체보다 저렴하다는 말을 들으니 혹한다. 설명도 잘 해주고, 직접 오기도 하고, 저렴한 편이라고 하니 덜컥 계약을 했다. 카페를 오픈하느라 큰 돈이 들었기에 200만원 정도는 눈에 밟히지 않았나 보다.

이후 며칠동안 블로그 체험단 3팀이 와서 최선을 다해 준비해주었고, 매출 상승에 대한 기대를 품었다. 그런데 한 달이 다 되어도 블로그를 보고 카페에 왔다는 후기를 볼 수가 없었다. 전화해서 물어보니 인터넷에서 검색을 하면 홍보 포스팅이 나온다는데, 검색해도 도무지 찾을 수 없어 또 물어보면 더 효율적인 키워드로 노출하려 노력하고 있고 곧 인스타그램에도 뜰 테니까 조금만 더 기다리라고 한다. 계약하러 왔을 때는 블로그를 보고 고객이 몰려올 거라더니, 처음과 너무 다른 언행이다.

그렇게 얼마간 기다려 봤으나, 초기부터 효과가 없었는데 갑자기 효과가 나타날 리 없다. 환불을 이야기했더니 계약이 되어 있어서 불가능한데, 그래도 원한다면 "영업비 및 그동안 진행했던 블로그 체험단, 인스타그램, 플레이스 광고 위약금"을 빼고 20만원 정도를 돌려줄 수 있단다. 시작한 지 한 달 조금 지났는데 10%만 환불해준다는 뜻이다.

납득할 수 없어 따졌으나 계약서에 나온 대로 이야기를 한 것이고, 진행 내역을 보내준다고 한다. 기가 막혔지만 달리 할 수 있는 게 없었다. 계약서에 그렇게 되어 있긴 했기 때문이다.

또 작은 렌터카 회사를 운영하던 매형의 사례도 있다. 매형은 경기도 평택에서 20년 넘게 렌터카 회사를 해왔는데, 경쟁이 치열해지면서 매출이 떨어지니 인터넷 및 블로그 홍보에 관심이 생겼다고 했다. 마케팅 업체에 의뢰해 블로그와 인스타그램 등에 300만원 넘게 들여서 광고를 했는데, 뭐가 어디 노출되는지 모른다고 한다. 업체의 말처럼 홍보가 되고는 있겠지만, 렌터카는 특성상 인스타그램보다는 블로그에서 지역 이름과 렌터카(예를 들면 '평택 렌터카')를 검색했을 때 상위에 노출되는 게 가장 좋다. 네이버 검색결과에 나오지 않는다면 광고 효과는 거의 없다고 봐야 된다.

아무리 생각해도 300만원은 너무 큰 금액이지만, 매형은 천성이 선한 사람이라 항의도 못하고 넘어갔다고 했다. 나중에야 조카가 나에게 연락해와 내가 직접 포스팅을 올렸고, 경쟁이 심한 지역은 아니었기에 어렵지 않게 상위노출에 성공했다. 네이버에서 매형의 렌터카 회사가 검색이 되는 걸 보고 흐뭇해하던 매형과 조카의 목소리가 생생하다.

소상공인들만 당하는 것이 아니다. 전에 일하던 법률회사에서는 마케팅 업무를 담당했는데, 내가 퇴사하면서 그 업무를 업체에 의뢰하기로 했다. 한 온라인 마케팅 회사에서 합리적 비용으로 높은 성과를 내도록 키워드 광고 대행을 해준다기에 미팅을 했다. IP가 어떻고, 부정클릭 방지 시스템이 되어 있고, 과오납금 발생시 환불이 어쩌고… 어찌나 말을 잘하던지 같은 마케팅 일을 하는 내가 부끄러울 정도였다. 같이 미팅한 본부장님도 마음에 들어해 그곳에 의뢰를 했다.

퇴사 후 2주쯤 지났을 무렵 본부장님에게서 연락이 왔다. 요즘 영업이 너무 안 되는데, 그 마케팅회사 팀장인가 하는 사람은 전화를 받지 않고, 같이 왔던 주임만 통화가 된다는 것이다. 조율을 해줄 수 있는지 부탁을 해왔는데 퇴사한 상황에 무슨 조율인가? 여건이 되지 않아서 어렵다는 말씀을 드리고 전화를 끊었다.

사기당했다는 기분을 느끼지 않기 위한 팁

물론 마케팅 회사가 다 이런 것은 아니다. 온라인 마케팅에 대한 지식이 부족해서 영업에 탄력이 붙을 때까지 기다리지 못하는 사장님들의 책임도 일부 있다. 지금까지 언급한 사례들 속 마케팅 회사들이 사기를 쳤다는 것도 아니다. 사기죄가 성립되려면 현저한 지식의 차이로 부당하게 이익을 편취하는 조건이 필요하기 때문이다. 마케팅 회사도 광고상품을 만들 때 이 정도는 생각해 피할 방법을 고안하지 않겠는가?

그렇다면 도움이 안 되고 돈과 감정만 쓰게 되는 경우를 피하기 위해서는 어떻게 해야 할까? 우선 "월 10만원으로 24개월 마케팅을 해드립니다. 이 기회에 최대의 홍보효과를 누리세요" 이런 식의 말이 나오는 순간, 이상하다는 것을 직감해야 된다. 이 말은 2년 계약을 한다는 것이고 2년이면 240만원이다. 그런데 마케팅 회사는 동네 카페, 렌터카 업체 등 소규모 자영업자를 위해서 담당자가 열심히 일하는 것이 불가능한 구조이다. 영업비, 직원 급여 및 사무실 운영비, 체험단 블로거 원고료 등을 지급해야 하는데 어떻게 월 10만원에 24개월 내내 열심히 홍보를 할 수 있겠는가? 처음 올린 포스팅 몇 개가 오래 유지되기를 바라는 수밖에 없다. 문제는 마케팅 회사에서 이를 뻔히 알면서도 태연히 영업을 한다는 것이다. 게다가 어떤 사업체인지 제대로 알고 전화하는 게 아니라, 영업 중인 모든 업종에 전화를 한다. 내 사업체에 적합한 마케팅을 해줄 수 있을지 보장되지 않는다는 것이다.

둘째, 앞에서도 말했지만 자영업자, 소상공인도 블로그 마케팅을 배워야 한다. 상품 판매를 위한 마케팅 채널로 블로그가 핵심이기 때문이다. 블로그 광고에 대한 지식이 부족하다고 무조건적으로 맡기면 곤란하다. 광고 견적을 받았으면 이게 합당한 금액인지 소상공인 커뮤니티에서 평가를 받거나, 몇 개의 대행사와 견적을 비교해봐야 한다. 두리뭉실하게 좋은 키워드로 홍보해달라 하는 것이 아니라, "사람들이 관심 갖는 ○○ 키워드로 홍보가 가능한가요?" 이런 식으로 구체적으로 요구하는 것이 좋다. 파워블로거를 보낸다고 홍보하는 곳도 있던데, 파워블로거는 없어진 지 오래된 단어다. 그런데 블로그를 알아야 오래된 용어를 쓰는지, 잘

못된 용어를 쓰는지 파악하고 이런 업체들을 대할 때 더 신중해질 수 있다. 한편 인플루언서 블로그를 보내준다고 해서 안심할 것도 아니다. 그보다는 하루 몇 명의 방문자가 있는 블로거인지, 상위노출은 가능한지 확인하는 게 좋다. 사업이나 마케팅이나 잘 확인하고 검증하는 게 필요하다. 사장님이기에 좀 더 공부해야 된다. 마케팅은 비용이다. 자칫하면 누수되기 딱이므로 강조해서 이야기해봤다.

셋째, 한번 더 확인하는 자세가 필요하다. 요즘은 방문자수도 마음 놓고 믿을 수 없다. 방문자수를 조작하는 경우도 있기 때문이다. 이를 방문자 프로그램(방플)이라고 부르는데 하루 7000~8000명씩 늘려줄 정도이다. 대부분의 포스팅 순위가 하위권에 있고 검색이 잘 되지 않는데 방문자만 많다면 방문자 프로그램으로 조작했을 가능성이 높다. 방문자가 많다는 이유만으로 좋은 블로그라고 생각해 의뢰했다가는 기대한 광고효과를 전혀 보지 못할 것이다.

물론 블로그 마케팅 효과를 보는 상인들도 많다. 이런 분들은 경험이 있기 때문에 블로그 노출이 잘 되면, 계약한 금액보다 얼마씩 더 주겠다고 하기도 한다. 그만한 효과를 보았기에 과감히 이야기할 수 있는 것이다. 장어집 블로그 마케팅 의뢰를 받아서 진행한 적이 있는데, 정식으로 계약서를 쓰거나 한 것은 아니고 구두 계약으로 진행한 것이었다. 첫 포스팅을 올린 다음에 한 번 더 갔더니, 나올 때 사장님이 고맙다며 5만원짜리 지폐를 손에 쥐어주셨다. 70대 초반 사장님이셨는데, 블로그 마케팅을 알고 의뢰하고 성과를 알아보는 모습에 새삼 감탄했다.

사회 모든 분야에서 경쟁이 참 치열하다. 결국은 마케팅 비용 상승으로 이어지는데, 이를 돌파하기 위해서 자영업을 하는 사장님들이 온라인 세상에 대해 잘 이해하는 게 중요하다. 블로그 생태계를 조금만 알고 있어도 가성비를 발휘할 수 있는 부분이 정말 많다.

3장
10년 전업 블로거의 단상

문제는 내용이다

"과연 상위노출이 될 것인가?" 포스팅을 발행하면 대부분 이런 생각을 할 것이다. 그런데 나는 요즘 이보다 더 절실한 게 있다. 과연 내 포스팅을 보고 사람들이 설득될 것인가 하는 것이다.

살던 집을 부동산 중개업소에 내놓았는데 1년이 넘도록 팔리지 않고 있었다. 집 안에 마당이 길처럼 생겨 깊이 들어와 있었는데, 예로부터 도둑맞기 좋은 형태의 집이라고 인기가 없었다. 사도 집이라 정상가격으로 매매가 어렵다는 소리만 들렸다. 더는 안 되겠다 싶어서 블로그에 집을 매매한다는 글을 올렸다. 과연 팔릴까 하는 생각이 들었지만, 이것도 경험이다 싶어서 아주 자세하게 포스팅을 했다.

사도 집이라고 해도 생활하는 데 아무런 문제가 없다. 그리고 요즘 담 넘어 들어와 물건을 훔치는 도둑이 어디 있는가? 오히려 마당이 길어서 차를 2대 갖고 있는 가정에게는 더 좋다는 내용으로 적었다. 무엇보다 집이 마당 안쪽에 아늑하게 있어 도로 소음으로부터 훨씬 조용하다는 장점을 내세웠다. 집을 팔기 위해 지어낸 말이 아니라 실제로 살아보니 그런 점이 좋다고 느꼈기 때문이다.

이러한 내용의 포스팅에 수긍했는지 나에게 직접 연락이 많이 왔다. 여러 부동산에 내놓아도 팔리지 않았던 집이 꽤 괜찮은 가격에 금세 매매되었다. 매수인에게 어떻게 빨리 결정했는지 물어보니, 블로그를 자세히 봤다고 한다. 그 포스팅을 올리지 않았다면 집을 팔지 못했을 가능성이 높다. 2019년 12월 말, 한창 부동산에 불이 붙던 시기라 아파트 가격은 폭등하고 사도 집 인기는 그보다 훨씬 못한 상황이었는데, 적절한 타이밍에 팔았다. 정성 들여서 쓴 포스팅의 위력을 직접 경험한 것이다.

글쓰기의 기본이 무엇인가? "It's the economy, stupid!(바보야, 문제는 경제야!)" 1992년 미국 대통령선거 때 빌 클린턴 민주당 후보가 내세운 구호로, 걸프전 승리에 도취되어 있던 현직 대통령 조지 부시를 비판하며 미국 사회의 진짜 문제는 경제라는 것을 꼬집은 것이다. 나는 "바보야, 문제는 내용이야!"라고 말하고 싶다. 블로그에서의 로직? 당연히 중요하다. 그러나 더 중요한 것은 내용이다.

로직에 맞게 키워드를 조합하여 글을 쓰다 보면 억지스러운 글이 되고는 한다. 그런데도 눈앞의 노출 순위에 급급해 제목을 수정하고 키워드를 바꾼다. 그러면서 소위 상위노출 비법 강의라는 것을 찾아 듣는다. 몇 십만원을 내고 수강하지만 광고에서 본 기대만큼 팍팍 성장하는 사람은 드물다. 고급 과정이라고 해봐야 특별한 비결이 있는 게 아니다. 블로그나 유튜브에서 활동하는 강사, 전문가들이 하는 말과 크게 차이가 없는 경우가 대부분이다. 블로그나 유튜브에서 무료로 들을 수 있는 로직 강의들 몇 개만 찾아 들어도 기본적인 로직은 다 이해할 수 있다.

반면에 제대로 쓴 글쓰기의 위력은 예나 지금이나 한결같다. 좋은 포스팅은 검색결과 하단에 있다가도 위로 올라올 가능성이 높다. 위에서도 오래 버틴다. 그렇다면 우리의 선택은 분명하다. 어떻게든 방문자/사용자의 입장이 되어서, 이들의 필요와 결핍을 채울 수 있는 포스팅을 해야 한다는 것이다. 수익화는 로직으로 되는 게 아니다. 기록이 쌓이기 때문에 잘 되는 것이다. 1500자와 사진으로 구성된 포스팅으로 방문자를 설득하는 게 중요하다.

블로그를 통해서 수익이 나면 기분이 좋다. 그러면서 탄력이 붙고 계속 포스팅을 하게 된다. 성장은 이렇게 되는 것이다. 이때 기본은 글을 통해서 고객을 설득하겠다는 것이다. 그래야 무슨무슨 비법이니 하는 강의에 돈과 시간을 낭비하지 않고 꾸준히 성장할 수 있다.

2030 MZ세대의 블로그

코로나19가 한창이던 2021년에 MZ세대의 블로그 개설, 이용이 폭발적으로 증가했다는 보도를 접했다. 네이버 홍보자료인가 하고 봤는데, 그건 아니고 네이버가 제시한 통계 자료를 인용한 기사였다. 기사를 읽어보니 MZ세대에서 블로거가 늘어난 이유를 몇 가지로 추려볼 수 있었다.

우선 느슨한 유대감 때문이다. 모바일 1인 SNS의 대표격인 페이스북, 인스타그램의 경우 일상 사진, 글 하나만 올려도 주변의 반응이 뜨겁다. 사람들의 관심이 즐거울 때도 있지만 작은 것 하나에도 반응을 하니 부담스럽기도 하다. 반면에 블로그는 친한 사람에게만 주소를 알려주면 되고, 나와 상관없는 사람들의 뜻하지 않은 공감이나 댓글이 반가울 때가 많다. 일상을 표현하기에 적합한 공간이었다는 것이다.

둘째, 콘텐츠를 제작하기가 쉬워서이다. 보통 인스타그램에는 예쁜 사진을 올려야 하고, 유튜브에는 괜찮은 스토리의 동영상을 올려야 한다고 생각하는데, 블로그에는 자신의 생각과 일상을 편하게 글로 남길 수 있다고 생각한다. 그러니 콘텐츠 제작에 대한 부담이 한결 적다.

셋째, 수익화 때문이다. 코로나19 시기에 뜻하지 않게 재택근무를 하게 되면서 재택근무에 매력을 느낀 MZ세대가 많았다. 월 몇 백만원의 수익을 인증하는 블로거들을 보면서 블로그가 매력적으로 보였을 것이다. 네이버에서 본격적으로 주제별 인플루언서를 선정한 게 2019년 11월이었으니, 코로나19 유행과 맞아떨어지는 것 같기도 하다. 지금도 2030 블로거 중에서 일반 직장인 급여에 필적하는 수익을 인증하는 경우가 많다.

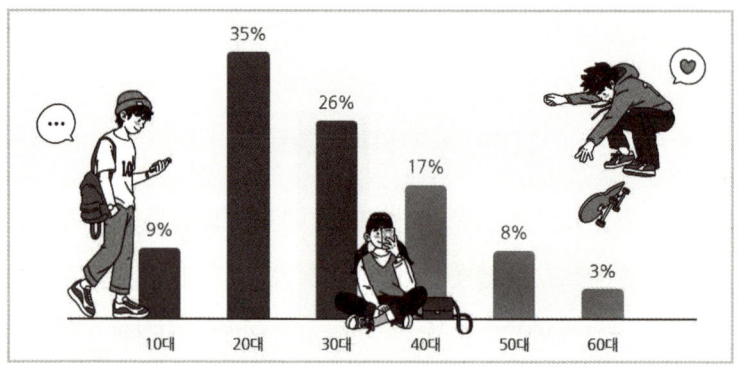

▲ 블로그를 이용하는 MZ세대의 비율 (출처: 2021 네이버 블로그 리포트)

그런데 한번 생각해보자. 부담스럽지 않게 드러내기, 부담이 덜한 콘텐츠 제작, 직장 대신 블로그로 출근한다는 장점. 이것이 꼭 2030 MZ세대만의 선호일까? 4050 X세대는 아닌가? 어쩌면 4050에게 더욱 적합하다는 생각도 든다. 경제적인 문제는 2030보다 4050에게 더욱 현실적인 문제이기 때문이다.

얼마 전 퇴직한 후배가 나를 찾아왔다. 그 후배는 기획 마케팅 부서에서 차장까지 올라갔으며, 한 곳에서 10년 넘게 일을 했으니 꽤 인정받은 셈이다. 그보다 어린 후임이 부장으로 올라가고 자기는 집에서 먼 곳으로 발령이 났다는 것이다. 중견기업의 전형적인 인사 퇴출 방식이었다. 평판도 좋고 해서 다른 좋은 곳에서 불러갈 줄 알았는데 나이 40을 넘기니 쉽지 않았던 모양이다. 불안감과 허탈함이 오죽할까? 아마 그래서 나를 찾아왔을 것이다. 내가 블로그를 직업으로 시작한 것도 40의 나이부터였다. 그 후배도 블로그를 시작하기 좋은 상황, 어쩌면 블로그를 해야만 하는 상황이 아닌가 생각했다. 블로그나 유튜브 등 1인미디어를 통해서 직업생활을 하는 다양한 사례를 알려줬고, 본인이 특화할 수 있는 강점을 파악해보라고 조언했다.

4050 X세대의 블로그

정년을 60세에서 65세로 늘린다는 이야기가 있다. 이게 근본적인 해결책이 아님은 누구나 알고 있다. 우리나라 평균 수명을 보니 80을 훌쩍 넘었다. 70대는 당연히 창창하고, 80대에도 일하는 분들이 많이 계신다. 정년이 어떻게 되든 이후 20년을 건강하게 살아가야 한다. 생활을 위해서 돈이 더 많이 필요하다는 뜻으로도 해석할 수 있다.

나는 40세에 처음 블로그를 시작했고 포스팅을 하는 것이 어색하지 않았다. 회사에서는 업무 보고서, PPT 파일 만들려고 단어를 쥐어 짜내느라 고충이 많았는데, 블로그에 내 생각을 쓰려니 글이 술술 나왔다. 나이 듦이 회사에서는 활용가치가 줄어드는 것이라고 하지만 그 과정에서 쌓은 경험, 지식, 깊이는 온라인 세상에서 더욱 빛을 발할 여지가 크다. 인터넷에는 고만고만한 정보가 넘친다. 인터넷이 정보의 바다라고 해도 실상은 생수를 찾으러 이리저리 헤매는 사람이 많은 현실이다.

블로그를 시작하고 싶어도 블로그 메뉴를 익히기가 어렵고 시간이 걸린다고 걱정하는 말을 듣는다. 물론 익혀야 할 메뉴들도 있지만 핵심은 글쓰기에 달려 있다. 이 책에서도 계속 이야기하는 것은 나의 전문성을 글쓰기에 담으라는 내용이다. 검색을 통해서 누군가에게 어필할 수 있느냐가 쟁점이고, 나머지는 거의 부수적인 것이다. 네이버 블로그가 어려운 프로그래밍 툴도 아니고, 세밀한 디자인이 필요한 것도 아니다. 글 쓰고 올리는 일에 집중하면 되는 것이다.

다만 한 가지 걸리는 점이 있다. 4050이 지닌 무게와 부담이다. 자녀와 부모, 건강과 노후 등 챙겨야 할 것이 많고 20~30대처럼 회사를 쉬면서 블로그에 올인할 만한 환경이 되지 않는다. 그러나 절실함만큼은 누구보다 클 것이다. 몰두할 수 있는 시간을 찾아 블로그에 투자해보면 어떨까? 새벽시간을 이용해 1일 1포스팅 챌린지를 하는 사람들이 많다.

▲ 기록이 쌓이면 뭐든 된다

네이버 블로그의 캐치 프레이즈는 "기록이 쌓이면 뭐든 된다"이다. 나는 이 표현을 신뢰한다. 방법은 각각 달랐으나, 사람들이 블로그를 하고 성과를 내며 꿈을 이뤄가는 것을 두 눈으로 보았기 때문이고, 나 역시도 그러한 4050이기 때문이다.

'덕후'에게 직업적 날개를 달아준 블로그

뚜벅이 여행 전문가, 온라인 격투기 해설가, 라면 분석가, PC 조립 마니아 등 사회적으로 인정받을 만한 영역이 아니거나, 남들이 관심 갖지 않는 특정 분야에서 독보적인 정보를 바탕으로 활동하는 사람이 있다. 보통

덕후라고 한다. 덕후는 일본어 오타쿠를 한국식으로 변형한 발음인 '오덕후'의 줄임말로, 어떤 분야에 몰두해 전문가 이상의 열정과 흥미를 가지고 있는 사람을 가리킨다.

예전에 덕후는 외골수이거나, 고립되어 있다는 다소 부정적 느낌이 들었는데, 요즘은 해박한 지식을 존중받으며 많은 영향력을 끼치고 있다. 과거에는 돈을 잘 벌려면 전문가, 즉 '사(士)'자가 들어간 전문성을 인정받아야 했지만 지금은 생각지도 못한 분야에서 수익을 창출하는 사람이 많아졌다.

나는 EM(Effective Microorganisms)에 필이 꽂혔다. 국내에 출간된 EM 관련 책을 모두 구입해 읽었고, 비슷한 개념인 유산균, 프로바이오틱스, 마이크로바이옴에 이르기까지 다양한 책과 영상으로 지식을 쌓았다. EM 녹색환경지도사라는 사설 자격증도 취득했다.

남들보다 더 많이 공부하다 보니 사람들의 궁금증에 답을 해줄 수 있었다. 블로그의 카테고리에 EM을 전격 노출해서 EM 중심의 깊이 있는 포스팅을 올리며 활동하다 보니 2020년 8월에는 이달의 블로그에 선정되었다. 의사, 한의사들과 어깨를 나란히 한 셈이다.

▲ 네이버 건강·의학 이달의 블로그 선정

참고로 나는 국가공인 자격증이 딱 하나 있다. 바로 공인중개사! 즉 부동산 전문가라는 자격을 부여받았다. 부동산 중개 현업에는 종사하지 않지만 매매, 분양, 부동산 마케팅 및 부동산 교육상담 등 다양한 분야에 활용하는 중이다. 중개업이라는 정통 수익 모델은 아니지만 필드에 적용할 수 있었고, 10년 넘게 살던 빌라에서 아파트로 이사를 왔으니 나름 요긴하게 활용한 게 아닌가 생각이 된다.

경제·비즈니스 주제로 블로그 운영을 하면서 부동산 관련 글을 많이 쓰고 있다. 블로그 수익화의 시작도 공인중개사 시험이었고, 한때는 공인중개사 홍보글로 직장인 급여만큼 벌었으니 자격증 취득에 든 비용을 뽑고도 남았다고 본다.

전문가로 공인받지 않더라도, 블로그 세상에서는 덕후 기질을 통해서 블로그 수익화에 성공할 수 있다. 몇몇 크리에이터들은 과학 실험, 맛집 탐방, 화장, 먹방, 아기 장난감 리뷰 등 기존 사회의 기준에서는 수익과 직결되지 않았던 영역에서 두각을 나타내어 꽤 높은 수익을 얻고 있다. 공중파 TV 방송에서도 블로거나 유튜버를 게스트로 초빙하는 것을 심심치 않게 보는 요즘이다.

'겨우 블로그로 먹고 사니?' 이렇게 생각하는 사람이 많을수록, 자신의 분야를 계발하고 연구하는 덕후들은 더 많은 기회를 보장받는다고 본다. 전문가 영역이 한정된 시장에서 경쟁하는 곳이라면, 덕후의 분야는 그 제한이 없음을 알아야겠다. 지금도 수많은 분야에서 남들이 생각하지 못한 정보와 꿀팁으로 덕후 기질을 발휘하는 사람이 있으니, 가능성을 보고 성공의 길을 열면 좋겠다.

블로그 강의 누구한테 들을까?

블로그를 운영하다 보면 그게 그거 같은데, 디테일에서 차이가 생기는 경우를 만나게 된다. 블로그에는 단순히 글과 사진으로 이야기하기에는 너무도 많은 운영 비법과 수익화 방법이 숨겨져 있다. 그래서 책을 찾아 읽고, 강의를 수강하는 게 보통이다. 나도 2013년부터 지금까지 대략 20번 정도의 강의를 들었다. 모바일 상위노출 문제를 해결하기 위해서 수강한 적도 있고, 수익화 방법이 갈급해서 듣기도 했다. 그중에는 강사의 탁월한 실력에 비용이 아깝지 않은 적도 있었지만 아닌 적도 있었다.

그렇다면 어떤 강사에게 강의를 들어야 할까?

- 왕초보를 위하여 블로그 운영법을 쉽게 알려주는 강사
- 상위노출 로직을 잘 시키는 강사
- 체험단을 많이 하는 강사
- 사신 퀄리티가 높은 강사
- 오랫동안 꾸준히 잘 운영하는 강사
- 돈을 많이 버는 강사

블로그 강사들도 스타일이 다양하다. 마치 영어의 경우 ABC 발음부터 정확히 알려주는 강사가 있고, 기초 문법, 자유로운 영어 회화, 토익 만점을 위한 강사 등으로 다양하듯, 블로그도 강사들마다 각기 주특기가 있는 것이다. 그래서 강사나 강의를 선택할 때에는 목적을 명확히 하는 것이 중요하다.

그런데 (왕)초보 블로거는 참 애매하다. 모르는 것이 많아 배우긴 배워야 하는데 아직은 강사가 어떤 이야기를 해도 신세계로 들릴 것이라 강의에 투자한 시간, 노력, 돈에 비해서 얻는 게 불확실하기 쉽다. 의외로

블로그 운영 1년차 이내의 초보 강사들 중에 기본기가 튼튼한 경우를 종종 보는데, 왕초보를 위해서 그런 운영 초보 강사들이 더 맞겠다는 생각도 든다. 초보자의 입장에서 쉬운 표현, 작은 것부터 하나하나 설명하고 집어주면 처음 블로그에 진입한 왕초보들에게는 선물과 같을 강의가 될 것이다.

전혀 감을 잡지 못하는 처음에는 유튜브나 책, 블로그 관련 카페 등을 통해서도 배우는 것이 좋다. 그리고 어느 정도 경험이 쌓인 뒤 나의 필요가 무엇인지를 정확히 파악하여 이를 중심으로 강의하는 강사를 선택해야 귀한 돈도 아끼고, 능력을 업그레이드할 수 있다. 이것저것 한꺼번에 배우려 들면 강의만 잘 듣는 것으로 끝날 수도 있다.

이런 강사는 조심하자

초보를 벗어나면 상위노출 로직을 익히고 수익화를 하기 위한 강의를 찾게 되는데, 조심해야 할 강사 유형이 있다. 프로필과 포트폴리오가 애매한 강사, 일반적으로 형성된 가격보다 고가격을 내세우는 강사, 상위노출 로직과 수익화에 대해서 알려준다면서 막상 본인의 블로그는 상위노출이 된 것을 찾기 어려운 강사, 하루 방문자수가 100~300명 정도에 불과한 강사 등이다. 블로그를 운영해보면, 한 달만 제대로 해도 1일 방문자 300명은 쉽게 넘길 수 있다는 것을 안다. 그런데 강사의 블로그 1일 방문자수가 하루 300명인데, 실전 지식을 안다고 할 수 있을까?

나는 강사들이 블로그 상위노출은 물론이고, 스마트블록 상위노출 포스팅 포트폴리오를 수강생들에게 입증해야 맞다고 본다. 강사들의 블로그에 들어가면 C-Rank, D.I.A.+ 등 어려운 로직에 대한 설명은 많은데, 정작 본인이 직접 어떤 성과를 냈는지는 불확실한 경우가 많다. 이러한 강사들의 강의를 듣고 따라해도 어설픈 결과가 나올 것이다.

경제적 자유나 N잡러를 위한 강의를 하는 강사도 마찬가지다. 본인의 수익을 공개하거나, 체험단(원고료) 경험 등에 대해서 솔직한 강사를 만나는 게 좋다. 이론적으로 애드포스트, 기자단, 체험단, 블로그 운영 대행으로 돈을 벌 수 있다는 이야기는 누구나 할 수 있다. 그러나 이러한 의뢰가 실제로 들어오거나 수익을 내본 경험이 충분한 사람이 있는가 하면, 이론적으로만 아는 사람이 있다. 본인의 수익이 명쾌하다면 이를 공개하지 않을 이유가 없는데, 경제적 자유를 얻는 법, 블로그로 돈 버는 법, 하루 1시간에 200만원 버는 법 등 형식적인 표현으로 일관하는 강사들이 있다. 어디서 수익을 내는지 궁금하다.

아마도 그런 강사들의 수익은 블로그 자체에서 나는 수익이 아닐 가능성이 높다. 판에 박힌 공식을 알려준 뒤, 자기는 강의를 통해서만 수익을 내는 것이다. 강사 본인의 블로그 상위노출, 체험단, 마케팅에 대한 성과보다는 전자책, 강의 후기 등을 통해서 수강생을 모은다. 이러한 사람 중에는 블로그 경험이 4~5개월밖에 되지 않는 사람도 있으니 잘 검증해야 한다.

일부 강사의 문제점을 이야기했는데, 결국은 돈과 연관되기 때문이다. 수강료가 정해진 것도 아니고, 전자책을 보면 무료에서 100만원까지 천차만별이다. "충분한 수익 보장", "수강생 평생 관리"를 내세우는 경우도 있는데, 의식이 있는 강사는 그런 표현을 하지 않는다. 세상에 수익을 보장하거나 평생 관리해준다는 게 과연 가능하거나 한가? 명확하지 않고, 뜬구름 잡는 듯한 멋진 표현이 많다면 의심해보는 게 좋다.

그리고 한 가지 기억하자. 강의를 듣는다고 다 되는 것은 아니다. 지인이나 블로그 이웃 중에서 몇몇은 최적화 블로그를 갖고 있고 3~4년간 운영을 했지만 수입이 월 100만원이 채 되지 않는 사람도 많다. 이들이 블로그 관련 전자책을 읽지 않고, 강의를 듣지 않아서 그런 걸까? 그렇지 않다. 유료 무료 할 것 없이 여러 강사의 강의를 들었지만 이론과 실제의 괴리감, 무한경쟁 시스템으로 인해 어려움을 겪는 것이다.

그럼에도 강의를 들어보고 싶다면 나의 부족한 것을 해결해줄 수 있을지, 강사의 포트폴리오를 확인해서 수강하자. 상위노출이 궁금하다면 그 강사는 상위노출 로직 및 실제 상위노출 부분에서 성과를 내고 있는지, 수익화 부분이 궁금하다면 그 강사는 어떤 부분에서 탁월함을 발휘해 꾸준한 수익을 얻고 경제적 자유를 실천하고 있는지 먼저 보는 게 좋다. 그들이 쌓은 노하우와 경험, 인사이트를 통해서 한 단계 도약할 수 있을 것이다.

AI 활용 콘텐츠를 대하는 자세

2022년 챗GPT가 나오면서 많은 분야에서 AI 생성형 콘텐츠 붐이 일고 있다. 그림을 그려주거나 음악을 작곡해주는데, 블로그 포스팅 또한 예외는 아니어서 제목을 입력하면 불과 몇 초 만에 괜찮은 원고 한 편이 완성된다. AI 서비스 회사도 많아졌고, 성능이 강화된 유료 프로그램도 여럿 생겼다.

몇몇 블로거들은 아예 AI를 이용해서 정보성 포스팅을 매일 여러 편 올린다. 그대로 올리지는 않더라도 상당 부분 인용하거나, 말꼬리만 살짝 자신의 톤으로 바꿔서 발행한다.

일정 부분 이해한다. 기사나 책, 방송 등에서 최신 트렌드나 객관적인 정보를 인용하는데 AI라고 해서 꼭 배척할 이유는 없다. 다만 이를 적절히 인용하는 것과 이런 글로 도배하는 것엔 근본적인 차이가 있다.

블로그로 성장하기 위해 필요한 1순위는 창작성이다. 충분한 정보, 지식을 갖고 경험과 노하우를 통해서 풀어나가는 게 기본이고, 여기에 부합했을 때 양질의 포스팅이 나온다. 반면 AI에 습관을 들이면 정보를 직접 찾는 것에 게을러질 가능성이 높다. 같은 내용을 인용한다고 해도 정보를 탐색해서 가져오는 것과, AI로 복사 붙여넣기하는 것 사이에는 엄청난 차이가 있다고 생각한다. 직접 타이핑하지 않고 1000자 정도 되는 글을 고스란히 옮겨오는데, 과연 실력이 향상될 수 있을까? 글쓰기 실력이 늘지 않으면 블로그 생활이 제대로 이뤄지지 않는다.

다량의 포스팅을 통해 블로그 방문자수를 늘려서 애드포스트, 협찬 수익을 얻으려는 사람이 많은데 큰 실익은 없을 것이다. 사람들은 '진짜' 글에 월등히 많은 관심을 두고, '진짜'라고 여겨지는 글에 공감한다. 또한 광고주들은 성실하게 포스팅을 해줄 블로거에게 원고료 협찬을 의뢰하지, AI로 작성한 글로 도배하는 블로거에게 의뢰하지 않는다.

글쓰기뿐 아니라 사진, 이미지 생성도 매우 뜨거운 주제다. 전에는 포토샵 등의 전문적인 프로그램으로만 보정이 가능했기에 초보자에겐 어려웠지만 요즘은 캔바, 미리캔버스 등 인터넷 기반의 이미지 편집 프로그램만 사용해도 꽤 괜찮은 퀄리티의 이미지를 만들 수 있다. 게다가 이제는 AI에 단어 몇 개만 입력하면 이미지를 생성해준다. 문제는 사람들이 편리하다며 AI 사진으로 도배하고 있다는 사실이다. 본인은 그럴싸한 이미지라 생각하겠지만 매우 어색하다. 처음에는 언뜻 자연스럽게 보여도 AI로 만든 것이 티가 나는데, 이를 보고 좋아할 사람이 몇이나 될까? 몇몇 블로그를 보면 썸네일을 넘어서, 거의 모든 사진을 AI에서 가져온 것을 볼 수 있다. 거부감을 표하는 소리가 여기저기서 들린다.

주목해야 할 것은 스팸 처리 알고리즘이 강화되고 있다는 사실이다. 네이버는 생성형 AI를 활용했다면 해당 사실을 문서에 명시할 것을 '권고'한다. 자신의 창작물인 것처럼 표현하는 것을 원치 않는다는 것이다. 또한 최근에는 생성형 AI로만 작성한 문서를 자동화하여 게시하는 어뷰징 사례가 많이 탐지된다며, 생성형 AI를 좋은 문서 작성에 활용해 달라고 당부하는 한편, 생성형 AI로 저품질의 문서를 양산할 경우 검색에 노출되지 않을 수 있다고 공지하기도 했다. AI 글쓰기가 남발되어 검색품질에 도움이 되지 않는다면, 언제든 네이버가 칼날을 휘두를 가능성이 높다. 적절히 활용하되 의존하지는 말자.

마지막으로 당부하자면, AI 글과 이미지를 활용하면 저품질 가능성이 높아진다. 여러 번 말했듯이 네이버는 중복된 콘텐츠를 싫어한다. 제목이나 내용, 이미지가 중복될 경우 품질이 낮아지는 것은 블로그 운영의 상식이다. AI를 이용하는 사람들이 늘어나면 결국 같은 주제로 포스팅을 하는 사람들의 콘텐츠가 비슷해질 가능성이 높다. 이미 곳곳에서 블로그 지수가 낮아졌다는 말이 들려오고 있으니, 앞으로도 칼바람은 멈추지 않을 것이다. AI의 발전과 함께 스팸 단속 알고리즘도 더욱 업그레이드되지 않겠는가.

10년을 해도 배울 게 있다

2013년부터 블로그로 10년간 먹고 살고 있으니, 블로그가 꽤 괜찮은 직업임을 나 자신에게도 주변에게도 입증했다고 생각한다. 그런데도 더 성장하고 확장할 수 있었는데 안주한 것은 아닌가 돌아보기도 한다.

놓치고 있는 게 있지 않을까? 오늘의 일 때문에 내일의 준비를 소홀히 하고 있는 것은 아닐까? 늘 변화하는 트렌드를 잘 따라가고 있는 것일까? 수익 모델(수익 파이프라인)을 더 늘릴 수 있지 않을까? 요즘 나의 고민이다.

무엇보다 지식과 경험을 더 쌓지 못한 점이 아쉽다. 유산균을 2016년부터 판매하고 있는데, 그동안 장건강에만 집중했다. 물론 장건강은 건강한 생활을 유지하는 데 정말 중요하기 때문에 이 부분을 다룬 것은 적절했다고 생각한다. 그런데 입속, 피부, 여성건강, 간, 갱년기 및 정신건강까지 유산균 프로바이오틱스의 효용성이 파악되었다. 이러한 부분까지 공부하고 사례를 발굴해서 고객들에게 어필해야 했는데, 게을리했던 것 같다. 오늘 하루 매출에 집중하다 보니, 제품의 용도나 확장성에 대해 더 깊이 있게 고민하고 연구하지 못한 것이다.

사진과 영상을 촬영하고 편집하는 실력을 높이지 못한 것도 아쉬운 점이다. 블로그는 텍스트 외에 사진, 영상으로 구성된 종합 미디어이다. 조금 더 멋지게 어필할 수 있는 사진, 직접 출연하여 경험을 증명하는 영상 등 멀티미디어 작업을 조금 등한시한 것 같다. 특히 유튜브 채널을 볼 때 그런 생각이 든다. 적은 수의 투박한 영상으로도 이 정도의 수익이 나오는데 더 열심히 했더라면, 매달 하나씩이라도 꾸준히 올렸더라면 지금보다 더 규모가 커지지 않았을까 하는 생각이 드는 것이다. 내 사업을 굳건히 할 수 있도록 이 점을 보완해야겠다 다짐한다.

마지막으로, 오프라인에서 사업적인 교류가 줄어든 게 마음에 걸린다. 온라인으로 업무가 진행되지만 결국 사람을 통해서 일이 생기고, 새로운 길을 찾을 수 있게 된다. 그동안 온라인 상에서 알게 된 사람은 많았는데, 비즈니스 동반자로 오래 지속되지는 못했다. 맛집, 뷰티, IT 블로거들은 함께 취재를 다니는 경우가 많다. 또한 육아 블로거와 반려동물 블로거들도 생명을 키운다는 공통 관심사가 있기에 교류가 많은 편이다. 반면에 나는 건강과 경제가 주력인데, 건강식품을 다른 사람과 함께 촬영하기는 힘들고, 경제 주제의 특성상 모여서 협업하기 마땅치 않았다.

요즘 마케팅 단톡방에서 교류하는 사람들이나 내게 블로그 교육을 받은 사람 중에 자영업을 하는 분들이 블로그의 위력을 느꼈는지 구체적인 사업 적용에 대해 자주 물어보는데 카톡 몇 번 주고받는 것으로 해결

될 질문들은 아니다. 협업을 위한 모임이나 마케팅 정모 등을 개최해서 성공사례를 만들고, 비즈니스의 영역도 확장해 나가려고 한다.

협업의 아쉬움에 대해서 이야기했지만, 결국 블로거는 홀로 움직인다. 오늘의 업무도 중요하지만, 누군가 보호해주는 울타리가 없기에 스스로 실력을 쌓고 돌파해 나가야 한다. 이는 블로거의 숙명이라고도 생각한다. 철저하게 1인 미디어이므로, 블로그를 활용하여 비즈니스를 펼치는 것은 오직 자신의 능력에 달려 있다.

10년간 블로그를 핵심으로 사업을 펼쳐왔고, 앞으로의 10년도 마찬가지일 것이다. 지난 시간을 돌이켜보았을 때 부족했던 것을 모아 앞으로 개선해야 될 리스트에 넣고 꾸준히 실천하려고 한다. 10년 전 처음 블로그를 시작했을 때, 지금의 이 모습이 될 것이라고 생각하지 못했지만 결국 이 자리에 서 있다. 방향을 정했으니, 신뢰하고 꾸준히 실천하는 것만이 이후 10년과 그 이상의 시간도 나를 보장해줄 것이라 믿는다.

에필로그
디지털 노마드, 경제적 자유 그리고 업셋!

블로그를 시작하자마자 직업이 되는 것은 아니다. 첫 달에 점심값이 생기면 신기해하다가, 피자값이 나오고, 핸드폰 요금을 충당하다가, 어엿한 부업이 되고, 신입 초봉을 벌고, 이후에는 직장인 시절보다 나은 수입이 생기는 수순이다. 물론 모두 그렇게 되는 것은 아니고, 계획대로 되었을 때의 이야기이다.

"누구나 그럴싸한 계획을 가지고 있다. 한 대 맞기 전까지는!"

복싱 헤비급 최고의 스타 마이크 타이슨의 명언이다. 블로그를 하다 보면 이처럼 한 대 맞는 기분이 들 때가 있다. 디지털 노마드, N잡러가 되어 출퇴근하지 않고 경제적 자유를 누리길 원했는데, 막상 해보니 생각과 딴판인 현실의 벽을 느낀 탓이다. 2~3시간 열심히 써서 올렸는데 직접 검색해 찾아봐도 내 글이 보이지 않고, 하루 방문자 몇 십명, 몇 백명인 걸 보면서 언제 1만블, 인플루언서가 되나? 자괴감이 들기 때문이다.

유튜브나 전자책을 보면 해외에서 여행하며 블로그하고 돈을 번다는데, 월 수익이 수백만원이라는데, 막상 내 블로그의 애드포스트 수익은 하루 500원에 협찬이라고는 원고료도 주지 않는 맛집뿐인 게 현실이다. 그러니 블로그를 하다 말다 반복하기도 하고, 판을 뒤집고 싶어 노하우를 알려준다는 비싼 유료 강의를 수강하기도 한다.

물론 유료 강의에서 해주는 말들이 어느 정도 통하기도 할 것이다. 하지만 그 사람들도 처음에는 협찬 상품 하나에 감격했던 시절이 있다. 꾸준히 쌓아놓은 콘텐츠의 힘이 부업을 넘어 N잡러가 되고, 회사를 떠나서 당당한 직업인이 되도록 이끈 것이다. 그렇게 되기까지는 6개월이 걸릴 수도 있고, 몇 년이라는 시간이 걸릴 수도 있다.

꿈의 직업 디지털 노마드라고 하지만 나는 이렇게 말하고 싶다. "꿈을 깬 사람이 디지털 노마드가 된다!" 블로그로 하루 4시간만 일하고 경제적 자유를 이룬 사람이 있다고는 들었는데 본 적은 없다. 더 많이 일하고 공부하며 업무를 확장해야 하기에, 직장시절보다 더 바쁘게 움직이는 블로거는 많이 봤다. 남들이 출퇴근하며 회사에 매여서 휴가도 마음대로 쓰지 못할 때, 하와이 해변에서 포스팅하면서 돈을 버는 것은 일부일 뿐이다. 일반적인 삶이라고 생각하면 안 된다는 것을 이야기하고 싶다.

블로거로 사는 삶이 만족스러운지 가끔 묻는 이들이 있다. 당연히, 그리고 대단히 만족스럽다고 이야기한다. 출퇴근의 자유, 업무시간의 자유, 장소와 시간에 구애받지 않고 경제적 삶을 꾸려나가서 좋은 점도 있지만, 가장 마음에 드는 것은 내가 하고 싶은 업무를 한다는 것이다. 시켜서 하는 게 아니라 자기 주도적으로 일을 하며 정당한 성과를 얻으니까 보람된 것이다. 시간과 공간적 자유는 열심히 일을 한 것에 대한 보답이라고 생각한다.

남들이 부러워하는 대기업, 금융회사, 공무원 때려치우고 하고 싶은 일을 통해 경제적 자유를 찾겠다는 유튜브 영상을 종종 본다. 나와 그리 다를 바 없어 보이는 크리에이터나 블로거들이 인증하는 수익 금액을 보며 '돈기부여'를 받는 것은 당연하다. 그런데 퇴사일기나 퇴사영상을 찍은 후, 실제 어떤 삶을 사는지에 대한 영상은 막상 만나기 쉽지 않다. 어렵게 찾아봐도 "성공을 위해 오늘도 전진한다", "퍼스널 브랜딩으로 수익화가 조금씩 되고 있다", "가치 있는 워커가 되기 위해서 1포스팅 완료" 등 애매한 표현으로 채워진다. 이런 내용 말고, 정말 경제적 자유를 누리고 있는지 알고 싶지 않은가?

이 책에 블로그 성장 방법, 수익화, 1인 기업, 블로그를 평생직업으로 삼기 위한 마인드 등을 적어보았다. 읽는 사람들이 인사이트를 얻었으면 좋겠다.

본문 곳곳에서 반복해 말한 것처럼 스스로 일어서기 위한 실력, 경험 쌓기, 노력과 숙성이 필요하다. 블로그 세상도 사회 다른 분야와 다르지 않다. 이것이 직업이 되면 엄청난 경쟁을 뚫고 나가야 한다. 어떤 때는 운이 좋았는지, 하루 2~3시간 일하면서 직장인 시절의 몇 배를 벌기도 했었다. 그러나 그런 상황이 항상, 오래 지속되는 것은 아니다. 그리고 무엇보다 그러한 행운조차도 어쩌면 꾸준히 실천하며 견뎌온 과정이 있었기에 나에게 온 것이 아닐까?

직장을 떠나 블로그로 경제적 자유를 누리며 살아가는 사람들의 공통점이 무엇인지 생각해본다. 그것은 화려해 보이는 현실의 이면에 있는 수고, 각종 변수와 슬럼프를 딛고 일어서는 과정, 그리고 위기를 극복하며 키운 맷집이 있었기에 어느 순간 남들이 닮고 싶어 하는 경제생활을 하고 있다는 것이 아닐까!

이 책이 블로그 직업에 대한 돈기부여가 되면 좋겠다.
이 책을 읽은 사람들이 모두 경제적 업셋을 이뤄내면 더 좋겠다!

평생직업 블로그
10년째 잘 벌고 있습니다

초판 1쇄 발행 | 2024년 9월 3일

지은이 | 박영민(웰쓰)
펴낸이 | 이은성
펴낸곳 | *e*비즈북스
편 집 | 구윤희
디자인 | 다든
주 소 | 서울시 종로구 창덕궁길 29-38, 4-5층
전 화 | (02) 883-9774
팩 스 | (02) 883-3496
이메일 | ebizbooks@naver.com
등록번호 | 제2021-000133호

ISBN 979-11-5783-353-5 03320

*e*비즈북스는 푸른커뮤니케이션의 출판 브랜드입니다.